Scientology

ECON Sachbuch

Scientology ist der Versuch, sich zuerst die Erde und dann das Universum untertan zu machen – nicht mehr und nicht weniger. Vorgegeben hat dieses Ziel der Gründer der Scientology, L. Ron Hubbard. Er schuf ein riesiges Unternehmen, das diesem Ziel über seinen Tod hinaus dient. Die gesamte Menschheit für Scientology zu gewinnen, ist zwar ein recht ehrgeiziges Vorhaben. Laut Hubbard aber wäre dies die einzige Rettung für diesen Planeten. Tag und Nacht arbeiten seine Gefolgsleute an dieser Aufgabe, und sie haben schon einiges erreicht. Millionen von Menschen hat die selbsternannte »Kirche« angezogen, und Millionengewinne macht auch der »Konzern« Scientology, dem nicht wenige Kritiker sogar »organisierte Kriminalität« vorwerfen.

Christoph Minhoff, Journalist und Leiter des ZDF-Landesstudios Bayern, analysiert bereits seit 1987 die Aktivitäten sogenannter pseudoreligiöser Bewegungen und hat durch zahlreiche Veröffentlichungen und Fernsehbeiträge seinen Ruf als Experte auf diesem Gebiet untermauert. Ziel dieses Buches ist nicht plumpe Abschreckung, sondern Aufklärung über das Phänomen Scientology – von der Entstehung, den Zielen, Organisationsstrukturen und Aktivitäten der Bewegung, den Beitrittsvorgang und die Mitgliederstruktur, die Argumente der Gegner sowie die Gefahren, die von Scientology möglicherweise ausgehen.

Martina Minhoff ist Diplom Psychologin und arbeitet im Bereich der Klinischen Psychologie mit den Schwerpunkten Kognitive Therapie, Verhaltenstherapie und Familientherapie. Überdies untersuchte sie die Mechanismen, die zur Mitgliedschaft in sogenannte pseudoreligiöse Bewegungen führen.

Christoph Minhoff
mit Martina Minhoff

Scientology

ECON Taschenbuch Verlag

Veröffentlicht im ECON Taschenbuch Verlag

Der ECON Taschenbuch Verlag
ist ein Unternehmen der ECON & List Verlagsgesellschaft

Originalausgabe

Umschlaggestaltung: KKK, Köln
Titelabbildung: Quaucke, Köln

Gesetzt aus der New Baskerville, Linotype
Satz: Josefine Urban KompetenzCenter, Düsseldorf
Druck und Bindearbeiten: Ebner Ulm
Printed in Germany
ISBN 3-612-26654-5

Inhalt

1. GESCHICHTE UND ENTWICKLUNG

Entstehen und Wirken von Scientology sind bis zum heutigen Tag untrennbar mit der Person Lafayette Ronald Hubbard, von seinen Anhängern kurz LRH oder nur »Ron« genannt, verbunden. Er war lange Jahre ihr geistiger und organisatorischer Führer. Das Leben Hubbards, der 1986 von Scientology offiziell für tot erklärt wurde, nachzuzeichnen, ist nicht leicht, da eine Flut von Biographien existiert. Problematisch ist dabei, die Ungereimtheiten der verschiedenen Lebensläufe – verfaßt von Scientology-Anhängern oder ihren Kritikern – zu einem schlüssigen Ganzen zusammenzubringen. Scientology hat es sich nämlich zu seiner Aufgabe gemacht, das Leben ihres Gründers und geistigen Führers zu glorifizieren, und das um jeden Preis. Dennoch kam es im Laufe der Jahre zu einem klaren Bild über das tatsächliche Leben und Wirken des Scientology-Gründers. Unter dem Druck öffentlicher Beweise hat sich Scientology schrittweise von den vielen Übertreibungen und satten Lügen verabschiedet, allerdings immer nach dem Prinzip: nichts zugeben, was nicht unanfechtbar belegt ist. Dabei gilt der Hubbardsche Grundsatz: »Durchdenken Sie alles selbst, übernehmen Sie das, was für Sie wahr ist, und werfen Sie den Rest über Bord... Wahr ist das, was für Sie wahr ist.«[1]
Unbestritten ist das Geburtsdatum Hubbards. Er wurde am 13. März 1911 in Tilden/Nebraska (USA) als Sohn eines Marinesoldaten geboren. Allerlei Legenden, deren Authentizität nicht belegbar ist, ranken sich um die Jugend Hubbards. Die Rede ist von etlichen Reisen in jungen Jahren, die Hubbards Interesse für östliche Philosophien geweckt haben sollen.

Hubbard genoß eine Ausbildung an der George-Washington-Universität in Washington D. C., und zwar an der Schule für Maschinenbau im Hauptfach »Ziviltechnik«. Ein Abschluß gelang ihm offenbar nicht.[2] Überdies will er auch an Kursen über Nuklearphysik teilgenommen haben.

Der Science-fiction-Autor

In den dreißiger Jahren begann Hubbard einer Begabung nachzugehen, die ihn unbestritten auszeichnete. Er entwickelte sich zu einem fleißigen Schriftsteller. Sein Lieblingsthema war Science-fiction. Christopher Evans hat die Arbeiten Hubbards auf diesem Gebiet wie folgt beschrieben: *»Seine ersten Erfolge auf dem literarischen Sektor konnte er... in den dreißiger Jahren für sich verbuchen, als er damit begann (unter dem ziemlich plumpen Pseudonym Winchester Remington Colt), eine lange Reihe Groschenhefttexte einschließlich Westernserien, Abenteuergeschichten dieser und jener Art und selbst Romane der Spezies ›Liebe und Leid‹ zu verzapfen. Darüber hinaus erledigte er zahlreiche Auftragsarbeiten für die Filmdrehbuchmühle von Hollywood und verdiente zeitweilig 500 Dollar in der Woche, indem er dabei half, die Kinogier der Öffentlichkeit zu befriedigen.«*[3]

Später ging Hubbard dazu über, unter seinem eigenen Namen sowie unter den Pseudonymen Kurt von Rachen und René Lafayette eine Serie flotter Science-fiction-Geschichten zu schreiben. Der erste dieser Texte war eine Kurzgeschichte mit dem Titel »The Dangerous Dimension« [Die gefährliche Dimension]. Darauf folgte der Roman »The Tramp«. Beide Geschichten kreisen um das Thema paranormale menschliche Fähigkeiten, wie der Überwindung von Raum und Zeit, und der Fähigkeit des Geistes, aus der Distanz auf andere Menschen einzuwirken. Überdies schrieb Hubbard auch Erzählungen, wie sie heute oft der Kategorie »Sword und Sorcery« [Schwert und Zauber] zugeordnet werden. In ihnen kämpfen gutaussehende, muskulöse und zugleich intelligente Männer

mit Schwertern und magischen Kräften ausgerüstet gegen böse Hexen und Weltraummonster.
Hubbard scheint sein Leben lang eine besondere Beziehung zu Frauen gehabt zu haben. Mehrfach war er verheiratet, dabei ehelichte er erstmals 1933 eine gewisse Margaret Louise Grupp. Aus dieser Ehe ging ein Sohn namens L. Ron Hubbard junior hervor, der der Scientology in späteren Jahren noch einige Schwierigkeiten bereiten sollte. Dazu später mehr.
1938 schrieb Hubbard ein Buchmanuskript mit dem Titel »Excalibur«. Darin faßte er seine grundlegende Überzeugung vom Sinn des menschlichen Lebens in dem Befehl »Überlebe!« zusammen. Dieses Werk bildete eine Grundlage der späteren scientologischen Ideologie. Christopher Evans, ein kritischer Hubbard-Biograph, berichtet, daß Hubbard Anfang der fünfziger Jahre einige Exemplare des Buches für 1500 Dollar das Stück veräußert habe: *»Dieser Text enthielt angeblich derart Welterschütterndes, daß er nicht veröffentlicht werden sollte, solange Mr. Hubbard auf Erden weilte, und mögliche Käufer beschworen wurden, keinem anderen Leser zu gestatten, es zu lesen.«*[4]

Hubbards Kriegsspiele

Getreu der Familientradition diente L. Ron Hubbard im Zweiten Weltkrieg in der US-Marine. Und auch über seine Zeit als Soldat gibt es die unterschiedlichsten Berichte in den diversen Biographien. So heißt es in einem rund 900 Seiten starken Werbeschmöker von Scientology über Hubbards Kriegserfahrungen: *»Als Amerika in den Zweiten Weltkrieg eintrat, wurde L. Ron Hubbard zum Leutnant der US-Marine ernannt und diente als Kapitän von Korvetten. Er wurde sowohl im Atlantik als auch im Pazifik eingesetzt und genoß bei jedem unter seinem Kommando höchstes Ansehen.«*[5]
Die Formulierung ist gleichermaßen präzise wie tiefgründig: Ob Hubbard bei seinen Untergebenen »Ansehen« genoß, sei noch dahingestellt. Bei seinen Vorgesetzten löste er oftmals

blankes Entsetzen aus, etwa bei seiner Aktion als Kommandant des U-Boot-Jägers PC 815. Genau vom 21. April 1943 bis zum 7. Juli 1943 durfte er als Kapitän dieses kleine Jagdboot führen. Kleine Eigenwilligkeiten des frisch Berufenen waren der Grund für die Kürze des Gastspiels: So ließ er Batterien von Munition – bis zum letzten Schuß – auf Luftblasen im Meer feuern, weil er dort ein U-Boot vermutete, obwohl nach Überprüfung durch andere Navy-Stellen weit und breit keines in der Nähe war. Am 28. Juni steuerte er sein Schiff in neutrale mexikanische Gewässer. Dort ließ er in der Nähe der Mittleren Coronado-Inseln ankern und seine Bordkanonen zu einem Übungsschießen heiß laufen. Dies führte zu einer offiziellen Protestnote des neutralen Mexiko an die USA. Noch bevor disziplinarische Maßnahmen gegen ihn wirksam werden konnten, wurde Hubbard angeblich krank. Später stellte sich heraus, er hatte simuliert. Die Beurteilung Hubbards durch seinen Vorgesetzten Konteradmiral F. A. Braisted war jedenfalls vernichtend: *»Diesem Offizier fehlen die wesentlichen Qualitäten des Urteilsvermögens, der Führerschaft und der Kooperation. Er handelt ohne Voraussicht der möglichen Resultate.«*[6]
Die scientologische Glorifizierung Hubbards ficht das nicht an und findet einen weiteren peinlichen Höhepunkt in den Berichten seiner angeblichen Verwundungen im Kriegseinsatz: *»Er überlebte den ersten Teil des Krieges im Südpazifik. Im Jahre 1944 fand er sich verkrüppelt und erblindet im Oak-Knoll-Marinehospital wieder. Von Commander Thompson vom medizinischen Korps der amerikanischen Marine, der ein Freund seines Vaters und ein persönlicher Schüler Sigmund Freuds war, hatte er schon in jungen Jahren eine umfassende Ausbildung auf dem Gebiet des menschlichen Geistes erhalten. Er entwickelte Techniken, die ihm helfen sollten, Herr über seine Verletzungen zu werden und seine Fähigkeiten wiederzugewinnen ... Er kam zu dem Schluß, daß die Ergebnisse, die er erzielte, anderen zu größerer Fähigkeit und zu größerem Glück verhelfen könnten. Damals wurden einige der grundlegenden Lehrsätze der Dianetik und der Scientology erstmals formuliert. Im Jahre 1947 war er wieder vollständig genesen.«*[7]

Gerry Armstrong[8] stellt dagegen fest: *»Er war während des Krieges weder verkrüppelt noch blind. Er kurierte sich nicht mit Hilfe seiner eigenen Forschungen.«*[9] Und Christopher Evans fügt hinzu: *»Viele Scientologen glauben, daß Hubbard tatsächlich im Gefecht schwer verwundet wurde, und fest steht, daß die Veterans' Administration, die Fürsorgeverwaltung für Kriegsteilnehmer, angibt, er erhalte 160 Dollar im Monat als Ausgleich für körperliche Schäden, die er sich während des Zweiten Weltkriegs zugezogen habe. Die Liste der Schäden indessen, die ihn zu ›40 Prozent arbeitsunfähig‹ machen, lautet: Geschwür am Zwölffingerdarm, Schleimbeutelentzündung (rechte Schulter), Arthritis, Bindehautentzündung...«*[10]

Das weitere Verhalten der Scientology-Mächtigen gegenüber ihrem einstigen getreuen Elitemitglied Gerald Amstrong ist typisch für die Gruppe. Amstrong, zum Archivar von L. Ron Hubbard ernannt, erkannte beim Studium der Hubbardschen Originalunterlagen und Tagebuchaufzeichnungen die Diskrepanzen zwischen den offiziellen Scientology-Biographien und der Wahrheit. Als er die Führungsspitze darauf aufmerksam machte und empfahl, von »Ungenauigkeiten, Übertreibungen oder direkten Lügen« in Hubbards Biographien abzusehen, wurde er von der Organisation verklagt und zur »unterdrückerischen Person« erklärt.[11] In diesem Zusammenhang wurde einmal mehr deutlich, was Scientology meint, wenn sie die Doktrin vertritt: »Wahr ist, was für Sie wahr ist!«

Zu der scientologischen Hagiographie Hubbards passen auch so gar nicht die Zeilen, die der Scientology-Begründer am 15. Oktober 1947 an das Büro der Veteranenverwaltung in Los Angeles schrieb: *»Sehr geehrte Herren: Dies ist ein Antrag auf Behandlung... Nachdem ich zwei Jahre lang vergeblich versucht habe, mein Gleichgewicht im Zivilleben wiederzuerlangen, bin ich völlig unfähig, für mich persönlich ein Auskommen zu erzielen. Mein letzter Arzt informierte mich, daß es hilfreich sein könnte, wenn ich mich untersuchen ließe und vielleicht psychiatrisch oder sogar durch einen Psychoanalytiker behandelt würde. Gegen Ende meiner Dienstzeit umging ich aus Stolz jegliche Überprüfung meines Geisteszustands. Dies geschah in der Hoffnung, daß die Zeit einen Geist ins Gleichge-*

wicht zurückführen würde, von dem ich klare Anzeichen hatte, daß er ernsthaft beeinträchtigt war. Ich kann mir die langen Perioden der Verdrießlichkeit und Neigungen zum Selbstmord nicht erklären und mich auch nicht darüber erheben.«[12] Nun, Hubbard beging nicht Selbstmord, sondern fand ein neues Interessens- und Betätigungsfeld: Esoterik und Okkultismus.

Lehrjahre beim Satanisten

Über dieses besondere Engagement Lafayette Ron Hubbards liest man wenig oder nichts in den derzeit kursierenden offiziellen Lebensläufen von Scientology. Ende 1945 versuchte er, Kontakte zu okkulten satanistischen Kreisen aufzubauen. Auslöser war wohl eine neue Bekanntschaft Hubbards: Zu diesem Zeitpunkt lernte Hubbard den Chemiker und Raketentreibstofforscher Jack Parson kennen. Parson war in Pasadena der Statthalter des kalifornischen Zweigs des O. T. O. (Ordo Templi Orientis). Kopf des O. T. O. war zur damaligen Zeit der berühmt-berüchtigte Aleister Crowley, der wohl bekannteste Satanist dieses Jahrhunderts. Ralph Tegtmeier, Biograph von Crowley, berichtet von der Begegnung Hubbards mit Okkultismus und Magie: *»Der vielversprechende junge Hubbard, von Parson in die Loge Agapé eingeführt, erwies sich als gelehriger Schüler und gab schon bald den Ton an. Vom Partnertausch mit Parsons Frau einmal abgesehen, wollte er mit seinem Freund zusammen auch noch ein ›magisches Kind‹ erschaffen, wie es Crowley in seinem Roman ›Moonchild‹ beschrieben hatte.«*[13]

Bei diesem »Moonchild« ging es darum, ein Kind unter astrologischen Gesichtspunkten und in magischer Umgebung zu zeugen und nachfolgend den Fötus rituell zu beeinflussen. Das Ergebnis sollte ein besonders begabtes Kind sein. Tegtmeier weiter: *»Das aber war selbst dem ansonsten doch zu allen Schandtaten bereiten Meister Therion (Crowley) zu viel. In einem Brief schrieb er: ›Ich dachte immer, ich hätte eine ebenso krankhafte Phantasie wie sonst irgend jemand, aber anscheinend habe ich mich geirrt.‹«*[14]

Laut Bent Corydon, einem ausgestiegenen hohen Scientology-Funktionär, sollen Hubbard und Parson den Moonchild-Versuch tatsächlich gestartet haben.[15] Über den Erfolg ist nichts bekannt. Wohl aber, daß sich Parson und Hubbard zerstritten. Tegtmeier dazu: *»Parson berichtet, wie Hubbard mit seiner Frau davonlaufen wollte und dazu eine gemeinsame – überwiegend aus Parsons Mitteln finanzierte – Yacht benutzte. Parson beschwor daraufhin in einem Ritual den Mars-Dämon Bartzabel – worauf die Yacht prompt auf ein Riff lief.«*[16] Parson kam 1952 durch eine Explosion während eines Experiments ums Leben.

Hubbard machte sich kurze Zeit nach jenem Abenteuer beim O. T. O. daran, sein wichtigstes Werk zu schreiben: das Buch »Dianetik«. Tegtmeier merkt dazu an: *»Daß er [Hubbard] in seinen Büchern manches aus der magischen Tradition verwendete, ohne es zu benennen, hören seine Anhänger weniger gern, doch es besteht kein Zweifel, daß besonders sein Werk ›Dianetik – die moderne Wissenschaft der geistigen Gesundheit‹ viele modern verfremdete Elemente der hermetischen Magie und aus der Psychologie Crowleys enthält.«*[17] Scientology leugnet im übrigen den Kontakt Hubbards zum O. T. O. nicht. Die Anhänger behaupten allerdings, er habe den Auftrag gewisser Nachrichtendienste gehabt, den O. T. O. zu zerschlagen.

Hubbard soll am 10. August 1946 in Chestertown/Maryland Sara Northrup, die ehemalige Gefährtin Parsons, geheiratet haben. Dies machte ihn, laut Corydon, zum »Bigamisten«.[18] Erst ein Jahr und vier Monate später soll er von seiner ersten Frau geschieden worden sein.

Dianetik: Captain Kirk wird Psychotherapeut

Sein neues Buch »Dianetics – The Modern Science of Mental Health« [deutscher Titel: »Dianetik – die moderne Wissenschaft der geistigen Gesundheit«] entwarf Hubbard 1948. Darin *»stellt er eine Do-it-yourself-Therapie vor, die es angeblich ermöglichen soll, alle Schädigungen und negativen Einflüsse des Unterbe-*

wußtseins zu beseitigen«.[19] »Dianetik« war und ist den Verkaufszahlen nach Hubbards Hauptwerk. Zehntausende US-Bürger fanden in den frühen fünfziger Jahren Interesse an dieser Schrift, und dies hatte viele Gründe. Da bewirkten und bewirken noch heute die reißerischen Versprechen über die wundersamen Heilkräfte der Dianetik eine gewisse Neugier, zielen sie doch auf die Schwachpunkte, die jeder bei sich selbst vermutet oder kennt.

Außerdem verspricht Hubbard mit seiner Dianetik-Therapie selbst dem größten Unglückswurm eine goldene Zukunft: *»Der Weg ist gebahnt worden, die Straßen sind für Sie ausreichend vermessen, so daß Sie sicher in Ihren eigenen Geist reisen können, um dort Ihr volles ursprüngliches Potential wiederzugewinnen. Wir wissen jetzt, daß dieses Potential nicht gering, sondern sehr, sehr groß ist. Während Sie in der* [dianetischen] *Therapie voranschreiten, werden Sie das Abenteuer der Entdeckung genießen zu erkennen, warum Sie taten, was Sie taten, als Sie es taten; Sie werden wissen, was diese dunklen und unbekannten Ängste, die in der Kindheit als Alpträume auftraten, verursachte; Sie werden wissen, wann Sie Schmerz und Vergnügen empfanden. Es gibt sehr viel, was ein Mensch über sich selbst oder über seine Eltern und über seine Motive nicht weiß. Einige der Dinge, die Sie entdecken werden, dürften Sie in Erstaunen versetzen; denn die wichtigsten Daten Ihres Lebens sind nicht so sehr Erinnerungen als vielmehr Engramme, die als Niederschlag physischer Schmerzen oder schmerzlicher Emotionen in den verborgenen Tiefen Ihres Geistes nicht deutlich hervortreten, aber destruktiv wirken.«*[20]

Christopher Evans lieferte einen weiteren Grund, warum »Dianetik« zu Beginn der fünfziger Jahre in die Bestsellerlisten kam, denn wesentlich für den Erfolg des Buches war die Tatsache, daß Hubbard es zunächst für einen Kreis publizierte, der für solche Art Literatur besonders empfänglich war: die Science-fiction-Liebhaber. In den USA versorgte seit 1940 eine wachsende Zahl von Science-fiction-Magazinen eine immer größere Zahl von Lesern. Unter ihnen befand sich das »Astounding Science Fiction«. Um die Weihnachtszeit 1949 war zu hören, daß Hubbard in Kürze mit einer »Sensation« aufwar-

ten werde, und in der Aprilnummer 1950 des Magazins wurden erste Details preisgegeben. In einer Vorbesprechung schrieb der Herausgeber John Campbell: *»Ich versichere Ihnen nachdrücklich und mit voller Überzeugung, daß es sich hier um einen der wichtigsten Aufsätze handelt, der jemals gedruckt worden ist.«*[21]
Evans meint folgerichtig: *»Nach einer solchen Propaganda war es kein Wunder, daß die Mai-Ausgabe der Astounding Science Fiction schon am Tage ihres Erscheinens praktisch bis auf das letzte Exemplar verkauft wurde ... Kein fruchtbarerer Boden hätte für die Veröffentlichung eines solchen Textes gewählt werden können. Eine Flut von Anrufen und Briefen brach über den Verlag herein (2000 Briefe in der ersten Woche), und als kurz darauf Hubbards Buch ›Dianetics – The Modern Science of Mental Health‹ erschien, gelangte es über Nacht auf die Bestsellerliste.«*[22]
Laut Scientology fand »Dianetik« ein »unvorhersehbares Interesse in der Bevölkerung«. Dieses Buch enthielt einen analytischen und einen praktischen Teil, wie man sich von psychosomatischen Leiden befreien könne. Darüber hinaus dokumentiert es aber auch Äußerungen, die bereits zu diesem frühen Zeitpunkt die antidemokratische Haltung Hubbards dokumentieren. So ist auf Seite 454 des Dianetikbuches zu lesen: *»Nur in einer Gesellschaft von nichtaberrierten* [Aberration = scientologisch für »unvernünftiges« Handeln] *Menschen mit einer Kultur, aus der alle Unvernunft entfernt wurde, kann der Mensch für seine Handlungen wirklich verantwortlich sein. Doch genau deswegen müssen wir einen kleinen Teil der Verantwortung jetzt übernehmen ... Vielleicht werden in ferner Zukunft nur dem Nichtaberrierten die Bürgerrechte verliehen – in einem Staat der reinen Vernunft. Vielleicht erreichen wir einmal das Ziel, daß nur der Nichtaberrierte von solcher Staatsbürgerschaft profitieren kann. Dies sind erstrebenswerte Ziele, deren Erreichung die Überlebensfähigkeit und das Glück der Menschheit erheblich steigern vermöchten.«*[23]
In einem scientologischen Staat bekämen folglich nur noch die Menschen Bürgerrechte, die sich Hubbards Verfahren unterzogen hätten. Und diese Verfahren werden im Dianetik-Buch umfassend erklärt. Dabei sind diese von einer Einzelper-

son alleine kaum durchzuführen: Das Buch verlangt geradezu nach einer Organisation, die die vielen Hobbypsychoanalytiker zusammenführen würde. So wurde noch im April 1950, also vor dem Erscheinen des Buches »Dianetik«, in New Jersey das erste dianetische Zentrum unter der Leitung eines Josephus Winter gegründet. Angesichts des Erfolges begann Hubbard damit, Vorträge zu halten, flog in den USA von Küste zu Küste, um die wachsende Anhängerschar mit seinen Reden zu beglücken. Der Erfolg der Dianetik brachte ihm beträchtliche Summen ein. Dianetik wurde kurzzeitig gar zum Modetrend.

Der erste »Clear« – Sonia Biancas peinlicher Auftritt

Mit großer Spannung warteten Hubbards Gefolgsleute auf ein wichtiges Ereignis, das sich, folgt man den Lehren des Science-fiction-Autors, zwangsläufig ergeben mußte. Denn nach Hubbard erreicht der Mensch nach einer gewissen Zeit dianetischer Behandlung, dem »Auditing«, einen sehr »hochwertigen« Zustand, den er mit dem Begriff »Clear« bezeichnete.[24] Als sich nun schon Tausende gegenseitig »dianetierten« und noch immer niemand das angestrebte Ziel des »Clear« erreicht hatte, wuchs der Erfolgsdruck auf Hubbard. So präsentierte er im August 1950 den weltersten »Clear«.
Ort der Vorstellung war das Shrine Auditorium in Los Angeles, ein großer Saal, der mehr als 6000 Besucher faßt. An diesem Vortragsabend war die Halle restlos ausverkauft. Auch der Filmautor Cy Endfield war unter den Interessierten. Sein Bericht, den er später verfaßte, klingt allerdings nach Evans eher ernüchternd: *»Endfield erinnerte sich, daß ein erregtes Raunen durch das Publikum ging, als Hubbard, nachdem er sich mit einiger Ausführlichkeit zu verschiedenen Themen geäußert hatte, eine hübsche College-Studentin namens Sonia Bianca auf die Bühne rief, die er dem Publikum als der Welt ersten ›Clear‹ präsentierte. Miss Bianca,*

die von alledem ein wenig überwältigt schien, beantwortete ein paar Routinefragen Hubbards, ohne dabei irgendwelche spektakulären Kräfte zu offenbaren, und es ist anzunehmen, daß Hubbard diese Demonstration für ausreichend hielt.
Mr. Endfield freilich war anderer Meinung; denn er erinnerte sich, daß von ›Clears‹ immer wieder behauptet worden war, sie könnten sich alle sinnlichen Wahrnehmungen ihres Lebens ohne Ausnahme ins Gedächtnis zurückrufen. Und da er wußte, daß Miss Bianca im Hauptfach Physik studierte, beschloß er, ihr ein paar einfache Fragen aus ihrem eigenen Fachbereich zu stellen. Erstaunlicherweise schien sie unfähig, sich auch nur an die elementarsten Formeln, etwa an das Boyle-Mariottesche Gesetz zu erinnern und war völlig am Ende, als sie aufgefordert wurde, die Farbe von Hubbards Krawatte zu nennen, als dieser ihr gerade den Rücken zukehrte. Es war ein kritischer Augenblick. Respektloses Gelächter ließ sich vernehmen, und ein Teil der Zuschauer stand auf und verließ den Saal.«[25] Die Faszination Hubbards und seiner Dianetik blieb dennoch zunächst ungebrochen. Immer neue Kunden nahmen seine »Lebenshilfedienstleistung« in Anspruch. Dianetik wuchs.

Amerikanische Ärzte warnen

Mit der Expansion der Dianetik-Organisation – weitere Filialen der »Hubbard Dianetic Research Foundation« wurden in New York, Washington, Chicago, Los Angeles, Honolulu und Kansas City gegründet – wuchs besorgte Unruhe unter der amerikanischen Ärzteschaft. Schon sehr früh, im September 1950, warnte die anerkannte American Medical Association (AMA, Amerikanischer Ärzteverband) ihre Mitglieder und die Öffentlichkeit vor der Dianetik-Therapie. Die Besorgnis der Ärztevereinigung, daß die zügellose Hobbypsychiatrie der Hubbard-Anhänger schwere psychische Schäden hinterlassen könnte, führte zu einer Resolution der AMA: *»Solange keine Sicherheit hinsichtlich der Gültigkeit der Behauptungen des Autors von ›Dianetics‹ besteht, mahnt die Vereinigung zur Vorsicht wegen der*

Tatsache, daß diese Behauptungen nicht durch empirische Ergebnisse jener Art gestützt werden, die zur Etablierung wissenschaftlicher Verallgemeinerungen gefordert werden. Wegen des Fehlens solcher Ergebnisse empfiehlt die Vereinigung ihren Mitgliedern im Interesse der Öffentlichkeit, diese der Dianetics eigenen Techniken ausschließlich zu wissenschaftlichen Untersuchungen bezüglich der Überprüfung der Sicherheit dieser Behauptungen anzuwenden.«[26]

Die berechtigte Warnung der anerkannten Medizinervereinigung, die noch heute rund 250 000 Mitglieder aufweist, haben Hubbard und seine Organisation der AMA nie verziehen. Statt Dialog und wissenschaftliche Auseinandersetzung begann Hubbards Kampf gegen die Schulpsychiatrie, eine Auseinandersetzung, die von Scientology bis heute geführt wird. Statt Belege der Wirksamkeit, der Falsifizierbarkeit oder Objektivierung seiner dianetischen Theorie und Praxis vorzulegen, öffentlich diskutieren und damit überprüfen zu lassen, schlug Hubbard auf die AMA ein. Sein Haß – schließlich auf die gesamte Schulpsychologie – kommt an vielen Stellen seiner Schriften zum Ausdruck. Besonders deutlich wird er in einem Richtlinienbrief, den Hubbard im Oktober 1971 schrieb. In diesem Schreiben an seine Anhänger erläutert Hubbard die Technik der Propaganda durch das »Umdefinieren von Wörtern«. Da er empirische Beweise nicht vorlegen konnte, wollte »Ron« sich wenigstens den Anschein der Wissenschaftlichkeit geben: So kreierte Hubbard von Beginn seiner Therapeutenkarriere an eine Reihe neuer pseudo-wissenschaftlicher Wortschöpfungen. Besonderer Beliebtheit erfreute sich bei ihm auch das »Neudefinieren« von Wörtern, wobei diese im scientologischen Sprachgebrauch eine gänzlich andere Bedeutung bekamen als im allgemeinen Verständnis. Hubbard wörtlich: *»Eine von den Sozialisten (Kommunisten und Nazis gleichermaßen) benutzte langfristige Propagandatechnik ist für PR-Praktiker* [PR = Public Relations, Öffentlichkeitsarbeit] *von Interesse... Der Trick ist folgender – Wörter werden umdefiniert, um zugunsten des Propagandisten eine andere Bedeutung zu erhalten... ›Psychiatrie‹ und ›Psychiater‹ sind leicht umdefiniert, um ›ein antisozialer Feind der Menschen‹ zu bedeuten.*

Dies bringt den mordlustigen Psychiater von der Liste bevorzugter Berufe. Das ist ein positiver Gebrauch der Technik, da der Psychiater in einem Jahrhundert für alle Zeiten den Rekord an Unmenschlichkeit unter der Menschheit aufgestellt hat... Die American Medical Association (Amerikanischer Ärzteverband)... hat sehr hart daran gearbeitet, Scientology im Bewußtsein der Öffentlichkeit umzudefinieren. Zwei Dinge ereignen sich aufgrund dessen – der Scientologe definiert ›Arzt‹, ›Psychiatrie‹ und ›Psychologie‹ neu, um damit ›unerwünschte antisoziale Elemente‹ zu bezeichnen, und er versucht, die tatsächliche Bedeutung von ›Scientology‹ zu stabilisieren... Wir finden Hegel, den ›großen‹ deutschen Philosophen, das Idol der Supersozialisten, der betonte, Krieg sei von grundlegender Wichtigkeit für das geistige Wohl des Menschen.

Davon ausgehend können wir moderne Psychologie als ein deutsches Militärsystem umdefinieren, das dazu benutzt wurde, Menschen für den Krieg zu konditionieren, und das in amerikanischen und anderen Universitäten zu keiner Zeit unterstützt wurde, als die Regierung mit der Einziehung zum Wehrdienst Schwierigkeiten hatte. Eine vernünftige Abhandlung darüber, warum ›Sie‹ auf Psychologie Nachruck legen mußte, wäre natürlich eine Möglichkeit, das bereits umdefinierte Wort ›Psychologie‹ umzudefinieren. Der Weg, ein Wort umzudefinieren, besteht darin, die neue Definition so oft wie nur möglich wiederholen zu lassen. Deshalb ist es notwendig, Medizin, Psychiatrie und Psychologie ›nach unten‹ umzudefinieren und Dianetik und Scientology ›nach oben‹ zu definieren.«[27]

Neben dem Kampf gegen die AMA widmete sich Hubbard der weiteren Verbreitung seiner pseudopsychologischen Therapie. Rundfunkvorträge lösten einen weiteren Werbeboom aus. Von Juni bis Dezember 1950 – auf der Spitze der ersten Dianetik-Erfolgswelle – sollen es über 180 Vorträge und Demonstrationen gewesen sein. Doch die Kritik an Hubbard zeigte schon bald Wirkung. Nach der ersten unbestreitbar erfolgreichen Periode der Dianetik im Jahre 1950 kam es 1951 zu einer Krise um Hubbard. Zum einen wird berichtet, daß die »Hubbard Dianetic Research Foundation« in finanzielle Schwierigkeiten geriet. Dies vor allem deshalb, weil es an vorhersagbaren Resultaten mangelte.[28] Zum anderen ging die Ehe mit Hubbards zweiter Frau Sara in die Brüche.

Scheidung auf scientologisch

Hier kam es nun zu einer dramatischen Entwicklung. Dabei stand Hubbards zweite Ehefrau, Sara Northrup, mit im Mittelpunkt des Geschehens. Hubbard glaubte nämlich, daß seine Frau zusammen mit Personen aus der Organisationsführungsschicht ein Komplott gegen ihn plane.[29] Als dann der Dianetik-Gründer nach einem mysteriösen Zwischenfall in seiner New Yorker Wohnung den Eindruck hatte, man habe ihn unter Drogen gesetzt und ihn einer »Gehirnwäsche« unterzogen, flüchtete er kurzerhand nach Havanna auf Kuba und nahm seine Tochter Alexis mit.[30]

Die »New York Times« allerdings gab damals eine andere Erklärung der Vorgänge. Danach habe Hubbards Arzt seiner Frau erklärt, daß ihr Mann an einer geistigen Störung leide, die als »paranoide Schizophrenie« bekannt sei.[31] Am 23. April 1951 reichte Sara Northrup-Hubbard die Scheidung ein. Vor Gericht gab sie zu Protokoll, daß ihr Mann sie während der Ehe systematisch gefoltert, geschlagen, stranguliert und mit ihr experimentiert habe.[32] Schon bald war eine Scheidungsvereinbarung erreicht. Sara bekam das Sorgerecht und eine monatliche Abfindung – womit die Sache plötzlich offenbar reibungslos erledigt war. Denn noch während der Verhandlungen unterschrieb Sara eine Erklärung, in der sie mitteilte, daß alle Angaben, die sie über Hubbard gemacht habe, falsch seien.[33] Jahre später erklärte sie dazu, sie habe einfach nur ihre Ruhe haben wollen.[34]

Für eine Handvoll Öldollar

In dieser Situation betrat eine neue Person das Parkett des Hubbard-Clans: der Dollarmillionär und Ölkönig Don Purcel. Er stöberte Hubbard in seinem Versteck auf und unterbreitete ihm ein interessantes Angebot. Unabhängig von der alten aufbegehrenden Führungsgilde wollte er der Dianetik zu neuem Glanz verhelfen. Dazu sollte eine »Hubbard Dianetic Foundation« in Wichita/Kansas gegründet werden. Für die finanzielle Basis wollte Purcel ebenfalls sorgen. Doch ganz selbstlos war dieses Angebot des geschäftstüchtigen Ölmanagers nicht. Als Gegenleistung dafür sollte Hubbard ihm die Rechte an seinen Büchern, Tonbandaufzeichnungen und Methoden sowie an allen Titeln der alten Stiftung überlassen. Hubbard sah offenbar keinen anderen Ausweg und willigte ein. So kam es, daß getreu des Purcel-Planes in Wichita die »Hubbard-Dianetik-Stiftung« gegründet wurde. Womit auch zunächst die erste Krise der Hubbard-Bewegung überwunden schien.
Doch das Jahr 1951 sollte noch einen weiteren schwerwiegenden Wandel in Hubbards Weltsicht bringen. Dieser kam in seinem nächsten Buch, das er noch in Havanna fertigstellte, zum Ausdruck. Der Titel »Die Wissenschaft des Überlebens« deutet nicht nur die persönliche Situation Hubbards zu dieser Zeit an, ihm gelang es damit auch, alte Anhänger neu für die Bewegung zu gewinnen. Denn mit der »Wissenschaft des Überlebens« *»stellte Hubbard ein Modell vor, das – ganz im Gegensatz zur Physik – davon ausgeht, der Gedanke in reinster Form sei die Quelle des Lebens, daß alle psychischen oder physischen Phänomene aus Gedanken erstehen, daß das Leben vom Gedanken herrührt und sich nicht von der Materie aus sich selbst heraus erschaffen hat. Diese dem Geist innewohnende ›Lebenskraft‹ nannte er Theta... Hubbards Überlegungen gipfeln in der simplen Erkenntnis: ›Ein lebendiger Organismus setzt sich aus Materie und Energie in Raum und Zeit zusammen und ist von Theta belebt.‹«*[35]
Das Geistwesen selbst erhielt später den Namen »Thetan«. Und diesem »Thetan« gilt die ganze Aufmerksamkeit der

»Scientology-»Therapie«. In einer Scientology-Werbeschrift wird dieses Buch denn auch als der Grundstein der späteren Scientology-»Kirche« ausgewiesen. *»Dieses Buch beinhaltete die Gründung der Religion Scientology. Mr. Hubbard hatte die Grenzen der Wissenschaft überquert und trat nun in das Reich der Religion ein.«*[36] Seine Kritiker urteilen dagegen, daß Hubbard die Grenze zur Wissenschaftlichkeit nie überschritten und das Reich der Fabel nie verlassen hat.

Drogen und Magie

Laut Corydon und L. Ron Hubbard junior soll der Science-fiction-Autor sich zu dieser Zeit mehrerer Hilfen bedient haben. Zum einen erklärte Hubbards Sohn, der bis 1959 seinem Vater beim Aufbau von Dianetik und Scientology zur Seite stand, daß sein Vater regelmäßig harte Drogen genommen habe. *»Dad gave a lot of his lectures on cocaine or stimulants of one kind or another. He could really get brilliant on the stuff.«*[37] [Vater hielt eine Reihe seiner Vorlesungen unter Kokain oder den einen oder anderen Stimulanzien. Er konnte wirklich brillant sein unter Stoff.]

Die zweite Hilfe bildeten laut Corydon/Hubbard junior die geheimen magischen Bücher von Aleister Crowley: *»Jeden Abend ging er während seiner Vorbereitung auf die Vorlesungen des nächsten Tages den Flur im Hotel auf und ab, erheitert von dieser oder jener Passage aus Aleister Crowleys Schriften... Einen Monat zuvor war er in London, wo er seinen Wissensdurst letztendlich stillen konnte, sein Verlangen nach der wahren, reinen, nackten Macht der Magie... Die Umgebung des ›Großen Tiers‹ (Crowley) zu spüren und zu kosten, Crowleys Bücher, Manuskripte und Andenken zu berühren, brachte ihn zur Extase!«*[38] In einem Gespräch unter vier Augen soll Hubbard seinem Sohn erklärt haben: »Ich habe geschafft, daß die Magie wirklich funktioniert... Keine albernen Rituale mehr. Ich habe die Magie auf ihre Grundlagen reduziert – Zugang ohne Verpflichtung.«[39]

Noch Anfang der fünfziger Jahre wurde eine wesentliche Neuerung im dianetischen Verfahren eingeführt: das sogenannte »E-Meter«. Es wird während des »Auditing«, der dianetischen »Therapie«, eingesetzt. Nach Meinung der Münchener Staatsanwaltschaft, die sich dabei auf wissenschaftliche Überprüfungen stützt, handelt es sich bei dieser Maschine um ein »lügendetektorähnliches Gerät«.[40]

Von 1951 bis 1954 veröffentlichte Hubbard 20 neue Bücher, die das ideologische Konzept und die »Heilstechnik« der späteren Scientology vorstellten. Unter ihnen war auch das Buch »Selbstanalyse«: *»Mit Selbstanalyse können Sie nun die ersten Segnungen der Dianetik selbst erleben: bei sich zu Hause, ohne großes Training und ohne die Zeit einer anderen Person in Anspruch zu nehmen.«*[41]

Die Freundschaft zwischen Hubbard und Purcel sollte bald jäh enden. Offenbar mißfiel Hubbard seine neue Rolle – quasi Angestellter des Purcel-Konzerns zu sein – so sehr, daß er sich laut Evans' Recherchen im Februar 1952 wieder davonmachte. Hubbard wollte allein noch einmal von vorn anfangen. Für ihn entstand dabei eine verzwickte Situation. Denn als Erfinder der Dianetik durfte er sein Gedankengut nicht vermarkten. Die Rechte an seinen Büchern hatte er ja an Purcel abgetreten, und diese blieben noch einige Jahre bei der Gesellschaft in Wichita. Doch »Ron« hatte noch einen Trumpf im Ärmel, und an Phantasie mangelt es Science-fiction-Schriftstellern ja bekanntlich selten: der Schritt von der Dianetik zur Scientology.

Scientology-»Kirche«: Träume für bare Münze

Hubbard versuchte jedenfalls einen neuen Anfang in Phoenix/Arizona. Dazu gehörte auch die Eheschließung mit Mary Sue Whip, die er in Wichita kennengelernt hatte, im März 1952. Diesmal setzte der ehemalige Science-fiction-Autor zum großen Coup an. Denn in dieser Zeit muß ihm die Idee gekommen sein, aus seiner Selfmade-Psychotherapie ein »religiöses« Unternehmen zu machen. Und während die Wichita-Foundation trotz Werbekampagne und allen Rechten an Hubbards Büchern ohne seinen »inspirierenden Geist« und sein Charisma immer mehr an Boden verlor, setzte er seine Idee von der Gründung der Scientology in die Tat um. Ein wichtiger Schritt auf diesem Weg vollzog sich am 10. September 1952: An diesem Tag wurde in Phoenix die »Hubbard Association of Scientologists« in das Handelsregister eingetragen. Als diese sich als weitaus zugkräftiger als die alte Dianetik Foundation erwies, kam es im Frühjahr 1953 zu weiteren Filialgründungen der »Hubbard Association of Scientologists« in Pennsylvania, New Jersey und sogar in London. Doch die »Foundation« und »Association« war alles andere als eine Religion oder Kirche.

Über kaum eine Frage wird deshalb im Zusammenhang mit Scientology mehr spekuliert, als über die ungeklärten Motive, die Hubbard bewegt haben könnten, aus seiner selbsternannten »Wissenschaft« der Dianetik und Scientology eine »Religionsgemeinschaft« zu formen. Widersprüchliche Informationen liegen auch vor, wie es wann zur formellen Gründung der Scientology-»Kirche« kam. Über den Vorgang existieren verschiedene Darstellungen mit höchst unterschiedlichen Daten. Die Selbstdarstellung der Scientologen nennt das Jahr 1954, in dem die »Church of Scientology of California« als »erste offizielle Kirche« in Los Angeles gegründet worden sei.[42] Dabei behaupten die Scientologen immer wieder, Hubbard selbst sei nicht der Gründer der Scientology-»Kirche« gewesen.

Tom Voltz, einst Scientologe und heute ein profilierter Kritiker von Scientology in der Schweiz, hat diese Angabe überprüft und kam zu erstaunlichen Erkenntnissen: *»Am 18. Dezember 1953, also rund zwei Monate vor Gründung der Scientology Kirche von Los Angeles, gründete L. Ron Hubbard in Camden, New Jersey, höchstpersönlich die ›Church of American Science‹. Und was gründete er am gleichen Datum ebenfalls noch? – Eine ›Church of Scientology‹ sowie eine ›Church of Spiritual Engineering‹! Die Gründungsmitglieder aller drei ›Kirchen‹ sind: L. Ron Hubbard, sen.; L. Ron Hubbard,* *jr.; Henrietta Hubbard* [die Ehefrau von Hubbard junior], *John Galusha, Barbara Bryan sowie Verna Greenough. Die mit der Verwaltung dieser Kirchen beauftragten Personen sind in allen drei Fällen: L. Ron Hubbard, seine Frau Mary Sue Hubbard sowie John Galusha.«*[43] Dennoch behauptet Scientology noch immer, Hubbard habe die Scientology-»Kirche« nicht gegründet.[44] Warum dieses Versteckspiel?

Undurchsichtig wie die Gründung der Scientology-»Kirche« sind die Gründe, die Hubbard bewogen haben könnten, aus seiner selbstgestrickten »Psychotherapie« ein »Religionsunternehmen« zu machen. Daß es dabei aber auch um Geld, speziell um Steuern ging, wird aus einer Briefpassage deutlich, die Hubbard damals verfaßte: *»Es scheint, daß wir jetzt alles hinbekommen werden. Und gute Neuigkeiten. Alle Auditoren werden Geistliche sein, und Geistliche haben an vielen Orten besondere Privilegien, einschließlich Steuer- und Wohnungsvergünstigungen. Natürlich ist alles eine Religion, was den menschlichen Geist behandelt. Und auch Parlamente greifen Religionen nicht an.«*[45]

Eine weitere Vermutung stellt der Autor Linus Hauser auf, der auf die Science-fiction-Literatur Hubbards hinweist und nicht zu Unrecht bemerkt, daß manche seiner Romanhelden pseudoautobiographische Züge tragen oder genauer, Hubbards Selbstbildnis verkörpern. So gilt das Buch »Mission Earth« [Mission Erde] in scientologischen Kreisen als visionäres Planspiel scientologischer Machtphantasie. Aus diesem Roman zitiert Hausner eine, seiner Meinung nach entlarvende Stelle: *»Unfreiwillig entlarvt Hubbard sein pseudoreligiöses Lebenswerk in aufschlußreichen Passagen: Der Zusammenhang des anschließenden Zitats ist, daß der weltverschwörerische, außerirdische Bösewicht Soltan Gris versucht, eine Tarnung zur besseren Abwicklung geplanter Rauschgiftgeschäfte zu organisieren. Dann heißt es: ›Ich entwarf ein Krankenhaus ... Und im Keller sollten einige versteckte Räume liegen, die niemand dort vermuten würde ... Ich würde es als ›Hospital zur barmherzigen Mildtätigkeit der vereinten Wohltätigkeitsorganisationen der Welt‹ eintragen und ein Vermögen damit verdienen ... Wenn man etwas absolut Böses vorhat‹, pflegte einer meiner Professoren ...*

zu sagen, ›muß man sich stets den Anschein des absolut Guten geben.‹ Das ist eine der eisernen Maximen jeder fähigen Regierung.«[46]

Das höchste deutsche Arbeitsgericht kam jüngst zu dem Urteil, daß die Selbsteinschätzung von Scientology, Kirche zu sein, lediglich Vorwand zur Verfolgung wirtschaftlicher Interessen sei und stellte fest, daß Scientology »keine Religions- oder Weltanschauungsgemeinschaft im Sinne des Artikel 4 des Grundgesetzes« darstellt.[47] Die Münchener Staatsanwaltschaft, die sich in den achtziger Jahren mit Scientology beschäftigte, sah ebenfalls diese Ziele im Mittelpunkt der Organisation: *»Die von dem unlängst verstorbenen Science-fiction-Schriftsteller L. R. Hubbard gegründete, weltweit – auch in der Bundesrepublik – tätige Church of Scientology (Scientology Kirche, Abk. SK) versteht sich intern als Dienstleistungsbetrieb, der Materialien wie Bücher, Kassetten, lügendetektorähnliche Geräte, die E-Meter genannt werden, und Dienstleistungen wie Kurse und Auditing (geistige Beratung), das eine Art Psychotherapie darstellt, an die Öffentlichkeit zur ›Befreiung der Kunden‹ verkauft.«*[48]

Die amerikanische Journalistin Paulette Cooper berichtet in ihrem Buch »The Scandal of Scientology« (Der Scientology-Skandal), daß es in der abrupten Übergangsphase bei Hubbards Scientology von der »Wissenschaft« zu einer »Religion« durchaus auch Kritik von Scientologen an dieser Entscheidung gegeben habe: *»Ein Kritiker sagte, der Name ›Scientology‹ sei nicht eindrucksvoller als die Entscheidung eines Früchteladenbesitzers, sich ›Fruchtologe‹ zu nennen.«*[49] Diese spitze Bemerkung weist doch auf die Schwierigkeit der Materie hin: Stellen wir uns vor, ein Obstverkäufer würde verkünden, er habe in südlichen Gefilden unter einem Orangenbaum eine Erleuchtung gehabt. Danach seien Südfrüchte, Obst und Gemüse von einem spirituellen Wesen beseelt. Nun sei es sein messianischer Auftrag, Zitronen, Apfelsinen, Gurken und Kohlrabi usw. – gegen Abgabe einer kleinen Spende versteht sich – unter die Menschheit, speziell seine Kundschaft, zu bringen. Würde dies einen religiösen Akt bedeuten? Fällt er dann unter den Schutz des Artikels 4 des Grundgesetzes, der die freie Religionsausübung garantiert, oder ist er einfach nur Obst- und Gemüsehändler? Ebenso gilt diese Frage auch für Scientology: Religionsgemeinschaft mit entsprechenden Privilegien oder religiös getarntes Wirtschaftsunternehmen? Bis heute beschäftigt diese Gretchenfrage die bundesdeutschen und europäischen Gerichte.

Aufbau nach Gutsherrenart

Als nun nach Hubbards Schachzug aus dianetischen und scientologischen Psychobastlern plötzlich »Priester« geworden waren, begab sich Hubbard 1955 mit Unterbrechungen auf eine vierjährige Weltreise. Er konzentrierte sich zunächst auf englischsprachige Länder: Irland, Neuseeland, Südafrika und Australien.[50] Überall dort entstanden neue Scientology-»Kirchen«. Schließlich traf Hubbard in England ein, wo er einen neuen Schwerpunkt seiner Aktivitäten entfalten wollte.

Nebenbei hatte Hubbard auch weiteres Interesse an einem Thema der damaligen Zeit gefunden: Atomspaltung und Radioaktivität. Im Jahr 1957 erschien sein Buch »Alles über radioaktive Strahlung«. Darin behauptet er, er habe eine Methode entwickelt, mit der der menschliche Körper von radioaktiver Strahlung »gereinigt« werden könne: *»Tatsächlich durchgeführten Untersuchungen zufolge ist bei Personen, die Scientology-Auditing erhalten haben, die Reaktion auf Strahlung weitaus geringer als bei jenen, die kein solches Auditing erhalten haben. Wir haben in in dieser Richtung einige Experimente durchgeführt.«*[51]

Besorgt fragt man sich: Welche Experimente wurden da an wem ausgeführt? Die Frage bleibt unbeantwortet. Kein Wunder aber, daß nach der Reaktorkatastrophe von Tschernobyl im Mai 1986 die Scientologen mit diesem Buch und diversen Therapien für ihre Strahlenreinigung warben.

Die Hubbardsche Reiselust war nicht gerade billig. Zwischen Juni 1955 und Juni 1959 erhielt Hubbard rund 108 000 Dollar von der neugegründeten Scientology-»Kirche« (damals fast eine Millionen DM) zuzüglich Dienstwagen und Spesen. Die »Kirche« besorgte ihm eine private Residenz und zahlte ihm – im wahrsten Sinne des Wortes – den »Zehnten« [10 Prozent] als Ausgleich für dic Erforschung seines Geistes.[52] Langsam wurde der Ton rauher in der Scientology-Organisation. Hubbard hatte offenbar die Sorge, Spione seiner Gegner könnten ihm die Technologie der Dianetik/Scientology entwenden oder – in seinen Augen noch schlimmer – bisherige Anhänger könnten seine Ideen auf eigene Rechnung vermarkten. Solche ehemaligen Scientologen, die die Hubbard-»Technologie« selbständig verkauften, bekamen den Namen »Squirrels«.

So suchte Hubbard nach einem sicheren Ort und fand ihn 1959. Damals verlegte er seinen Wohnsitz gänzlich nach England. Nachdem ihm seine dritte Frau Mary Sue bereits das vierte Kind geboren hatte, bezog Hubbard eine »standesgemäße« Unterkunft bei Sussex in der Nähe von London: Dort residierte er mit seiner Familie auf dem ehemaligen Landsitz des Maharadjas von Jaipur auf »Saint Hill Manor«, nahe dem kleinen Ort East Grinstead, nur dreißig Meilen von der britischen Hauptstadt entfernt. 1728 war dieses herrschaftliche Haus gebaut worden und kostete den Scientology-Gründer 1959 rund 16 000 Pfund. Dazu Evans: *»Mit elf Schlafzimmern, acht Bädern, einem Ballsaal, einem Swimmingpool und zahlreichen Wohnräumen bot es Platz für fast jeden.«*[53]

Es scheint, als hatte Hubbard zu dieser Zeit ein wenig das Interesse an den Menschen verloren. Er experimentierte mit Tomaten und anderem Gemüse, schloß sie an E-Meter an und wollte so die Welternährungsprobleme lösen. Doch seine Anhänger gaben offenbar keine Ruhe. Da nun East Grinstead als Heimat des Scientology-Gründers bekannt wurde, zog es viele Scientologen dorthin. Und die begannen nun ausgerechnet in der verträumten kleinen englischen Stadt damit, besonders heftig für den neuen »Glauben« zu werben. Noch im Jahr 1960 soll es zu Konflikten mit der Bevölkerung gekommen sein. Doch solche kleineren Probleme hielten die Organisation nicht auf:

Saint Hill Manor wurde zum internationalen Zentrum der Scientology.
Hubbard hielt Hunderte von Vorträgen, gab »Auditing«, schrieb wie besessen Verlautbarungen, die sogenannten »HCOBs« oder »Hubbard Communication Office Bulletins«, die an die Auditoren weltweit verschickt wurden, um diese in der richtigen Ausübung ihrer »Religion« anzuleiten. Dennoch schien Hubbard alles ein wenig über den Kopf gewachsen zu sein. Es gab zunehmend Probleme im Innern der Organisation sowie mit massiver öffentlicher Kritik. Hubbard beantwortete dies mit dem Aufbau eines repressiven Systems: Ende 1959 wurden plötzlich »Sicherheitsüberprüfungen« bei Scientologymitgliedern vorgenommen. Dabei wurden inquisitorische Befragungen am »E-Meter« vorgenommen. Menschen, die sich nach »Rons« Maßstäben gegen ihn oder die Scientology stellten, wurden zu »unterdrückerischen oder antisozialen Personen« stigmatisiert. Für Kritiker und Abweichler schrieb der selbsternannte Religionsstifter und Wohltäter der Menschheit ein eigenes Strafgesetzbuch mit dem Titel »Handbuch der Justiz«. Darin heißt es: *»Wir sind wahrscheinlich die einzigen Menschen auf der Erde, die das Recht haben, zu strafen.«*[54]
Am 7. April 1967 veröffentlichte Hubbard einen Fragebogen mit dem Titel »Johannesburg Sicherheitsüberprüfung«. Dieses noch heute bei Scientologen gefürchtete Selbstbezichtigungsverfahren – kurz »Jo'burg-Test« genannt – enthält hunderte von Fragen nach möglichen Vergehen (oder das, was Hubbard dafür ausgab) und mußte von bestimmten Mitarbeitern und Scientology-Studenten abgeleistet werden. Hier ein kleiner Auszug: *»Haben Sie je unter einem falschen Namen gelebt oder gearbeitet? Haben Sie je Geld unterschlagen? Hatten Sie je etwas mit Pornographie zu tun? Waren Sie je an einer Abtreibung beteiligt? Haben Sie Ehebruch begangen? Haben Sie je Homosexualität praktiziert? Hatten Sie je Geschlechtsverkehr mit einem Mitglied ihrer Familie? Waren Sie je sexuell untreu? Haben Sie je beständig sexuelle Perversion betrieben? Hatten Sie je Geschlechtsverkehr unter Alkohol? Haben Sie je für die Polizei spioniert? Haben Sie irgend etwas getan, wovon Sie*

Angst haben, die Polizei könnte es herausfinden? Haben Sie je bei einer Sabotage mitgewirkt? Haben Sie je Dianetics oder Scientology verletzt? Haben Sie je zu einer Gruppe gehört, die gegen Scientology war? Wissen Sie von irgendwelchen geheimen Plänen gegen Scientology? Haben Sie irgend etwas getan, das nie herausgefunden werden darf?«[55] Jon Atack, von 1974 bis 1983 Scientologe und heute einer der profiliertesten Scientology-Kritiker, erwähnt noch weitere Fragekataloge, so solche für Kinder.

Erpressung und Geldschneiderei

Während Hubbard in Großbritannien weiter nach einem Weg zur Befreiung und Selbstbestimmung des »Thetans« suchte, setzte die »Food and Drug Administration« (Nahrungs- und Arzneimittelbehörde) in den USA zum ersten großen Schlag gegen Scientology an: Am 4. Januar 1963 marschierten Bedienstete dieser US-Bundesbehörde in das Washingtoner Büro der Scientologen und beschlagnahmten kübelweise Bücher, Schriften und »E-Meter«. Die Scientologen, die sich nun in die Rolle einer verfolgten Minderheit begaben, belegten die FDA mit dem Vorwurf, »religiöse Intoleranz« zu zeigen. Dies fiel ihnen um so leichter, als die FDA keine ausreichenden Fakten für eine Anklage oder einen erfolgreichen Prozeß gegen die Bewegung zusammentragen konnte. Doch schon bald drohte neues Unheil. Im November 1963 sagte ein Abgeordneter vor dem »Legislative Council« des Parlaments von Victoria in Australien aus, Scientology diene der »Erpressung und Geldschneiderei«.[56]
Dies löste eine Reihe von Nachforschungen aus. Ein parlamentarischer Untersuchungsausschuß wurde unter der Leitung von Kevin Anderson eingesetzt. Nach 160 Verhandlungstagen lag 1965 das Ergebnis dieses Ausschusses in Form eines Berichts vor, der unter dem Namen »Anderson-Report« öffentlich bekannt wurde. Aufgrund dieses Reports wurde im australischen Bundesstaat Victoria für Jahre die Ausübung von

Scientology gegen Bezahlung unter Strafe gestellt: *»In dem Report heißt es über Hubbard, daß an seiner ›geistigen Gesundheit erhebliche Zweifel bestehen‹ und: ›ihr Gründer verfügt über nicht mehr als einen Hauch von Ahnung in verschiedenen wissenschaftlichen Bereichen, und diese Ansätze von Halbbildung sind das Fundament, auf dem er ein verrücktes und gefährliches Gebäude errichtet hat‹ ... «*[57] Hubbard zog es vor, persönlich nicht vor diesem Untersuchungsausschuß zu erscheinen. Omar V. Garrison, ein Scientology-freundlicher Autor, verteidigt dieses Verhalten Hubbards in seiner Schrift »Geheimreport Scientology« so: *»Es ist kaum daran zu zweifeln, daß man angesichts der zu jener Zeit in Victoria herrschenden Atmosphäre Hubbard Geisteskrankheit bescheinigt oder ihn wegen Betrugs ins Gefängnis gebracht hätte ... «*[58]

Irdische und intergalaktische Feinde

Die unterdessen weltweite massive Kritik an Scientology zwang Hubbard zu Erklärungen, gerade auch gegenüber seinen Anhängern. Denn es war nur schwer zu vermitteln, warum eine angeblich so großartige Sache wie Dianetik/Scientology ständigen Angriffen ausgesetzt war. Hubbard lieferte Anfang der sechziger Jahre eine Erklärung. Zu diesem Zeitpunkt war er zu der Überzeugung gelangt, daß Scientology nicht nur Feinde auf dieser Erde – wie Psychiater und Psychologen oder die Amerikanische Ärztevereinigung –, sondern auch »in dem sie umgebenden galaktischen Sektor« habe.

Um dies zu verstehen, bedarf es einer Erläuterung. Scientology und Dianetik sollten inzwischen nicht nur der Beseitigung geistiger und psychosomatischer Störungen dienen, die ein Mensch in seinem derzeitigen Leben erlitten hatte. Hinzu kamen nun auch vorgeburtliche Störungen sowie diejenigen, die ein »Thetan« [das laut Hubbard unsterbliche Geistwesen des Menschen] angeblich in früheren Leben erlitten hatte. Hubbard glaubte während diverser Auditing-Sitzungen auf ein Phänomen gestoßen zu sein, bei dem der »Thetan« seines Auditierten sich für einige Zeit außerhalb des Körpers bewegte. Dieses Phänomen nannte er »exterior gehen«. Ein wesentliches Ziel der scientologischen Verfahren war es nun, die »Thetane« vom menschlichen Körper unabhängig zu machen, sie frei operieren zu lassen. Später wurde für die Fähigkeit, stabil »exterior zu gehen« der Begriff »Operating Thetan« (kurz OT) geschaffen. Ein befreiter »Thetan« kann sich im Sinne der scientologischen Lehre willkürlich in Raum und Zeit bewegen, also auch im Weltraum – heute oder vor Billionen Jahren. Seine Vorstellung kommt in einem Bulletin zum Ausdruck, das er am 11. Mai 1963 veröffentlichte. Darin teilte er seiner Gläubigenschar mit, daß er zwei Tage zuvor *»abends um zehn Uhr und eine halbe Minute für 43 891 832 611 117 Jahre, 344 Tage, zehn Stunden, 20 Minuten und 40 Sekunden«* in der Zeit umhergereist sei.[59]

Zurück zu Hubbards Theorie über seine intergalaktischen Feinde. Hubbard glaubte offenbar, daß die Drahtzieher der Kritikerbewegungen gegen Scientology nicht nur auf der Erde, sondern auch im All zu suchen seien.[60] Andere unsterbliche »Thetane« versuchten demnach, Scientology auf Erden den Garaus zu machen. Am 25. Juni 1963 gab Hubbard die Marschroute gegen die Anti-Scientology-Invasionstruppen für die nächsten Jahre vor, die seiner Meinung nach mit durchaus menschlichen Mitteln wie Krieg, atomarem Overkill und Prozessen gegen Scientology kämpften. Auf allen juristischen Ebenen sollten die *»Stellung gehalten, Rechtsstreitigkeiten womöglich gewonnen, auf keinen Fall aber nachgegeben werden«. Gleichzeitig sollte die Forschung vorangetrieben und so schnell wie möglich viele »OT's« gemacht werden. »Der erste Schritt ist, den Atomkrieg und planetarisches Chaos zu verhindern und die Erde als ein Rehabilitationszentrum zu benutzen, da hier die* (scientologische) *Technologie schon gut eingeführt ist. Ein zweiter darauffolgender Schritt ist, den zentralen Organisationen* (der Scientology) *nicht unähnliche Arbeitseinheiten in nahegelegenen Systemen einzurichten.«*[61]

Hubbard hatte an alles gedacht, sogar daran, diesen Plan in

der Galaxie mit anderen abzusprechen: *»Mit den stellaren Mächten, die sich für diese Bereiche interessieren, wird sich kein ernstzunehmender Konflikt entwickeln, da ich für die beiden, die in dieser Galaxis am meisten davon berührt werden, die Hand ins Feuer legen kann, nämlich Espinol United Stars, wozu das Sonnensystem entfernt gehört, und die Galaktische Konföderation, der sich Espinol mit Maßen beugt.«*[62]

Wohlgemerkt: Dies ist nicht das Drehbuch für eine weitere Episode des Raumschiffs »Enterprise«. Dies war und ist wesentlicher Bestandteil des scientologischen Lehrgebäudes. Der Einwand, Hubbard sei schließlich Science-fiction-Autor und habe dies vielleicht nicht ernst gemeint, hilft hier nicht mehr weiter. Denn dieser interplanetarische Verschwörungsglaube hatte sehr reale, dramatische Konsequenzen für die Scientology-Organisation und ihre Psychotechnik im Hier und Jetzt.

Eine eigene Bekenntnisliste für die »Zeitspur« wurde eingeführt, mit der Vergehen aus früheren Leben aufgespürt werden sollten. Darin enthalten waren Fragen wie: *»Haben Sie jemals eine Kultur zerstört? Kamen Sie auf die Erde mit schlechten Absichten? Haben Sie jemals Körper gezüchtet für niedere Zwecke? Haben Sie jemals Menschenfleisch gegessen?«*[63] Gaben die unglückseligen Jünger auf eine dieser Fragen eine nichtbefriedigende Anwort, mußte bei ihnen nach dem »früheren Vorfall« – also einem Vergehen aus früheren Leben – gesucht werden. Man kann sich vorstellen, wie lange es dauerte, bis 20 Milliarden Jahre »Zeitspur« nach Vergehen durchforstet und ihre Folgen aufgearbeitet waren. Kein Wunder, daß schon bald wieder die Sicherheitsbefragung auf das jetzige Leben der Hubbardianer beschränkt wurde.

Wie mache ich mir die Erde untertan?

Ab 1961 hielt Hubbard in Saint Hill auch eine Reihe von Vorträgen, die als der »Saint Hill Special Briefing Course« zusammengefaßt wurden und noch heute als Grundlage für die

Auditoren-Ausbildung [Auditoren sind scientologische »Therapeuten«] in Scientology dient. Darin werden die Grundlagen der Hubbardschen »Psychotechnik« dargelegt, aber auch visionäre Ziele beschrieben. In einem Vortrag am 24. März 1964 gab Hubbard seine Vorstellungen bekannt, wie Scientology konkret den Schritt zur Weltherrschaft angehen könnte. Der Titel des Vortrages: »International City.« Hier einige Auszüge: *»Nun, dieser Planet wird in den nächsten zehn Jahren oder so im politischen Chaos oder in der atomaren Katastrophe enden* [eine von vielen falschen Prognosen des Zeitreisenden Hubbard!], *wenn nicht jemand eine brauchbare Idee hat, wie man es anstellt, daß das Führen von Kriegen erschwert wird und daß dieser wirtschaftliche Druck gemindert wird, der eine solche Belastung für die Menschheit ist. Ein solches Ziel wäre durchaus erreichbar. Es ist ein sehr großer Plan. Es ist eine große Sache... Wenn man nun ein Programm zur Förderung der Gesundheit weltweit durchführen wollte, wäre der einfachste Ansatz für ein solches Programm die Beendigung der Bedrohungen der Umgebung. Man müßte die von der Umgebung ausgehende Gefahr reduzieren, um die Menschen gesünder zu machen...*

Nun, was wir nicht vergessen sollten, ist die Tatsache, daß wir eine Basis haben. Und diese Basis heißt Erde. Und wir wollen nicht, daß diese Basis stärker als nötig enturbuliert [scientologisch = aufrührerisch] *wird. Und wir wollen auch nicht, daß der Basis genau bewußt ist, was mit ihr geschieht bzw. daß sie als Basis gilt, so daß sie sich dagegen auflehnen könnte. Das sind durchaus sehr praktische Erwägungen... Es ist wirklich wunderbar, wie wir ständig wegen des Geldes kritisiert werden. Dies ist nun wirklich eines der unwichtigsten Dinge. Diese Leute liegen ziemlich weit daneben. Wir sind nicht an Geld interessiert, wir sind nur an dem Planeten interessiert... Wir haben hier also einen Plan. Ein internationales Ziel ist die Bezeichnung für den Plan insgesamt, und der Plan selbst ist International City, was nichts anderes heißt als Regierung der Erde.«*[64]

Der Plan selbst sieht vor, alle Regierungen der Welt in einer Stadt zusammenzuführen, von der aus sie ihre Länder regieren sollen. Am Ende soll es eine Weltregierung, einen Rat dieser Stadt geben. Hubbards Schlußfolgerung: *»Jemand muß als*

Verteilerstelle fungieren und festlegen, wer Mitglied des Rates werden soll. Dafür ist nicht ausdrücklich gesorgt, und früher oder später dürften wir in diese Rolle gedrängt werden ... Dem Scientologen ... wird ein Interessenbereich und eine Stadt gegeben, die man zusammenfassen und in Ordnung bringen könnte. Damit haben sie ein Stück des Planeten in ihren Händen, so mythisch es im Moment auch klingen mag.«[65]

Lieber tot als unfähig

Am 7. Februar 1965 erklärte Hubbard in einem Richtlinienbrief an seine Organisation mit dem Titel »Die Funktionsfähigkeit der Scientology erhalten«, daß »demokratische Gepflogenheiten« in Scientology fehl am Platze seien: *»Dieser Punkt wird natürlich als ›unpopulär‹, ›selbstgefällig‹ und ›undemokratisch‹ angegriffen werden. Das mag durchaus stimmen. Aber es ist auch eine Überlebensfrage. Und ich sehe nicht, daß populäre Maßnahmen, Selbstverleugnung und Demokratie dem Menschen irgend etwas gebracht haben, außer, ihn weiter in den Schlamm zu stoßen.«*[66] Aus einem losen Haufen interessierter Scientologen sollte nun eine verschworene Gemeinschaft werden: *»Wenn sich jemand für einen Kurs einschreibt, dann betrachten Sie ihn als Mitglied für die Dauer dieses Universums – lassen Sie niemals eine ›aufgeschlossene‹ Einstellung zu. Wenn jemand fortgehen will, lassen Sie ihn schnell fortgehen. Wenn sich jemand eingeschrieben hat, so ist er an Bord, und wenn er an Bord ist, dann ist er zu denselben Bedingungen hier wie alle anderen von uns – gewinnen oder beim Versuch sterben ... Die richtige Ausbildungseinstellung ist: ›Du bist hier, also bist du ein Scientologe. Jetzt werden wir dich zu einem fachmännischen Auditor machen, was auch immer geschieht. Wir haben dich lieber tot als unfähig.‹«*[67]
Hubbard mahnend zum Schluß dieses Richtlinienbriefes: *»Wir spielen nicht irgendein unbedeutendes Spiel in der Scientology. Es ist nicht nett oder etwas, was man in Ermangelung eines Besseren tut. Die gesamte qualvolle Zukunft dieses Planeten – jedes Mannes, jeder Frau und jedes Kindes darauf –, und Ihr eigenes Schicksal für die*

nächsten endlosen Billionen Jahre hängen davon ab, was Sie hier und jetzt mit und in der Scientology tun. Dies ist eine tödlich ernste Tätigkeit.«[68]

Ethik auf Abwegen: das Freiwild-Gesetz

Was Hubbard unter einer »tödlich ernsten Tätigkeit« verstand, sollte sich bald zeigen. So definierte er das Wort »Ethik« neu. »Ethik« bedeutete nun für die Scientology, *»Gegenabsichten aus der Umgebung zu entfernen«.*[69] Und damit kein Zweifel aufkommt, was mit »Gegenabsichten« gemeint ist, heißt es im dazugehörigen Glossar: *»Eine Entschlossenheit, ein Ziel zu verfolgen, das in direktem Widerspruch zu denjenigen Zielen steht, die als die Ziele der Gruppe bekannt sind.«*[70] Viele Aussteiger berichten dagegen, daß »Ethik« in Scientology als Synonym für das Gehorsams- und Unterdrückungssystem steht.
Am 7. März, am 17. März und am 23. Dezember 1965 schrieb er drei weitere Richtlinienbriefe mit den Titeln: »Unterdrückerische Handlungen, Unterdrückungen von Scientology und Scientologen«, »Freiwild-Gesetz« und »Freiwild-Gesetz, Organisation, unterdrückerische Handlungen – die Quelle des Freiwild-Gesetzes«.[71] Eine wichtige Aussage dieser Briefe: »Unterdrückerische Handlungen« sind durch den Versuch gekennzeichnet, Scientology in seiner Arbeit zu behindern. Eine Person, die solches tut, ist demnach eine »Suppressive Person«, eine »unterdrückerische Person«. Und mit solchen wollte Hubbard nicht weiter nachsichtig umgehen. Wer sich als Feind der Scientology herausstellte, sollte auch als solcher behandelt werden: *»Feind – Befehl für suppressive Personen. Fair game* [Freiwild]. *Ihr kann das Vermögen weggenommen werden, oder sie kann durch jedes Mittel geschädigt werden, oder durch jeden Scientologen, ohne Nachteil für den Scientologen. Sie kann ausgetrickst, verklagt oder belogen oder vernichtet werden.«*[72]

Aufbau des scientologischen Geheimdienstes

Nach Veröffentlichung des scientologykritischen, australischen Anderson-Reports begannen auch in England Untersuchungen über das Wirken der Organisation. Die Folge: Hubbard suchte Anfang 1966 offenbar nach einem neuen Ort, wo er seine Lehre ungestört weiter ausbauen konnte. Er bereiste die Kanarischen Inseln – deren vulkaner Ursprung ihn zu einigen neuen Geschichten inspirieren sollte – und landete schließlich im südlichen Afrika. Dabei – so berichtet Evans – machte er Anstalten, sich in Rhodesien häuslich niederzulassen. Er nahm an Partys teil, erweiterte seinen Bekanntenkreis von Nicht-Scientologen und genoß das gesellschaftliche Leben. Der Scientology-Gründer erklärte damals im rhodesischen Fernsehen – ob aus taktischen Erwägungen oder aus echter Überzeugung, sei dahingestellt –, er wolle für immer in der Hauptstadt Salisbury bleiben und sei nicht mehr aktiv auf dem Sektor von Scientology.[77] Doch die örtlichen Behörden waren damit offenbar nicht einverstanden: *»Anfang Juli erfuhr er zu seiner Verblüffung, daß die rhodesischen Behörden seinen Antrag auf Verlängerung seines Besuchervisums kurzerhand abgelehnt hatten, und daß er das Land bis zum 16. Juli 1966 verlassen müsse.«*[78] Während Hubbard auf Reisen war, hatte sich in seiner Studier- und Nachwuchsschmiede in England auf Saint Hill Manor einiges getan. Seine Frau Mary Sue Hubbard rückte immer mehr in den Mittelpunkt der Macht. Evans schreibt dazu: *»Die Organisation in Saint Hill wurde zusehends autoritärer.«*[79] Am 1. März 1966 hatte Hubbard die Gründung des sogenannten »Guardian Office« bekanntgegeben. Diese Organisation war wie ein Geheimdienst organisiert und stand in den siebziger Jahren im Mittelpunkt des wohl folgenschwersten Skandals um Scientology. Oberste »Guardian« wurde Hubbards Frau Mary Sue: *»Solange Hubbard auf Reisen war, verband ihn stets ein ununterbrochenes Hin und Her von Fernschreiben mit dem Hauptquartier, wo seine Frau Mary Sue an seiner Stelle als ›Hüterin‹ (Guardian) regierte.«*[80] Die »Ethik«-Richtlinien wurden von einer weiteren Schutztruppe durchgesetzt: *»Eine Art interner Polizei, die ›Gesinnungs-Beauftragten‹ (Ethics Officers), übte eine beträchtliche Macht aus.«*[81]

Blut, Sex und Schlagzeilen

Noch vor seiner Abreise nach Afrika hatte Hubbard am 15. Februar 1966 seine Organisation mit einem Richtlinienbrief in eine Art Kampfbereitschaft gesetzt: *»Lassen Sie sich nie zahm auf eine Untersuchung gegen uns ein... Machen Sie es den Angreifern von Anfang an schwer... Gewiß, wir haben nichts zu verbergen. Aber Angreifer sind für uns einfach Anti-Scientology-Propagandafiguren. Sie haben bewiesen, daß sie keine Fakten wollen und werden nur lügen, ganz gleich, was sie entdecken. Also verbannen Sie jegliche Vorstellung, daß so etwas wie eine faire Anhörung beabsichtigt sei, und starten Sie unseren Angriff bei ihrem ersten Atemholen. Zögern Sie keine Sekunde. Sprechen Sie nie über uns, nur über die anderen. Verwenden Sie deren Blut, Sexualleben, Straftaten, um Schlagzeilen zu bekommen.«*[82]
Es wird spekuliert, daß der Aufbau von Abwehrorganisationen von Scientology mit dem Beginn der massiven Anti-Scientology-Kampagne in England zusammenhing oder von Hubbard als wesentlicher Bestandteil seiner Art von Führerschaft einherging. Die zunehmenden Klagen über dieses repressive System führten schließlich in Großbritannien zur öffentlichen Aufmerksamkeit gegenüber Scientology und Hubbard. Der britische Abgeordnete Lord Baniel stellte am 7. Februar 1966 mit Blick auf die australischen Untersuchungen eine Anfrage an den damaligen Gesundheitsminister Kenneth Robinson mit folgendem Wortlaut: *»In Anbetracht der scharfen Kritik seitens eines amtlichen Untersuchungsausschusses in Australien an der sogenannten Praktik der Scientology dürfte der ehrenwerte Abgeordnete doch wohl der Ansicht sein, daß es im Interesse der Öffentlichkeit ist, eine ähnliche Untersuchung auch in England durchzuführen.«*[83]
Auch die amerikanische Steuerbehörde IRS (Internal Revenue Service) war mit Untersuchungen von Scientology be-

schäftigt. Ende Juli 1966 teilte die IRS der »Church of Scientology of California« mit, daß ihr der Status der Steuerbefreiung entzogen werde, hauptsächlich aus drei Gründen: Die praktizierenden Scientologen zögen Gewinne aus einer gemeinnützigen »Kirche«, die »Kirchen«-Aktivitäten wären kommerzieller Natur und die »Kirche« verfolge die privaten Interessen von L. Ron Hubbard.[84]

Am 1. September 1966 legte Hubbard alle Vorstandsämter der Scientology-»Kirche« nieder und gab sich den Titel »Founder« (Gründer). Ob dies eine direkte Folge der IRS-Untersuchungen war und Hubbard mit diesem Schritt weiteren Nachforschungen den Boden entziehen wollte, bleibt ungewiß. Der Schritt hatte aber auch keinerlei Einfluß auf seine Weisungskompetenz in Fragen der Lehre wie der Organisation. Dennoch sollte die neue organisatorische Konstellation in späteren Jahren noch von Bedeutung werden. Der totalitäre Aufbau der Scientology, die ganz und gar auf die Führung durch Hubbard zugeschnitten war, deren Anhänger ihm gegenüber bedingungslosen Gehorsam zu leisten hatten und leisteten, barg die Gefahr aller solcher Systeme in sich: Der Führer kontrolliert alles! Aber wer kontrolliert den Führer? Jahre später sollte diese Frage entscheidend sein, als eine Handvoll junger Scientologen die Macht an sich zog. Doch zurück in das Jahr 1966. Da wartete Hubbard mit neuen »Sensationen« auf, sowohl was die Lehre als auch die Struktur von Scientology anbelangt.

Zunächst zur Lehre: Im Herbst ging Hubbard auf die Kanarischen Inseln, um sein Material für die neuen Kursstufen fertigzustellen. Im Juli 1966 waren bereits die Stufen OT I und OT II (OT = »Operating Thetan«) »freigegeben« worden. Laut Corydon entwickelte Hubbard auf den Kanarischen Inseln auch die bis heute in der Scientology sagenumwobene Kursstufe OT III, auch als »Sprung durch die Feuerwand« bezeichnet. Hier spielen Vulkane und böse Mächte aus dem All eine wichtige Rolle. Ferner wird in OT III die Jagd auf »Dämone« eröffnet, die sich – laut Hubbard – an den menschlichen Körper »heften«.[85]

Flucht auf hohe See

Damit zur Organisation: Ende 1966 kaufte die »Hubbard Exploration Company«, eine der zahlreichen größeren und kleineren eingetragenen Gesellschaften, aus denen sich Hubbards mittlerweile weitverzweigtes Imperium zusammensetzte, mehrere Schiffe. *»Sie kaufte den 414-Tonnen-Trawler ›Avon River‹, der ursprünglich von Hull aus in der Nordsee eingesetzt worden war. Im weiteren Verlauf des Jahres 1967, als viele Scientologen sich noch ein wenig beunruhigt den Kopf darüber zerbrochen haben müssen, welchen Nutzen ein 414-Tonnen-Trawler für ihre Bewegung haben konnte, traf eine Nachricht ein, die einige Überraschung auslöste. Für eine Summe, die mit 60 000 Pfund beziffert wurde, hatte die Hubbard Exploration Company einen noch größeren Fisch an Land gezogen – die 3400 Tonnen große ehemalige Kanalfähre ›Royal Scotsman‹, die damals in Southampton vor Anker lag.«*[86]

Die »Royal Scotsman«, die später in »Apollo« umbenannt wurde, diente im Zweiten Weltkrieg Winston Churchill als Transportschiff. Mit dem Kauf der Schiffe schaffte Hubbard die Grundlage, sein Hauptquartier auf die offene See zu verlegen. Denn mittlerweile wurde die Situation für ihn und die Scientologen in England dramatisch. Zum einen soll ihm die Steuerfahndung auf den Fersen gewesen sein[87], zum anderen wurde Scientology Gegenstand parlamentarischer Untersuchungen. Evans berichtet: *»Am 6. März 1967 feuerte der damalige Gesundheitsminister Kenneth Robinson im Unterhaus eine Breitseite gegen die Scientology ab. Er bezeichnet sie als einen ›sinnlosen Kult, der in einem Klima der Ignoranz und der Gleichgültigkeit gedeiht‹, und erklärte, die Scientologen neigten dazu, ›sich bewußt an die Schwachen, die Unausgeglichenen, die Unreifen, die Entwurzelten, die geistig und emotional Labilen heranzumachen‹.«*[88]

Am 12. August 1967 gab Hubbard mit der »Flag Order Nr. 1« die Formation der sogenannten »Sea-Organization« bekannt. Diese wird von den Scientologen als »religiöse Ordensgemeinschaft« ausgewiesen. Ihre Aufgaben sind aber durchaus weltlicher Natur. Hubbard selbst erklärte, die »Sea-Org« sei die »einzige Garantie des Überlebens der Scientology-Technologie auf diesem Planeten«. Mitglieder der »Ordensgemeinschaft« »Sea-Org« tragen Pseudo-Marinedienstgrade und -uniformen und sind militärisch durchorganisiert. Laut Eigenbroschüre soll die »Sea-Org« die »Scientology funktionstüchtig erhalten«. Alle höheren OT's werden in der *»Sea-Organisation gemacht... Die Sea-Org leitet alle Sea-Org- und Scientology-Organisationen auf diesem Planeten. Die Sea-Org plant, startet und führt alle Technologie-, Ethik- und Verwaltungsaufträge auf der ganzen Welt aus. Alle Tonbänder, Kassetten, Bücher und Filme von Ron werden in der Sea-Org hergestellt und vertrieben.«* Dies zumindest wurde für 1979 als Tätigkeitsbereich der Organisation angegeben. Heute liest sich das bescheidener. In: »Was ist Scientology?« heißt es zur »Sea-Org« (See-Organisation): *»Diese Gruppe ist ein religiöser Orden innerhalb der Scientology und umfaßt verschiedenen Kirchen und Körperschaften. Die Mitglieder der See-Organisation sind dem Vorstand der Kirchen-Körperschaft verantwortlich, in der sie arbeiten. Die heute zirka 5000 Mitglieder bilden den zuverlässigen Kern der Religion, und jedes davon hat einen Vertrag für ewigen Dienst an Scientology und deren Zielen unterzeichnet.«* »Ewiger Dienst« ist durchaus wörtlich gemeint: Wer Mitglied der Sea-Org wird, unterschreibt einen Vertrag über eine Milliarde Jahre!

Der Bann der Briten

Im Juli 1968 holte die britische Regierung endgültig zum großen Schlag gegen Scientology aus. Am 25. Juli 1968 verkündete Gesundheitsminister Robinson als Antwort auf eine Anfrage eines Abgeordneten drastische Einreisebeschränkungen für ausländische Scientologen. In der Erklärung hieß es: *»Die Regierung hat sich nach Erhalt aller verfügbaren Beweise davon überzeugt, daß die Scientology gesellschaftlich schädlich ist. Sie entfremdet Familienmitglieder voneinander und unterstellt allen, die sich gegen sie richten, niederträchtige und unehrenhafte Beweggründe; ihre autoritären Grundsätze und Praktiken sind eine potentielle Bedrohung der*

Persönlichkeit und des Wohlergehens derjenigen, die so verblendet sind, ihre Anhänger zu werden; vor allem aber können ihre Methoden eine ernsthafte Gefahr für die Gesundheit derjenigen werden, die sich ihr unterwerfen.«[89]

Die Konsequenz dieser Beurteilung traf wenig später den »Founder« selbst. Der damalige britische Innenminister James Callaghan untersagte Hubbard unter Berufung auf das Fremdengesetz, nach England zurückzukehren.[90] Erst Jahre später, im Juli 1980, wurde die Einreisebeschränkung für Scientologen aufgehoben – mit einer Ausnahme: Hubbard durfte nie wieder nach Großbritannien einreisen.

Nachdem der Bann gegen ihn ausgesprochen worden war, versuchte Hubbard, seinen ramponierten Ruf dadurch wiederherzustellen, daß er umstrittene Anweisungen zurücknahm. Mit HCO PL vom 21. Oktober 1968 untersagte der »Founder« die künftige Verwendung des Begriffes »Fair Game«. Daß es sich dabei vor allem um eine Werbeaktion handelte, deutet die Begründung für den Rückzug an. Denn: *»It causes bad public relations.«* [Es verursacht schlechte öffentliche Meinung][91]. Evans berichtet darüber hinaus, daß Hubbard am 1. November 1968 eine »Amnestie« gegenüber »unterdrückerischen Personen« verkündete. Doch auch dies half nicht, die Meinung der Öffentlichkeit gegenüber den Scientologen positiv zu verändern.

Eine Seefahrt ist nicht immer lustig

Die Flotte Hubbards segelte kreuz und quer durchs Mittelmeer. Dabei half es Hubbard, daß er noch immer Mitglied des New Yorker »Explorer (Forscher) Club« war. Dies ermöglichte es ihm, unter der Flagge des Clubs zu segeln. Die Handvoll Scientologen, die ihm in stiller Ergebenheit mit auf die See gefolgt waren, müssen dabei eine nicht immer lustige Zeit an Bord verbracht haben. Atack berichtet über Strafexzesse an Bord, die Hubbard gegenüber seinen Anhängern vollführt haben soll. Hilflos den charakterlichen Eigenheiten ihres ersten Mannes ausgeliefert, mußten sie die Segnungen verschärfter »Ethik«-Richtlinien ertragen.

»Auf Las Palmas wurde die Crew der Avon River [ein Schiff von Hubbards Flotte] *bei der fortgeschrittenen ›Erforschung‹ der* [scientologischen] *»Ethik«, oder »Heavy Ethic«* [verschärfte Ethik], *wie sie bald bekannt wurde, zu Hubbards Versuchskaninchen. Neue niedrige Ethikzustände wurden eingeführt, alle in einer Reihe von Abstufungen ... Die arme Frau, die Hubbard bei seiner Erforschung des Ethikzustandes ›Liability‹* [Schuld] *diente, mußte, um ihre Unzulänglichkeit gegenüber den Kollegen zu dokumentieren, einen grauen, schmutzigen Lumpen um den Arm tragen. Im Zustand »Doubt«* [Zweifel] *lief sie mit einer schwarzen Markierung auf der Backe herum und trug eine große, ölige Kette um ihr Handgelenk.«*[92]

Von solchen Dingen erfuhren die mittlerweile weltweit agierenden Scientologen wenig. Im Gegenteil: Ihnen wurde ein glamouröses Bild des Lebens auf den »Sea-Org«-Schiffen geschildert, um neue Interessenten anzuwerben. Von den vielen kleineren und größeren Zwischenfällen an Bord erfuhren meist nur diejenigen, die dabei waren. Hubbard stattete seine Crew mit militärischen Rängen aus, wobei er sich selbst den Titel »Commodore« zulegte. (Ein Dienstgrad, den er als Marinesoldat gerne erreicht hätte, aber nie erreicht hat.) Seine Frau mutierte zum »Kapitän«, nachdem der professionelle Kapitän der »Royal Scotsman« beinahe das Schiff auf Grund gesetzt hatte. Was dem alten Kapitän nicht gelang, schaffte »Kapitän Mary Sue Hubbard« kurz darauf vor der spanischen Küste: *»Diesmal strandete die Royal Scotsman tatsächlich. Der ›Commodore‹ wies mit großem Ernst dem Schiff und allen, die darauf fuhren, den Ethik-Zustand ›Schuld‹ zu. Für mehrere Wochen war ein seltsames Spektakel auf und ab entlang der spanischen Küste zu beobachten: ein Schiff mit dreckigem grauen Ölzeug um den Schornstein gebunden.* (Als Ausdruck des Zustandes »Schuld« für das Schiff selbst.) *Alle Matrosen trugen graue Lumpen. Und Gerüchte sagen, daß selbst Mary Sue's Hund, Vixie, einen grauen Fetzen um den Hals hatte.«*[93]

Laut Jon Atack – aber auch scientologischen Quellen – wurde

als Strafe das sogenannte »Overboarding« (Über-Bord-werfen) praktiziert. Offenbar ohne Skrupel wurde im Scientology-Magazin »The Auditor«, Ausgabe 41, ein Bild von dieser Praxis gedruckt mit dem Kommentar: *»Studenten werden wegen schweren ›Out-tech‹* (falsche Anwendung der Hubbard-Technologie bzw. Nichtbefolgen von Hubbards Anweisungen) *über Bord geworfen und der See überlassen.«* (»Students are thrown overboard for gross out tech and bequeathed to the deep!«)
Unterbrochen wurden solche »harten Ethikzeiten« durch atemberaubende Ankündigungen und Versprechen von »Commodore« Hubbard. So wollte er den Beweis seiner früheren Leben antreten und suchte mit der »Sea-Org« nach Wirkungsstätten seiner vormaligen Existenzen. Viele Legenden spannen sich in Scientology-Kreisen um diese »Zeitspur-Mission«, so etwa von Goldfunden, die Hubbard in vorherigen Dasein versteckt haben will. Eine andere Geschichte kreiste um das Aufspüren einer verborgenen UFO-Station.[94] Dort sollte »ein großes Mutterschiff und eine Flotte kleinerer Raumschiffe« auf die Rückkehr ihres großen geistigen Anführers warten. Angeblich wollte Hubbard das Raumschiff zur Flucht von der Erde nutzen. Die Rede war auch von der Errichtung einer »Space-Org«. Leider soll es wegen Schwierigkeiten mit spanischen Hafenbehörden zu dieser entscheidenden Mission und dem letzten Beweis nicht gekommen sein – wie das eben bei Legenden so ist.

Neuer Hafen, neue Kurse

Die Kreuzfahrtreisen im Mittelmeer führten schließlich alle Schiffe der Sea-Org im September 1969 bei der griechischen Insel Korfu zusammen. Dort sollte eine neue Organisation gegründet werden, die sogenannte »Advanced Organization« (AO).[95] In dieser Fortgeschrittenenorganisation sollte offenbar nun die Ausbildung in den neuen Kursstufen erfolgen, was ja für ausländische Scientologen in England nicht mehr möglich war. Doch dazu kam es nicht mehr, denn der Aufenthalt in Korfu mußte wegen Schwierigkeiten mit den Behörden vorzeitig abgebrochen werden. Die griechische Regierung ordnete danach an, daß die Scientologen das Land zu verlassen hätten.[96]

Nichtsdestotrotz arbeitete Hubbard immer neue »Fähigkeitsstufen« aus. Dazu die Verlagsbiographie: *»Im Januar 1968 wurden als eine zu erreichende spirituelle Fähigkeit die OT-Abschnitte IV, V, und VI freigegeben, und im September 1970 kam OT VII heraus.«*

Was in Griechenland nicht gelang, wurde in Kopenhagen verwirklicht. In Dänemark kam es noch 1969 zur Gründung einer Advanced Organization. Nun war offenbar auch die Zeit reif für den Sprung der Scientology in die Bundesrepublik Deutschland. Am 15. Oktober 1970 wurde in München die erste deutsche Scientology-»Kirche« gegründet. In den folgenden Jahren entstanden weitere Stützpunkte in Stuttgart, Frankfurt, Hamburg, Berlin und Düsseldorf.[97]

Während zwischen 1971 und 1973 die Sea-Org-Flotte im Ostatlantik zwischen Marokko, Spanien und Portugal umherreiste, erschien 1971 in England der von dem britischen Kronanwalt und Parlamentsmitglied Sir John G. Forster erstellte und nach ihm benannte »Forster-Report«. Durch ihn wurden große Teile bisher geheimer Originaldokumente von Scientology öffentlich gemacht. Forster kam zu dem Schluß, daß ein Bann, wie in Teilen Australiens gegen Scientology ausgesprochen, gegen die Traditionen des angelsächsischen Rechtssystems verstoße. Allerdings machte er auch auf die Schwierigkeiten aufmerksam, die sich aus der Verwendung des Begriffs »Religion« ergäben und sprach sich hier für neue Regelungen aus: *»Unter diesen Umständen empfehle ich, daß die Zeit für eine Überprüfung des Gesetzes reif ist, das diese Privilegien den religiösen Körperschaften bewilligt ...«*[98]

Operation »Schneewittchen«

Ende 1972 mußte Hubbard Marokko, seinen damaligen Aufenthaltsort, binnen 24 Stunden verlassen. Er flog daraufhin nach New York.[99] Offenbar hatte Hubbard neben juristischen auch gesundheitliche Probleme.[100] Doch in den USA waren die Behörden gerade mit umfangreichen Untersuchungen gegen Scientology und Hubbard beschäftigt. Um mittelfristig eine unbeschwerte Rückkehr Hubbards in die USA zu ermöglichen, waren deshalb einige Hindernisse aus dem Weg zu räumen. Hubbard nannte dieses Unternehmen »Operation Snow white«[101] [Operation Schneewittchen]. Im September 1973 kehrte Hubbard zunächst nach Europa, genauer nach Lissabon zurück, wo sein Sea-Org-Schiff »Apollo« [Hubbard hatte die Royal Scotsman in Apollo umgetauft] vor Anker lag.[102] In den USA aber begann nun das besondere Kapitel »Snow White« der Scientology. Die amerikanische Inlandssteuerbehörde (International Revenue Service, IRS) hatte begonnen, sich für die ausufernden Umsätze der Scientologen zu interessieren.

Auch Interpol war mit Scientology und ihrer obersten Autorität L. Ron Hubbard befaßt. Im November 1973 erteilte die damals ranghöchste Scientologin im sogenannten Guardian Office, Jane Kemper, den Auftrag, alle Interpol-Dokumente in den Besitz der Organisation zu bringen, die sich mit Scientology und Hubbard beschäftigten.[103] Im Oktober 1974 gab Kemper, zu dieser Zeit in der Position des »Guardian World-Wide« (Weltweiter Sicherheitsbeauftragter), Anweisung, die Büros der IRS-Finanzbehörde im District of Columbia und die Steuerabteilung des Justizministeriums der Vereinigten Staaten *»zu infiltrieren, um alle Akten über Scientology und ihren Gründer L. Ron Hubbard in ihren Besitz zu bringen sowie alle persönlichen Aufzeichnungen von Amtsanwälten, die die Regierung in Sachen Scientology vertreten«.*[104]

Im November 1974 installierten Scientology-Agenten im Konferenzraum der Finanzbehörde eine elektronische Abhörvorrichtung. Danach wurden Treffen von Finanzbeamten abgehört, bei denen über Steuerangelegenheiten der Scientology beraten wurde. Ebenfalls im November war es den Scientologen gelungen, einen Agenten in die Finanzbehörde als Schreibmaschinenkraft einzuschleusen. Es handelte sich um Gerald Bennett Wolfe. Bereits 14 Tage später meldete dieser ersten Vollzug. Wolfe hatte Akten beiseite geschafft.[105] Dies war der Anfang eines wahren Massendiebstahls von Behördenakten durch Scientology-Agenten, der sich über das ganze Jahr 1975 erstreckte.

Angespornt durch die »Erfolge« bei der Unterwanderung der Finanzbehörde wurde erneut Anlauf genommen, um in den Besitz der Interpol-Akten über Scientology und Hubbard zu kommen. Das Interpol-Büro befand sich zu dieser Zeit im Schatzministerium der USA. Doch damit nicht genug. Offenbar war die Auswertung der gestohlenen Dokumente so brisant, daß im Auftrag von »Guardian« Jane Kemper im Dezember 1975 ein Frühwarnsystem installiert wurde, *»welches dazu bestimmt war, die ›persönliche Sicherheit‹ des Gründers der Scientology, L. Ron Hubbard, zu gewährleisten. Der Auftrag verlangte eine Unterwanderung von Regierungsstellen, welche die Befugnis haben, Hubbard unter Strafandrohung vorzuladen oder Gerichtsverfahren gegen ihn einzuleiten – oder Regierungsstellen, die über Ankündigungen solcher Zwangsvorladungen oder Prozesse verfügen.«*[106]

Rehabilitation durch Sklavenarbeit

Währenddessen kreuzte Hubbard weiterhin im Mittelmeer. Anfang 1974 wurde an Bord des Sea-Org-Flaggschiffes – der »Apollo« – das »Rehabilitation Project Force« (RPF) eingeführt.[107] Corydon nennt es ein »Slave-labor-prison-Project« [Sklavenarbeit-Gefängnisprojekt]. Wer zum RPF-Insassen wurde, mußte die Reste essen, die die Schiffscrew übriggelassen hatte. Er durfte nicht ohne Erlaubnis mit anderen Passagieren sprechen, schlief in verdreckten Maschinenräumen, trug zur

Kennzeichnung einen blauen Overall und durfte sich nur im Trab bewegen. Ein gewöhnlicher Grund, jemanden ins RPF zu schicken, war dessen Absicht, Scientology zu verlassen.[108]
Auf Madeira wurde im Herbst 1974 die »Apollo« von einer wütenden Menge angegriffen und beschädigt. Daraufhin verließ die »Sea-Org« Europa in Richtung Charleston, USA. Am 10. Oktober 1974 traf man dort ein. Allerdings warteten bereits FBI-Beamte im Hafen auf das Schiff. So entschloß sich Hubbard zur Weiterfahrt auf die Bahamas. Das Jahr 1975 über kreuzte die »Apollo« im Karibischen Meer. Im Juli soll Hubbard eine Herzattacke bekommen haben und kurzfristig in stationäre Behandlung gekommen sein.[109]

Führungsspitze im Gefängnis

Im Oktober 1975 soll Hubbard dann mit drei Begleitern und einer Millionen Dollar in bar von den Bahamas nach Miami in Florida geflogen sein. Alle hatten laut Corydon falsche Pässe dabei.[110] Die Besatzung der »Apollo« teilte sich in mehrere Gruppen auf. Eine Managementgruppe flog nach New York, eine zweite nach Miami, eine dritte nach Washington D.C. In Fort Harrison, Clearwater, wurde eine »Flag-Land-Base« eingerichtet.[111] Hubbard soll zunächst in der Nähe gewohnt haben. Offiziell erklärte die Scientology-Organisation in Deutschland per Presseerklärung vom 19. März 1976, daß die »Apollo«, *»für nahezu ein Jahrzehnt ... von Scientology Organisationen als eine Art ›Flaggschiff‹ benutzt«,* nun durch einen Landstützpunkt in Clearwater/Florida ersetzt werde. Dort waren *»die vormals auf der Apollo verfügbare Ausbildung für die leitenden Angestellten und die geistliche Beratung erhältlich«.*
Während dieser Zeit lief die Aktion »Snow White« weiter. Im Februar 1976 war es den Scientologen gelungen, eine Angestellte als Sekretärin ins Justizministerium der USA einzuschleusen.[112] Mitte März 1976 holten die Guardian-Office-Scientologen zum großen Schlag aus. Sie brachen in den

Raum der Finanzbehörde ein, in dem die Materialien zur Fertigung von Ausweisen lagen. Zwei Scientology-Agenten stellten sich selbst offizielle Beglaubigungsschreiben der Finanzbehörde aus.[113] Immer neue Akten wanderten in den nachfolgenden Monaten in die Hände ranghoher Scientologen. Am 18. Dezember 1976 wurde die Installation einer ständigen Abhöranlage in die Räume der Finanzbehörde beschlossen.

Doch der unablässige Schwund von Akten machte die Behörden schließlich aufmerksam. Am 11. Juni 1976 wurden zwei der Top-Agenten, Michael J. Meisner und Gerald Bennet Wolfe, auf frischer Tat ertappt. Doch selbst dieser Schlag führte nicht zur Einsicht beim Scientology-»Guardian-Office«. Im Gegenteil: Nun machten sich die Verantwortlichen daran, einen Vertuschungsplan zu entwerfen.

Während Wolfe am 30. Juni 1976 vom FBI verhaftet wurde, versuchte man, Meisner zu verstecken. Nach fast einem Jahr konnte der den Druck des Untergrundlebens nicht mehr ertragen. Meisners Absicht, sich zu stellen, begegneten die Scientologen mit gewaltsamem Festhalten. Schließlich gelang Meisner die Flucht.[114]

Jetzt endlich schlug das FBI zurück, nachdem Meisner der Behörde seine Zusammenarbeit angeboten hatte. Dank seiner Aussage erhielt das FBI eine Durchsuchungsgenehmigung.[115]

Am Morgen des 8. Juli 1977 standen 134 FBI-Angehörige vor den Scientology-Büros in San Francisco und Los Angeles, um Hausdurchsuchungen vorzunehmen. Dabei beschlagnahmten sie zentnerweise Papiere, darunter die gestohlenen Akten aus den US-Behörden.

Am 26. Oktober 1979 wurden neun hohe Funktionäre der Scientology-»Kirche« von einem amerikanischen Bundesgericht wegen Diebstahls und Verschwörung gegen die Regierung verurteilt. Obenan stand die 48jährige Ehefrau von Scientology-Gründer Hubbard: Mary Sue Hubbard.[116]

Hubbard, das Phantom

Die Schwierigkeiten, die sich in den siebziger Jahren entwikkelten, sorgten dafür, daß Hubbard offenbar bestrebt war, so weit wie möglich unter Ausschluß der Öffentlichkeit zu leben. Mehr noch, er führte eine Art Untergrunddasein. Die Furcht vor Verhaftungen, vor den Fängen der Interpol und des FBI und vor allem die Sorge um die Angriffe der Steuerbehörden muß groß gewesen sein. Genährt wurde sie durch eine weitere Aktion des FBI gegen Scientology-Stützpunkte in Los Angeles und Washington im Juli 1977.[117]

Sein Aufenthaltsort in der Nähe der Flag-Land-Base mußte bald aufgegeben werden. Ein Fan soll ihn erkannt und dies auch öffentlich verkündet haben. Hubbard ging nach Washington, wechselte dann von der Ost- an die Westküste der USA und tauchte schließlich in der Nähe von Los Angeles unter. Er bezog – so auch die offizielle Scientology-Version – Quartier auf einer »Hacienda« in La Quinta mit dem »Code«-Namen »Rifle« [Gewehr], etwa 20 Kilometer östlich von Palm Springs. Scientology nennt dies freundlich das »Winterquartier«.

Bis Juli 1977 fühlt sich Hubbard hier sicher und scheint die Zeit in einer gewissen Urlaubsstimmung verbracht zu haben: mit Gartenarbeit und Entspannung. Als am 7. Juli 1977 das FBI in Los Angeles und Washington die Scientology-Missionen ausräumte, flüchtete Hubbard bei »Nacht und Nebel« in einem Wohnwagen – mit ausgeschalteten Lichtern – und drei seiner »Boten«. Einer von ihnen war Pat Broeker. Der erwies sich in den kommenden Wochen als ein Organisationstalent und managte alle schwierigen Situationen, die mit einem Leben im Untergrund verbunden sind: geheime Zimmer, Essen und Geldbeschaffung. Auch für die Scientologen-Welt wird Hubbard in dieser Zeit zu einem Phantom und die CMO, die Botenorganisation, wird zur Kommunikationsnabelschnur zwischen Hubbard und dem Rest der Scientologen.

Mehrere Manuskripte für Scientology-Trainingsfilme entstehen in dieser Zeit und nach einer mehrmonatigen Irrfahrt durch den Osten der USA kehrt Hubbard Anfang Januar 1978 wieder auf seine »Hacienda« in La Quinta zurück. Einerseits schien ihm diese Umgebung wieder sicher genug zu sein, andererseits konnte er es wohl nicht mehr erwarten, seine Drehbücher auf Zelluloit zu bringen. So versuchte der Scientology-Kopf sein Glück als Regisseur und baute eine Filmcrew auf. Einer der jungen Kameramänner, ebenfalls Mitglied der CMO, der Botenorganisation – war David Miscavige. Miscavige, der heute Scientology führt, gelang es damals – wie auch immer –, die Aufmerksamkeit Hubbards auf sich zu ziehen.

Das Leben in La Quinta war von großem Mißtrauen aller gegen alle geprägt und stand unter dem Zeichen größter Verschwiegenheit. Eine »Botin« Hubbards berichtete Jahre später über diese Zeit: *»Ich reiste nach La Quinta in Kalifornien. Dort angelangt, wurde ich von einer der Botinnen am ersten Abend zu LRHs Büro gebracht ... An diesem Abend sprach ich nicht mit LRH, da er beschäftigt war, aber ich sah ihn. Er hatte lange rötlich-graue Haare, die über seine Schultern reichten, von Karies befallene Zähne, einen richtig fetten Wanst, und ich glaube, daß er zu jener Zeit einen Vollbart hatte zur ›Verstellung‹. Er hatte keinerlei Ähnlichkeit mit seinen Fotos ... Zuerst mußte ich mich über meinen Aufenthaltsort orientieren und die ›Strandgeschichte‹ lernen. Nach dieser Geschichte sollten wir sagen, daß wir Gäste seinen auf der Ranch irgendeines Juristen aus Los Angeles, dem die Ranch gehört. Wir hatten alle Aliasnamen, die wir auswendig lernen mußten. Der Aliasname von LRH war Mr. Blake.«*[118]

Ob es der Frust über seine ständigen Mißerfolge war, sein erzwungenermaßen zurückgezogenes Leben oder gar eine grundsätzliche Charakterschwäche, bleibt unklar: Aber Hubbard begann offenbar seine nähere Umgebung zu terrorisieren. Besonders deutlich wird dies durch unter Eid abgeleistete Zeugenaussagen von Personen, die Hubbard in dieser Zeit als persönliche Diener und Boten zur Verfügung standen: *»Die Boten des Kommodore* [Hubbard] *traten ihren Dienst ursprünglich als junge, hübsche Mädchen im Alter von acht bis 15 Jahren an. Hub-*

bard verlangte das so, weil er sie in diesem jungen Alter besser ›unterweisen‹ konnte.
Es gab eine Botenorganisation des Kommodore (Commodore's Messenger Org – CMO)... Bei den Botinnen, die sich bei LRH [L. Ron Hubbard] *befinden, handelt es sich immer noch um junge, hübsche Mädchen, obwohl viele von ihnen nun schon älter sind. In den Außenstellen bestehen jedoch derartige Vorschriften nicht mehr. Viele Jungen und Männer werden nun in der CMO aufgenommen sowie auch ältere Mädchen... Die Boten begleiteten LRH überall hin. Wir chauffierten ihn, wir waren ständig um ihn und hielten für ihn den Aschenbecher und das Feuerzeug bereit, und wir zündeten ihm auch die Zigaretten an. LRH pflegte in die Luft zu gehen, wenn er eine Zigarette selbst anzünden mußte. LRH und Mary Sue hatten getrennte Schlafzimmer. Obgleich es mich nie betraf, ließ ich mir sagen, daß ihm die Botinnen dabei halfen, die Kleider für den Morgen auszuwählen, daß sie ihm dann beim Ankleiden halfen, und am Abend halfen sie ihm beim Zurechtmachen zum Schlafengehen.*
Ich stellte fest, daß LRH sehr launisch war und im höchsten Maße reizbar und explosiv. Er pflegte jeden anzubrüllen wegen etwas, das ihm nicht paßte, und zur Hälfte der Zeit schien er über dies oder jenes verärgert zu sein. Er war ein Fanatiker hinsichtlich Staub und Wäsche. In der Zeit, in der ich mich dort aufhielt, kümmerten sich die Boten auch um seine Wäsche. Es verging kaum ein Tag, an dem er nicht zu schreien pflegte, weil jemand in der Wäsche zuviel Seife verwendet hatte, und seine Hemden würden nach Seife riechen, oder wie scheußlich die Seife sei, die jemand verwendete, es müsse da also jemand sein, der die Seife gewechselt habe. Nun, glauben Sie mir, keiner sagte einen Ton zu ihm. Wenn er sagte, jemand habe die Seife gewechselt, dann muß einer die Seife gewechselt haben – und damit basta! Ich war wie gelähmt, wenn ich seine Wäsche waschen sollte.
Er war auch ein Sauberkeitsfanatiker. Selbst nachdem in seinem Büro gerade von der Decke bis zum Fußboden Staub gewischt worden war, pflegte er hereinzukommen und wegen des Staubs zu schreien, und ›ihr versucht alle miteinander, mich umzubringen!‹ – so einer seiner Lieblingsaussprüche – oder wenn das Essen nicht richtig schmeckte: ›Ihr versucht, mich umzubringen!‹«[119]

Wie Boten Bonzen wurden

Während dieser Zeit hatten sich zwei innere Machtzentren entwickelt. Auf der einen Seite das Guardian Office, Organisator der Einbruchs- und Spionageaktivitäten, deren Führung letztendlich die Ehefrau des Scientology-Founders Hubbard hatte und die die Scientology-Organisationen in der Öffentlichkeit mehr oder minder regierte, den Kontakt zu den Missionen hielt und Ansprechpartner für Scientologen war. Auf der anderen Seite die Sea-Org und hier speziell die CMO (Commodore's Messenger Org – Botenorganisation Hubbards), die Kommunikationsschnittlinie zum Scientology-Boß, die zudem interne Verwaltungsmacht wurde und zunehmend mit finanziellen Abwicklungen beschäftigt war.
Ein intimer Kenner der Szene, Jon Zegel, selbst einst in führenden Positionen der Scientology tätig, berichtet von Spannungen zwischen den beiden inneren Machtzentren Sea-Org und Guardian Office, vor allem zwischen einer Person namens Pat Broeker und Mary Sue Hubbard.[120]
Nach der Aufdeckung der Spionagefälle des scientologischen Guardian Office durch das FBI mußte offenbar die in die Sache maßgeblich verwickelte Mary Sue Hubbard ebenfalls einen rapiden Machtverlust hinnehmen. Denn Macht definierte sich, das ist die Essenz der Aussagen ehemaliger Scientologen, in der Gruppe vor allem dadurch, wer, wie und in welchem Umfang jemand Kontakt mit L. Ron Hubbard hatte. Mary Sue Hubbard, die nun unter ständiger Überwachung des FBI leben mußte, konnte nun aus »Sicherheitsgründen« nicht mehr am selben Ort wie ihr Mann leben. Dagegen erwarb die CMO einen enormen Machtzuwachs und hier vor allem Pat Broeker und seine Frau Annie. Sie wurden nun zunächst zu den bestimmenden Figuren in der Scientology. Die »New York Times« über die junge Garde: *»Die Mehrzahl dieser neuen Leute waren der Gruppe beigetreten, als sie 13 oder 14 Jahre alt waren, und sie haben nie ein anderes Leben als innerhalb der Scientology gekannt... Mit Ausnahme intensiver täglicher Unterweisung in den*

Schriften von Mr. Hubbard ... hatten die meisten von ihnen über die Grundschule hinaus keine richtige Schulbildung genossen. Die Mehrheit dieser Leute seien Mitglieder einer Gruppe mit der Bezeichnung ›Commodore's Messenger Organization‹ [Die Kurier-Organisation des »Kommodore« Hubbard]. Dieser Name stamme noch aus der Zeit der siebziger Jahre, als Mr. Hubbard die Kirche von einer 300-Fuß-Yacht ... aus leitete und sich selbst als ›Commodore‹ bezeichnete. Einige Scientologen nahmen ihre Kinder mit an Bord, um sie dort täglich bei sich zu haben, und die älteren Kinder wurden als persönliche Ordonnanzen für Mr. Hubbard ausgewählt ... Nicht lange nach dem Umzug in die neue Einrichtung der Mutterkirche in der Wüste ... zog sich Mr. Hubbard immer mehr in Abgeschlossenheit zurück und empfing für gewöhnlich nur noch die Mitglieder der Kurierorganisation, denen auch das Recht zugestanden wurde, Disziplinarmaßnahmen gegen ältere Kirchenmitglieder zu verhängen.«

Dramatisch wurde die Situation dann im September 1978. Hubbard wurde erneut schwer krank. Mit Hilfe eines ranghohen Scientologen, Hubbards privaten Auditor namens David Mayo, sollte der Scientology-Gründer wieder auf die Beine kommen. Um welche Art von Krankheit es sich handelte, kann nicht mit letzter Sicherheit rekonstruiert werden, Vermutungen reichen vom Gehirnschlag bis zum Herzinfarkt. Dabei muß man sich daran erinnern, daß derlei Krankheiten aus dem »MEST-Universum« [MEST = Materie Energie Raum und Zeit, scientologischer Ausdruck für die gegenständliche Umwelt] für hochrangige »Operierende Thetane«, wie es Hubbard ja wohl gewesen sein müßte, eigentlich nicht mehr möglich sein dürften. Mayo – später, wie so viele, von der heutigen Führung der Scientology zur Unterdrückerischen Person erklärt und aus der Scientology ausgeschlossen – berichtet jedenfalls, daß er regelrecht »schockiert« war, als er Hubbard in diesem Zustand sah. Laut Mayo litt Hubbard unter einer Lungenembolie. Um im internen Zirkel die seltsamen Ungereimtheiten der schweren Krankheit eines »OT's« einigermaßen erklärlich zu machen, wurde verkündet, daß eine kurz zuvor zur Anwendung freigegebene »New Era Dianetik« nicht bei »OT's« angewendet werden dürfte (»Neue Ära Dianetik« »NED« soll angeblich die Fähigkeitsstufen der Scientology für den einzelnen schneller erreichbar machen).

Der ganz legale Putsch

Kaum von seiner Krankheit genesen, drohte bereits neues Unheil. Im März 1979 setzte sich ein Mitglied der Hubbardschen Filmcrew ab und drohte damit, die Polizei über den Aufenthaltsort von Hubbard zu informieren. Wieder verließ Hubbard Hals über Kopf sein »Winterquartier« und flüchtete. Nach Tagen im Wohnwagen und konspirativen Wohnungen landete er schließlich in dem kleinen Städtchen Hemmet, in Gilman Hot Spring, einer Ranch in der Nähe von Los Angeles. Zu diesem Zeitpunkt unternahm Hubbard den letzten erkennbaren Versuch, seine »Scientology« in den Griff zu bekommen. Warum er diese Kraftanstrengung unternahm, ist der Spekulation freigegeben. Während seines Untergrunddaseins waren die offiziellen »Vorstände der Scientology« sich selbst überlassen. Einige »Missions-Chefs« verdienten offenbar in die eigene Tasche. Die Geschäfte liefen schlecht. Das Guardian Office, in Person von Hubbards Frau Mary Sue, schien den Karren in den Dreck gefahren zu haben, und als einzige wirklich loyale Gruppe stellte sich für Hubbard wohl seine Botenorganisation heraus, die CMO. Die wiederum hatte keinerlei offizielle Funktion in der Scientology-»Kirche«. Was also tun?

Zunächst beauftragte Hubbard seine junge Garde vom CMO damit, eine Statistikanalyse der weltweiten Scientology-Ableger vorzunehmen. Das Ergebnis war angesichts der Tatsache, daß Hubbard scheinbar Unsummen von Dollar benötigte, ernüchternd. Er wollte heraus aus seiner Isolation und dafür mußten eine Reihe von Bedingungen erfüllt sein. Die zweistelligen Anklagen und Prozesse gegen ihn mußten erledigt bzw. beendet werden. Dafür waren teure Rechtsanwälte und möglicherweise Schweigegelder notwendig. Sein neuer Aufenthaltsort mußte ausgebaut werden – dank des RPF, des Gefängnisprojekts, waren dafür zwar weitgehend kostenlose »Unterdrückerische« Arbeitskräfte vorhanden, aber Geländekauf und Baumaterial waren eben auch nicht billig. So blieb die Lösung des akuten Geldmangels ziemlich klar: Die Preise für Psycho-Dienstleistungen und Bücher mußten drastisch erhöht und das Geld Hubbard zur Verfügung gestellt werden.

Um seiner Prätorianergarde – der Botenorganisation CMO – entsprechende Machtbefugnisse in der »Kirche« zu verschaffen, wurde ein sogenanntes »Watchdog Committe« [Wachhund-Komittee] gegründet. Seine Mitglieder blieben zunächst anonym und hatten die Aufgabe, das offizielle Scientology-Managment wieder auf Kurs zu bringen. Hubbard brach jede Verbindung mit seiner Frau ab – sie war gerade in den Spionageprozeß verwickelt – und erklärte, daß die CMO nun auch berechtigt wäre, dem offiziellen Management Anweisungen zu erteilen.

Aus seinem geheimen Aufenthaltsort heraus teilte Hubbard seinen Anhängern eine düstere Prognose über die nahe Zukunft mit. Der Titel seiner Nachricht: »Der Reinigungs-Rundown und der Atomkrieg.« Weltweit sollte diese Mitteilung an alle Scientology-Organisationen verbreitet werden. So erklärten die Emmissäre Hubbards einer verschreckten Scientology-Gemeinde, daß Hubbard ihr Überleben im Dritten Weltkrieg wünsche. Doch dazu müßten sie ihren Teil beitragen. Sie sollten ihre Produktionsstatistik innerhalb von sechs Monaten um 540 Prozent nach oben katapultieren. So wurde am 8. Mai 1979 »auf Verlangen der Vorstände der Scientology-Kirchen« von L. Ron Hubbard eine sogenannte »Executive Directive« ausgegeben. Darin hieß es: »Betrifft: *Erhöhung der Buchpreise... Vom 1. Juni 1979 an werden die Preise aller Dianetik- und Scientology-Bücher, Kurs-Packs und anderer Materialien, einschließlich E-Meter, monatlich um 10 Prozent steigen, wirksam um Mitternacht eines jeden Monats, am letzten Tag des vorangegangenen Monats.«* Innerhalb kürzester Zeit schnellten die Preise bei den Scientologen in die Höhe. Um die Kurse bezahlen zu können, mußte noch härter gearbeitet werden.

Dann nahm die Machtübernahme einiger junger Scientologen konkrete Züge an. Daß es dazu kommen konnte, hatte vor allem zwei Ursachen. Es ist wohl eine Ironie des Schicksals, daß staatliche Stellen einerseits einen entscheidenden Anteil an dieser Entwicklung hatten. Andererseits wäre ohne den Aufbau der Scientology-Organisation mit ihrer zentral auf L. Ron Hubbard abgestimmten Machthierarchie dieser putschähnliche Umsturz nicht möglich gewesen. Durch die offiziellen Untersuchungen und Anklagen wurde es, wie oben schon erwähnt, aus Sicht der Scientologen notwendig, Hubbard weitestgehend zu verstecken.

Im Februar 1980 stand ein wichtiger Gerichtsfall in Tampa (Florida) gegen L. Ron Hubbard bevor. Das OTC-Wien berichtet: »*Hubbard, sowie Pat und Annie Broeker, zwei gerade entbehrliche Mitglieder der Commodore's Messengers Org, verlassen Hemmet in unbekannte Richtung aus Sicherheitsgründen. LRH wird seither nicht mehr gesehen.*« Neben Pat Broeker kam nun noch eine weitere Person ins Spiel: David Miscavige. Er wurde 1981 zum Projektleiter einer Organisation, der »All Clear Unit«, die sich mit der Abwehr von 35 Haftpflichtprozessen gegen die Scientology-»Kirche« befaßte und Hubbard ermöglichen sollte, endlich wieder in der Öffentlichkeit aufzutreten. Es war die Keimzelle der neuen Macht – und doch verfehlte sie ihr eigentliches Ziel vollständig: Hubbard mußte bis zu seinem Tod im Verborgenen leben.

Miscavige, der sich mit den Broekers zusammentat, muß im Sommer 1981 beschlossen haben, das Guardian Office der Scientology zu »eliminieren«. Diese letzte wirkliche Machtbastion außerhalb des Einflußbereiches der CMO und seine Chefin Mary Sue Hubbard sollten zum Schweigen gebracht werden. Miscavige suchte die direkte Konfrontation und fuhr mit einem Schreiben der Scientology-Rechtsanwälte zu Hubbards Ehefrau. Mittlerweile hatte sie sich rechtskräftig im Spionageprozeß für schuldig erklärt und wartete auf das Strafmaß. Mis-

cavige erklärte nun Mary Sue Hubbard, daß sie nicht weiter offizielle Funktionen in Scientology ausüben könne, da dies auch ihren Mann mit in den Prozeß hereinziehen würde. Nach offenbar heftigen Wortgefechten überzeugte Miscavige schließlich die oberste Hüterin des »Guardian Office«, von ihrem Amt zurückzutreten: *»Die Wortwechsel David Miscaviges mit Mary Sue waren überaus scharf, er prahlte noch mehrere Wochen später damit herum, daß er sie eine unterdrückerische Hure und ähnliches genannt habe.«*[121] Kurze Zeit später wurde ein internes Gericht, ein sogenannter »Comm-Ev« (Committee of evidence, Komitee der Beweisaufnahme) über führende Guardian Office Mitglieder abgehalten und sie ihres Postens enthoben. Im August 1982 fand diese Praxis ihren vorläufigen Höhepunkt. Auf einer Mission-Holder-Conferenz (Missionsleiter-Konferenz) in San Francisco wurden reihenweise langgediente Scientologen zu Unterdrückerischen Personen erklärt – die Rede ist von hunderten SP-Erklärungen – und ins RPF geschickt. Dort durften sie zur »Rehabilitation« in der Wüste den halben Tag um Bäume laufen.
Heute werden wesentliche Aufgaben des ehemaligen Guardian Office offensichtlich durch das »Office of Special Affairs« – kurz OSA – ausgeübt. Dabei hat sich die Aufgabenstellung allerdings verändert:. Als Konsequenz aus dem Guardian-Office-Desaster sollen nach Berichten von Aussteigern heute die investigativen Aufträge gegen Kritiker, Abweichler und staatliche Stellen vorrangig nun von Privatdetektiven ausgeführt werden: *»Um zu verhindern, daß dies noch einmal geschehen würde* [Guardian Office Desaster], *dachte man sich daher aus, die am meisten geheim zu haltende Arbeit auf Privatdetektive zu übertragen und sie den Anwälten zu übertragen und das Ganze als ›Produkt der anwaltlichen Arbeit‹ zu bezeichnen. Das geschah jedoch nur, um dem Kind einen Namen zu geben. Privatdetektive arbeiteten direkt mit denjenigen von uns zusammen, die sie benötigten. Ich persönlich habe diese Art Arbeit geleitet und gesehen, wie sie von anderen geleitet wurde, darunter Miscavige. Mir wurde das so erklärt, daß der größte Teil der Scientology-Kirche durch den Anwalt berechnet wurde,*

der den Privatdetektiv bezahlte, auch, wenn er uns direkt Bericht erstattete.«[122]

Die ganze Guardian-Office-Affäre ist ein Musterbeispiel für die Vorgehensweise von Scientology. Treue Mitglieder halten sich an die Vorschriften und Anweisungen ihres Gründers Hubbard und werden kriminalisiert bzw. kriminell und anschließend aus der Gruppe ausgeschlossen: Im Guardian-Office-Fall traf dies sogar die Ehefrau des Scientology-Gründers, Mary Sue. Scientology-Führer Hubbard selbst hat sie in die höchsten Positionen eingesetzt, Hubbard rief den »Guardian Office« ins Leben, Hubbard schrieb die Anweisungen zur Behandlung von Kritikern und internen Gegner, Hubbard schrieb die Richtlinien für Bestrafung und zur Durchsetzung ihrer Machtbefugnis.

Und dennoch behauptet Scientology heute, die Guardian-Office-Affäre sei eine Art bedauerlicher Zwischenfall, ein Vergehen von einzelnen GO-Mitgliedern [GO, Guardian Office], die nicht nach den Regeln der Scientology gehandelt hätten:

»Es stellte sich dann heraus, daß eine kleine Gruppe von GO-Mitarbeitern beeinflußt worden war, eine ›Nichts-ist-Unmöglich‹-Einstellung im Umgang mit Diskriminierung seitens der Regierung gegen die Kirche anzunehmen. Diese Betrüger infiltrierten mehrere Behörden der amerikanischen Regierung und raubten diese aus ... Aktivitäten dieser Art waren selbstverständlich illegal und stellten eine unmittelbare Verletzung von L. Ron Hubbards Vorschriften dar ... Als die kriminellen Aktivitäten des GOs von denjenigen entdeckt wurden, die heute den Kern der Kirchenführung bilden, wurde das GO abgeschafft, was keine geringe Aufgabe war, da die Kontrolle über die Körperschaft [Scientology] *in den Händen der GO-Führung lag ...*

Diese Reinigung des GOs wurde von David Miscavige geleitet, der die gesamte unternehmerische Kontrolle aus den Händen des GOs entfernte und alles Personal entließ, das in illegale Handlungen verwickelt gewesen war ... David Miscavige und ein Team von Kirchenführern bauten dann eine vollkommen neue Körperschafts- und Verwaltungsstruktur für die Scientology-Religion auf ... Die Umorganisation der Kirche nach dem GO-Debakel stellte den Anfang einer neuen Ära dar.«[123]

Vor allem die Aussage: »Dies stellte eine unmittelbare Verletzung von L. Ron Hubbards Vorschriften dar«, ist äußerst zweifelhaft. Vor allem wenn man eine Führungsanweisung Hubbards berücksichtigt, die er bereits im Jahr 1960 geschrieben hat und die den Titel: »Spezialbereichsplan: Die Rolle der Scientologen im Leben« trägt. In diesem »Spezialbereichsplan« beschreibt Hubbard – sogar an sehr konkreten Beispielen –, wie man die Gesellschaft unterwandert, wie Scientologen Einfluß nehmen sollen, um für die Gruppe eine sichere Umgebung zu schaffen. Zum Verständnis des hier auszugsweise dokumentierten Planes gilt es noch zwei scientologische Begriffe zu erläutern. Die Rede ist von der »Dritten« und »Vierten« Dynamik. Die »Dritte Dynamik« steht stellvertretend für die Ziele und Aufgabe von »Gemeinden, Freunden, Betrieben, sozialen Gruppen, Staaten, Nationen, Rassen oder kurz gesagt, jeder beliebigen Gruppen«. Die »Vierte Dynamik« ist »die Gattung«. *»Die vierte Dynamik des Menschen ist die Gattung Menschheit... Während man die deutsche Nationalität als eine Dritte Dynamik für Deutsche betrachten würde, betrachtete man alle Nationalitäten der Welt als die Vierte Dynamik.«*[124]

Und nun zum Spezialbereichsplan Hubbards: *»Die Dritte Dynamik, die Gruppendynamik, bildet den spektakulären Durchbruch von heute. Dieser Durchbruch ist so schrittweise erfolgt, daß wir kaum bemerkt haben, daß wir gewonnen haben... Die Vierte Dynamik, die Menschheitsdynamik, ist jetzt ein Operationsgebiet, das wir verstehen, und es wird von nun an zum möglichen Einsatzgebiet für einen Scientologen erklärt... Ein Beispiel: Eine Bevölkerungsgruppe gerät ins Wanken und verursacht sich selbst Schwierigkeiten. Finden Sie ihre Führungspersönlichkeiten heraus. Verschaffen Sie sich einen bezahlten Posten als Sekretär oder Stabsleiter beim Führer dieser Bevölkerungsgruppe. Und auditieren Sie sie auf irgendeine Art und Weise, so daß sie fähig werden, und handhaben Sie ihre Angelegenheiten, so daß sie in Richtung Zusammenarbeit und nicht in Richtung weitere Schwierigkeiten laufen. Jede Bevölkerungsgruppe, die sich in einer Nation in Aufruhr befindet, hat pseudosoziale Gruppen um ihre Führerpersönlichkeiten...*

Noch ein weiteres Beispiel: Eine Nation oder ein Staat funktioniert auf-

grund der Fähigkeit seiner Minister, Gouverneure oder irgendwelcher anderer Führungspersonen. Es ist leicht, in so einem Bereich Posten zu erhalten, es sei denn, man leidet an Größenwahn oder fürchtet sich vor einem solchen Posten. Machen Sie sich nicht die Mühe, gewählt zu werden. Verschaffen Sie sich einen Posten als Mitarbeiter des Sekretariats oder als Leibwächter; nutzen Sie jegliche Ihnen zur Verfügung stehenden Talente, um eine Stellung in der Nähe solcher Personen zu bekommen, machen Sie sich daran, an der betreffenden Umgebung zu arbeiten und sie besser zum Funktionieren zu bringen... Wären wir Revolutionäre, so wäre dieses HCO-Bulletin ein äußerst gefährliches Dokument... Wir sind keine Revolutionäre, sondern eine humanitäre Gruppe. Wir sind nicht politisch. Und wir können die wichtigste Bestrebung zum Guten sein, die die Welt je gesehen hat. Wer hat etwas dagegen, daß eine Firma besser funktioniert, um eine bessere Zivilisation hervorzubringen? Wer hat etwas dagegen, daß ein Volk geistig gesund wird und zu einem stabilen Pluspunkt für ihre Gemeinschaft wird?... Nur die wirklich Kriminellen hätten etwas dagegen, und diese sind relativ unwirksam, wenn Sie sie kennen und ausfindig machen können. Und es gibt keine Kriminellen außer den Geisteskranken...

Wir besitzen bereits einen gewichtigen Einfluß in der Gesellschaft. Mit Spezialbereichsplänen könnten wir diese Wirkung um x-tausend Mal verstärken und in unserem jetzigen Leben unsere Ziele zumindest teilweise erreichen und eine anständige Welt schaffen, zu der wir zurückkommen können.«[125] Was anderes hatten die »Guardian Office«-Verantwortlichen versucht, als diesen Spezialbereichsplan in die Tat umzusetzen?

Die scheinheilige Distanzierung der heutigen Führung von den Taten des »Guardian Office« ist wenig glaubwürdig. Noch heute sind die entsprechenden Richtlinien Hubbards in Kraft. Anfang der achtziger Jahre begann eine neue Ära, die die Macht der jungen Garde festigen sollte. Immer neue Organisationen und Unterorganisationen, deren Kontrolle kaum mehr möglich war, wurden gegründet. Eine Finanzpolizei wurde eingerichtet, die von Scientology-Mission zu Mission eilte, um Gelder, die angeblich Hubbard gehörten, einzutreiben.

Dabei durften diejenigen, die mutmaßlich Scientology-Gelder hinterzogen hatten, auch noch die Aktionen der Finanzpolizei bezahlen. Eine Organisation mit Namen »Authors Services Incorporated« »ASI« war nun als nichtgemeinnützige profitorientierte Firma für die Verwaltung und Vermarktung aller Romanrechte Hubbards zuständig. Die wichtigste Organisation aber wurde das »Religious Technology Center« (RTC). Neben dem Machtmittel des persönlichen Zugangs zu Hubbard gab es eben noch ein weiteres wesentliches Instrument zur Beherrschung der Scientology: die Lizenzen für den Gebrauch der Warenzeichen und die Urheberrechte der Scientology. Diese wanderten am 1. Januar 1982 durch einen Vertrag, der die Unterschrift Hubbards trägt, in den Besitz des RTC. Die *»zentrale Figur in dieser neuen Firma ist David Miscavige, der den Lizenzträgern mitteilte, daß Mr. Hubbard der neuen Firma die Exklusivrechte auf die Scientology-Warenzeichen und das Copyright an seinen Büchern übertragen habe«*. Allerdings wird gerade von der »Freien Zone« die Echtheit dieser Unterschrift in Zweifel gezogen. Mit »Lizenzträgern« waren im übrigen alle Unternehmen gemeint, die mit dem Verkauf von Hubbards Ideen, Schriften und Kursen beschäftigt waren, also die Scientology-»Kirchen« oder -Missionen und deren Unterorganisationen weltweit.

Mit der Gründung des RTC war die Machtübernahme der jungen Garde praktisch vollzogen. Hubbard zog sich immer mehr darauf zurück, wieder Science-fiction-Romane zu schreiben, wobei die Frage offen bleibt, ob er jemals Fiktion und Wirklichkeit auseinanderhalten konnte. In der offiziellen Scientology-Biographie heißt es dazu: *»›Kampf um die Erde‹ wird 1982 veröffentlicht und ein internationaler Bestseller. Ron komponiert die Musik und schreibt die Texte für ein begleitendes Plattenalbum ... In der Zeit der weltweiten Anerkennung für ›Kampf um die Erde‹ in neuen Sprachen fällt die Veröffentlichung des ersten Bandes von ›Mission Erde‹ im Jahr 1985. Jeder Band dieser Dekalogie (ein aus zehn Bänden bestehendes Werk) wird nach seiner Veröffentlichung sofort ein Bestseller.«*[126] Obwohl er zu seinen schriftstellerischen Anfängen

zurückkehrte, führte Hubbard theoretisch weiterhin die Scientology. Die Richtlinien, die der jungen Garde um Broeker und Miscavige die Hoheit über das Management verschafften, hätten folglich von ihm auch wieder rückgängig gemacht werden können – so er die physische und psychische Kraft dazu gehabt hätte. Aber Hubbard lebte irgendwo im Untergrund, beschützt – oder besser bewacht – von den neuen Herrschern von Scientology.
Unterdessen gingen die Säuberungsaktionen weiter. Jeder, der sich gegen das neue Management stellte, mußte mit einer SP-Erklärung [Suppressive Person, Unterdrückerische Person] rechnen. Zweiflern, die den Vorwurf der Fälschung der Hubbardschen Anweisungen erhoben, wurde eine besondere Behandlung zuteil: *»Die neuen Bosse leiteten umgehend eine der üblichen Säuberungsaktionen ein. Der fielen diesmal auch Führungskräfte in den USA und der Bundesrepublik Deutschland zum Opfer.«* Aus dieser Gruppe der entlassenen Scientologen bildete sich dann die »Freie Zone«, aus deren Schriften hier die Vorgänge zum Teil rekonstruiert wurden. Die gefeuerten ehemaligen Führungskräfte rächten sich mit Schadensersatzprozessen gegen Scientology. Einer der wichtigsten davon war ein Verfahren, das der Sohn L. Ron Hubbards einleitete. L. Ron Hubbard junior wollte feststellen lassen, ob sein Vater überhaupt noch lebe, da von ihm seit Jahren jede Spur fehle.

Mach Geld, mach mehr Geld!

Es zeigt sich, daß die Geschichte der Scientology immer wieder bestimmt wird von inneren und äußeren Faktoren, die die aktuelle Zielrichtung der Gruppe laufend verändern. Da war zunächst die »Entdeckung einer neuen Wissenschaft«, der Dianetik, mit der Hubbard eine Alternative zu den bestimmenden Psychotherapien schaffen wollte. Es folgte die Gründung der »Religion« Scientology, wohl mit Blick auf die damit verbundenen Vergünstigungen. Dann entwickelte Hubbard ein repressives Systems nach innen wie außen, und zwar in der Phase der weltweiten Auseinandersetzungen mit staatlichen Stellen. Ein weiterer Fixpunkt war die interne Säuberungsaktion im Rahmen der Machtübernahme der jungen Garde. Nun, Mitte der achtziger Jahre, sollte die Frage der finanziellen Ressourcen in den Mittelpunkt rücken. Denn in diesen Jahren wurde immer deutlicher, daß das neue Management der Scientology vor allem merkantile Interessen verfolgte. Die Umsätze der weltweiten Filialen wuchsen, immer neue Missionen wurden gegründet. Und neue Geldquellen wurden erschlossen. Schon 1979 war es zur Gründung von WISE, dem World Institute of Scientology Enterprises (Weltweiter Verband von Scientology-Unternehmen) gekommen. Zu dessen Aufgaben zunächst die öffentliche Version von Scientology: *»Wenn die Verwaltungsrichtlinien Hubbards geistige Gesundheit, Stabilität und Expansion in eine Scientology-Organisation bringen konnte, dann sicher auch in Betriebe außerhalb der Kirche.«*[127] In den internen WISE-Richtlinien lesen sich die Ziele von WISE allerdings etwas deutlicher: WISE soll *»die Administrative Technology L. Ron Hubbards in jedem Unternehmen der Welt voll zum Einsatz bringen«*. So konnten mit WISE drei Fliegen mit einer Klappe geschlagen werden. Zum einen mußten WISE-Mitglieder für die Verwendung von Hubbards Technology Lizenzgebühren zahlen, zum anderen sollte durch diese Organisation das Gedankengut Scientologys in die Wirtschaft getragen und ihr Einfluß erhöht werden, und letztendlich führt dies wieder zu neuen Scientology-Kunden. Der alte »Spezialbereichsplan« Hubbards nahm wieder konkrete Züge an und wurde im Jahr 1985 erneut »herausgegeben«.

Mit dem Ziel der besseren Kontrolle der weltweiten Aktivitäten und einer neuen offiziellen »Kirche« kam es zu einer weiteren Neugründung: Am 1. November 1981 wird die »Church of Scientology International« gegründet. Ihr Vorsitzender wird bald Herber C. Jentzsch, ein getreuer Gefolgsmann von Miscavige, der noch heute als Vorzeige-»Priester« die Scientology-»Kirche« führt.

Weltweit waren Scientology und L. Ron Hubbard zu diesem Zeitpunkt in Rechtsstreitigkeiten verwickelt. So auch in der Bundesrepublik Deutschland, wo die Organisation einige herbe Rückschläge hinnehmen mußte. Durch immer neue Details und Informationen, die von Aussteigern vor allem kirchlichen Sektenbeauftragten zugespielt wurden, rundete sich das Bild der totalitären und merkantilen Organisation Scientology ab. So wurde Scientology in Düsseldorf der Eintrag in das Vereinsregister verwehrt. Nach jahrelangen Prozessen urteilte schließlich das Oberlandesgericht Düsseldorf am 12. August 1983: *»Das Landgericht ist deshalb zu Recht davon ausgegangen, daß bei der Betätigung der Scientology im Rahmen des College und beim Auditing die Verbreitung des Ideenguts untrennbar mit dem finanziellen Erfolg der Organisation verbunden ist... Ein derartiger Verein entspricht zwar nicht einem der in Rechtsprechung und Literatur entwickelten Typen des Wirtschaftsvereins, muß ihnen aber mit Rücksicht auf die wesentlich wirtschaftliche Zielsetzung, die in organisierter Form geschäftsmäßig verfolgt wird, nach Meinung des Senats zugerechnet werden.«*

Im Mai 1984 wollten die Scientologen in München einen »Tag der offenen Tür« abhalten. Statt dessen kam es zu einer Großrazzia der Polizei. Daraufhin versuchten Scientologen, mit Hilfe eines angeheuerten Detektivs belastendes Material gegen den damaligen Kreisverwaltungsreferenten Peter Gauweiler zu finden. Die Sache flog aber auf.

Der Tod des Scientology-Gründers

Am 19. Januar 1986 erschien die Flag-Order 3879 der Sea-Org. Ihr Titel: »Die See-Organisation und die Zukunft«. Der Wortlaut: *»Ich, LRH, Kommodore, nehme hiermit den Rang ADMIRAL ein. Der Rang des KOMMODORE wird derzeit in der See-Organisation AUS DEM AKTIVEN DIENST ZURÜCKGEZOGEN... Ein neuer Rang, LOYALER OFFIZIER, wird direkt über dem Rang Kapitän geschaffen. Pat Broeker wird hiermit in den Rang des ersten LOY-*

ALEN OFFIZIERS befördert. Annie Broeker wird hiermit als der zweite LOYALE OFFIZIER befördert... Haltet die Form der S.O. aufrecht! Ihr steht jetzt Wache!... Wir werden uns später wieder treffen. L. Ron Hubbard, Admiral.«

Fünf Tage später wurde der Tod L. Ron Hubbards von der neuen Führungsspitze der Scientology bekannt gegeben. Er habe am 24. Januar 1986 seinen Körper, den er 74 Jahre, zehn Monate und elf Tage benutzt habe, »abgelegt«. Bei einer offiziellen Zeremonie am 27. Januar 1986 in Los Angeles trat die neue Führungsschicht selbstbewußt auf: David Miscavige, Pat Broeker, Guillaume Leshevre, Herber Jentzsch, Präsident der Church of Scientology International, und Vicky Aznaran.

Die näheren Umstände von Hubbards Ableben bleiben mysteriös und sind mit reichlich Spekulationen verbunden. Die lange Periode seines Abtauchens und die damit einhergehenden auffälligen Wandlungen der Scientology-Organisation führten zu Gerüchten innerhalb und außerhalb von Scientology. Sie reichten von einem früheren Tod Hubbards im Jahr 1983 und einem angeheuerten Double, während Hubbards Leichnam eingefroren worden sein soll, bis hin zu Vermutungen, der Operierende Thetan Hubbard sei senil geworden, unzurechnungsfähig und öffentlich wegen eines schweren Krebsleidens nicht mehr vorzeigbar. Nachfolgend wird ein Bericht aus der »comm-line« dokumentiert. Die Zeitschrift wurde von einem Exscientologen herausgegeben, der sich zunächst der »Freien Zone« zurechnete, sich mittlerweile aber auch von dieser gelöst hat. Die Fragen, die er offen läßt, werden wohl kaum mehr zu beantworten sein. Sie bleiben das Geheimnis der heutigen Führer: *»Hätte die Kirche in Zusammenhang mit dem Tod L. Ron Hubbards etwas zu verbergen gehabt, sie hätte die Ankündigung nicht besser machen können. Erst drei Tage nach dem angeblich erfolgten Tod wurde er nämlich der Öffentlichkeit bekanntgegeben, zu spät, um den bereits verbrannten Körper durch eine unabhängige Person, die LRH persönlich kannte, untersuchen zu lassen... –«*

Am Montag, dem 27. Januar 1986, abends um 21 Uhr, gab die Spitze der Scientology-Kirche im Rahmen eines besonderen Anlasses in Los

Angeles bekannt, L. Ron Hubbard sei am vorhergehenden Freitag gestorben. Was um diese Zeit geschah, beschrieb Ronnie D. Smith, Korrespondent von Press-Enterprise so: ›Ein Schlaganfall beendet L. Ron Hubbards geheime Existenz am 24. Januar um 20 Uhr in seinem 500 000 Franken teuren Mobilhome‹ ... »Es gibt eine ganze Reihe von merkwürdigen bzw. zweifelhaften Ereignissen, seit L. Ron Hubbard Mitte 1982 zum letzten Mal eine persönliche Kommunikation von sich gab ...«

»Anfang 1983 ›beweist‹ die Kirche mit Fingerabdrücken die Echtheit von Dokumenten. Diesmal geht es um eine Beglaubigung L. Ron Hubbards, daß er noch lebe, die von einem Gericht akzeptiert wird. Die Notwendigkeit, L. Ron Hubbard persönlich vor Gericht erscheinen zu lassen, wird damit umgangen. Wäre Ron Hubbard nicht erschienen, hätte er für tot erklärt werden müssen ...«

Die Unterschrift unter dem Vertrag, in dem ›Ron ‹ dem RTC alle seine Rechte überträgt, wird von verschiedenen Graphologen als ›mit an Sicherheit grenzender Wahrscheinlichkeit gefälscht‹ bezeichnet ...

Der am 24. Januar gemeldete Tod L. Ron Hubbards kommt der Kirche außerordentlich gelegen. Ron war in eine Vielzahl von Prozessen verwickelt. Während die Kirche der Behörde erklärte, L. Ron Hubbard sei an einem Schlaganfall gestorben, wurde dem Scientology-Publikum vom Management gesagt, Ron sei völlig selbstbestimmt aus dem Leben geschieden. Bei einem Schlaganfall werden infolge eines Berstens von Blutgefäßen im Gehirn wichtige Hirnfunktionen gelähmt. Der Schlaganfall entspricht nicht dem Bild eines selbstbestimmten, friedlichen Todes.

Der Leichnam des am 25. Januar Kremierten wurde nur von Leuten als derjenige L. Ron Hubbards identifiziert, die entweder im Sold der Kirche standen oder L. Ron Hubbard nie kannten. Wie schon eingangs erwähnt, will diese Zusammenstellung nicht einer bestimmten Version des Todes von Ron, der seit 1982 möglich ist und diskutiert wird, Vorschub leisten. Die obigen Angaben sollen vielmehr zeigen, daß die Glaubwürdigkeit der Kirchendarstellung nicht weit her ist und dem einzelnen durchaus Raum läßt, zu glauben, was ihm real ist.«

Scientology wehrt sich – erwartungsgemäß – gegen die Mystifizierung des Hubbardschen Todes. Sie bleibt bei der Darstellung, dieser sei von Hubbard selbst frei bestimmt worden. Dagegen spricht der Totenschein, der als Todesursache »Hirngefäßversagen« – mit anderen Worten »Schlaganfall« angibt. Ein Schlaganfall aber dürfte, wie oben treffend festgestellt, wohl kaum einem sanften, selbstbestimmten Tod entsprechen! Scientology hingegen verweist auf »eidesstattliche Versicherungen« von Bediensteten der Ranch bei San Luis Obispo, die Hubbard bis kurz vor seinem Tod gesund und vergnügt erlebt haben wollen: *»Herr Hubbard wirkte und klang glücklich, gesund und munter und so, als könne er auf sich selbst aufpassen. Er fotografierte oft, wenn er die Runden drehte. Ich sah ihn recht oft in der Nähe des Hauses, wenn er Aufnahmen von den Rosen machte. Er hatte immer frische, saubere Kleidung an. Er schien wie ein Mann, der tat, was er wollte, und dabei glücklich war.«*[128] Aber selbst diese Aussagen lassen viele Fragen offen: Warum hat Scientology bis heute nicht etwas von dem umfangreichen Fotomaterial aus dieser Zeit veröffentlicht? Wieso die schnelle Verbrennung des Leichnams? Warum trat Hubbard – wenigstens per Video – in der Zeit von 1983 bis 1986 nicht einmal vor die Scientology-Öffentlichkeit und machte allen kursierenden Gerüchten ein Ende? Viele Fragen, die nur diejenigen beantworten können, die damals die Ereignisse persönlich miterlebt haben. So bleiben alle Spekulationen unerheblich vor dem Endergebnis. Mit Hubbards Tod war eine große Zahl von Prozessen gegen seine Person hinfällig und die Scientology endgültig in der Hand der Gruppe um Miscavige.

Das letzte Gefecht

Sicher ist, daß nach dem Tode Hubbards der Machtkampf um die künftige Führung der Scientology in seine vorläufig letzte Phase ging. Nun kam es zwischen den Broekers und David Miscavige zu Auseinandersetzungen, an deren Ende sich Miscavige durchsetzte. Er führt heute de facto Scientology. 1989 wurde in der spanischen Presse berichtet, daß Miscavige »seit

Monaten Pat und Annie Broeker unter Arrest« halte. Sie sollen sich zu diesem Zeitpunkt auf dem abgeschirmten Scientology-Grundstück in Gilman Hot Springs/Kalifornien befunden haben, »bewacht von bewaffneten Aufsehern«. Seither ist in der deutschsprachigen Presse über ihr Schicksal nicht mehr berichtet worden, über ihren heutigen Aufenthaltsort ist nichts bekannt.

Neue Führung, neue Ziele

Mit dem offiziellen Tod von Hubbard hatte sich das Blatt für Scientology grundlegend gewandelt. Die Untersuchungen der US-Behörden waren stark auf die Person des verstorbenen Gründers konzentriert. Nun konnte an der alten oder neuen Legende der religiösen Grundnatur von Scientology weitaus besser gearbeitet werden. Denn nun war einer der Hauptvorwürfe obsolet geworden: die persönliche Bereicherung Hubbards an und mit der Scientology. So wurde die zweite Hälfte der achtziger Jahre unter der Führung Miscaviges von einer Vielzahl beachtlicher Erfolge geprägt. Scientology gewann eine ganze Reihe von Prozessen, die um ihren Status kreisten. In aller Welt wurden neue Zentren errichtet, Scientology expandierte. Miscavige, der bei der kalten Machtübernahme 1983 gerade 22 Jahre alt war, führte den Scientolology-Konzern zu neuen Umsatzrekorden. Einige der ehemaligen Spitzenfunktionäre, die der Säuberungsaktion 1983 zum Opfer gefallen waren, erhielten beträchtliche finanzielle Abfindungen. Ihre Aufklärungsarbeit erlahmte daraufhin. Gleichzeitig unternahm Scientology verstärkt den Versuch, in Wirtschaft und Gesellschaft einzudringen. Nach Erkenntnissen von Kritikern liegt dieser Entwicklung das Konzept Miscaviges zugrunde, *»Hubbards Sternenkriege zurück auf die Erde zu holen. Die OTs werden nun nicht mehr für den intergalaktischen Kampf gegen Xenu ausgebildet, sondern für den Marsch durch die irdischen Institutionen.«*

Doch noch immer schwebte ein wesentliches Verfahren: Unverdrossen kämpfte die amerikanische Steuerbehörde gegen einen Steuerbefreiungsstatus der Scientology. Und dies, obwohl die PR-Aktivitäten unter Miscavige eine neue Dimension erreichten. Teure Werbeagenturen wurden verpflichtet, um das Image von Scientology aufzupolieren. Und die Organisation setzte auf eine alte Werbestrategie: Das Positivimage von Prominenten sollte auf Scientology übertragen werden, was – in seltener Offenheit – auch unumwunden zugegeben wird: *»Die Künstler werden respektiert, weil sie eine wichtige Rolle in der Gesellschaft spielen. Als Personen des öffentlichen Lebens und Vorbilder tragen sie dazu bei, gesellschaftliche und moralische Normen festzulegen.«*[129]

Speerspitze in diesem PR-Kampf war und ist Hollywoods Schauspielergarde sowie eine Reihe bekannter Musiker und Künstler: Outete sich zunächst nur der Saturday-Night-Fever-Disco-Dancer John Travolta als Scientologe, wurde die Liste der VIP-Scientologen immer länger. Kirstie Alley, Julia Migenes, Gottfried Hellnwein, Priscilla Presley, Chick Corea und schließlich Tom Cruise bekannten sich zu Scientology. Dafür wurde den »Promis« auch besondere Ehre zuteil, vor allem Tom Cruise.

Das jedenfalls berichtet André Tabayoyon, ehemaliger Sicherheitschef in Gilman Hot Spring: *»In den achtziger Jahren freundete sich Miscavige mit dem Schauspieler Tom Cruise an, und sie verbrachten eine Menge Zeit zusammen auf der Hemet-Basis. Ihr spezieller Chefkoch, Sinar Parman, bereitete ihnen ausgefallene Gerichte. Oft hielten sie sich auch alleine an einem Ort auf dem Klipper auf, der für L. Ron Hubbard bestimmt war und den wir in der Wüste gebaut hatten. Es gab dort eine kleine Küche, ein kleines Speisezimmer, eine kleine Bar und ein Bett. Außerdem besaßen sie den exklusiven Zugang zur Offiziersmesse.«*

Laut Tabayoyon hatte Cruise Zugang zu allen exklusiven Einrichtungen der Hemet-Basis, ob Schwimmbad, Fitneßcenter, Sauna oder speziell für ihn eingerichteten Apartments. Damit nicht genug: *»Tom Cruise benutzte zwei Yamaha-Motorräder, einen*

Mercedes-Benz und ein großes Wohnmobil.« Diese waren eigentlich für Hubbard bestimmt, falls er wieder nach Hemet kommen würde – was aber nicht mehr geschah. Dafür nutzten nach den Aussagen des ehemaligen Sicherheitschefs Cruise und seine Frau Nicole Kidman die Annehmlichkeiten ausgiebig: *»Um sicherzustellen, daß die Aufenthalte von Tom Cruise auf der Hemet-Basis angenehm waren, wurden für ihn besondere Vorkehrungen getroffen, und dem Personal auf der Hemet-Basis wurden Beschränkungen auferlegt. Millionen von Dollars der Kirche wurden ausgegeben, damit der Millionär Tom Cruise regelmäßig die Scientology-Basis besuchen und mit Miscavige befreundet sein konnte. Tom Cruise erhielt z. B. einen speziellen Essensservice, einen speziellen Zimmerservice und für das Personal der Hemet-Basis galten hinsichtlich des Zugangs zu Einrichtungen der Basis Einschränkungen. Es wurde sogar eine junge Frau namens Jennie Matsamura abgestellt, die sich um ihn und seine renovierte Landhausvilla kümmern sollte. Es war dem Personal der Hemet-Basis verboten, sich dorthin zu begeben, wo Tom Cruise sein könnte. Bau- und Renovierungsarbeiten, die auf der Basis zugunsten von Tom Cruise durchgeführt wurden, mußten oft abgebrochen und erneut ausgeführt werden, weil die Farbgebung geringfügig abwich oder bei einigen Quadratzentimenter Putz die Farbe nicht ganz paßte. Wir mußten einmal einen Betonfußweg gießen, damit Tom Cruise nicht auf Wüstenboden gehen mußte. Es regnete, bevor der Beton trocknen konnte. Der Beton war dadurch verdorben und Miscavige erlitt einen Wutanfall. Bei einer anderen Gelegenheit, und zwar vor einem Besuch von Tom Cuise und Nicole Kidman, beschloß Miscavige, die Wiese mit schönen Blumen neu zu gestalten. Zehntausende von Dollar wurden für das Projekt ausgegeben, damit Tom Cruise und Nicole Kidman dort herumtoben konnten. Als Miscavige sich das jedoch ansah, gefiel es ihm nicht. Also wurde die ganze Wiese umgepflügt, zerstört, erneut gepflügt und mit einfachem Gras besät.« Tabayoyon sarkastisch: »Using RPFers to renovate and reconstruct Tom Cruise's personal and exclusive apartment at the Scientology Gold Base is equivalent to the use of slave labor for Tom Cruise's benefit.«* [Der Einsatz von RPFlern – Rehabilitationsklaven – zur Renovierung und zum Ausbau von Tom Cruises privaten und exklusiven Räumlichkeiten auf der Scientology Gold Basis entspricht dem Gebrauch von Sklavenarbeit für Tom Cruises Bequemlichkeit.]

Sollten diese Aussagen der Wahrheit entsprechen, wäre es nicht weiter verwunderlich, warum Tom Cruise von wenig negativen Erfahrungen mit Scientology zu berichten weiß. Es würde aber auch eine erschreckende Gleichgültigkeit des beliebten und verhätschelten Hollywoodstars zeigen.

Die öffentliche Meinung gegenüber Scientology sollte auch eine weitere neue Organisation aufbessern. Ihr Name: ABLE (Assoziation for Better Living and Education). [Man beachte das Wortspiel im englischen able = fähig, geschickt, tüchtig]

ABLE ist zuständig für gesellschaftspolitische Aktivitäten, etwa im Bereich Erziehung und »Drogenrehabilitation«: *»Im August 1991 veröffentlichte Captain David Miscavige, Chef des RTC und Scientology International, ein umfangreiches Strategiepapier für die neunziger Jahre. Seine Ausführungen und Ankündigungen zu ABLE machen deutlich, daß man ... Kinder und Jugendliche ... als gesonderte Zielgruppe im gesamtgesellschaftlichen Kontext betrachtet ... Scientologen auf der ganzen Welt werden also aufgefordert, die Technologie von L. Ron Hubbard in die Schulen und Kindergärten zu tragen.«*

Mit dem Fall der Berliner Mauer erschloß sich auch für Scientology ein neuer Markt im Osten. Hier wurden Scientologen vor allem im Immobiliengeschäft aktiv. Von Deutschland aus wurde ferner die Ausdehnung auf die Staaten des ehemaligen Ostblocks betrieben. Mittlerweile war die Politik auf Scientology aufmerksam geworden. Deutschland rückte – gerade auch wegen des Falls des Eisernen Vorhangs – in den Mittelpunkt des scientologischen Interesses. Deutschland war und wurde nun noch mehr ein riesiger potentieller Absatzmarkt für das scientologische Dienstleistungsangebot. Außerdem war die strategische Position des wiedervereinigten Deutschlands nicht zu unterschätzen. Von hier aus konnte man eine »Brükke« bauen in die ehemaligen Staaten des kommunistischen Reiches. Es sollte sich bald zeigen, daß vor allem im großen

Rußland und im eher kleinen Albanien Scientologen – vor allem deutsche Scientologen – recht erfolgreich beim Aufbau neuer Absatzquellen waren.
Doch es veränderte sich auch etwas in der Auseinandersetzung zwischen Scientology und der Öffentlichkeit. Bis zu Beginn der neunziger Jahre war die Aufklärungarbeit hauptsächlich von sogenannten »Sektenexperten« oder »Weltanschauungsbeauftragten« der großen Kirchen sowie Initiativen von betroffenen Eltern geführt worden. Dabei ist in Deutschland vor allem der Name des mittlerweile verstorbenen evangelischen Pfarrers Friedrich-Wilhelm Haack zu nennen. Unter größten Mühen und persönlichen Anfeindungen hatte er unerschrokken über Scientology aufgeklärt. Durch viele Schicksale aus seiner seelsorgerischen Praxis aufmerksam geworden, war er in den achtziger und Anfang der neunziger Jahre Zielscheibe der Scientology. Als Haack 1991 an den Folgen einer schweren Erkrankung verstarb, übernahmen andere seine Aufklärungsarbeit auf der Basis seiner früheren Erkenntnisse.
Besonders die Jugendorganisationen der beiden Volksparteien CDU und SPD, Junge Union und Jungsozialisten, griffen die Problematik Scientology auf. Dies führte im Fall der CDU zu einem »Unvereinbarkeitsbeschluß«. Sie beschloß 1991 auf ihrem Dresdener Parteitag, daß eine Scientology-Mitgliedschaft unvereinbar mit den Grundsätzen der CDU sei. Von den Auseinandersetzungen der Scientology mit deutschen Behörden, Verbänden und Gerichten später mehr.

Konsolidierung dank Justiz

Die Jahre nach Hubbards Tod waren gekennzeichnet von einer Reihe juristischer Achtungserfolge von Scientology – meist in erstinstanzlichen Verfahren. Und immer wieder, wenn ein Gericht unterer Ebenen aufgrund der ihm vorliegenden Informationen nicht ausschließen wollte, daß es sich bei Scientology um eine Religionsgemeinschaft handeln könnte, feierte die Organisation um Miscavige dies als »großen Sieg« und »offizielle Anerkennung als Religionsgemeinschaft«. Dennoch: Der neuen Führung gelang es zunächst – auch in Deutschland –, die juristischen Grauzonen bei Fragen der ungestörten Religionsausübung auszunutzen.

Dieser juristischen Konsolidierung folgte eine weitere Ausbreitung in immer neue Länder. In Ungarn und China wurden bereits 1988 erste Scientology-Gruppen organisiert, 1990 folgten Kuba, Jugoslawien, Rumänien, Rußland und die Tschechoslowakei, bis schließlich in nahezu allen Ländern des ehemaligen Ostblocks Scientology flächendeckend angeboten wurde.

Außerdem setzten Miscavige und Co. auf scientologische Tradition. Am 6. Juni 1988 wurde von ihm das 150 Meter lange Motorschiff »Freewinds« getauft. Ganz in Weiß und mit den Insignien der »Sea-Org« ausgestattet, ähnelt die »Freewinds« einem Kreuzfahrtschiff. Gleichzeitig nahm die »Flag Ship Service Organization« ihre Arbeit auf. Wie in den sechziger und siebziger Jahren wurde nun die höchste »Befreiungsstufe« auf der »Freewinds« abgehalten bzw. geliefert: OT VIII.

Die neue Führungsspitze verstärkte auch ihr Beziehungsgeflecht nach Hollywood. Als Dank und Anerkennung für ihre PR-Arbeit zugunsten Scientologys erhielten Anfang der neunziger Jahre unter anderem Julia Migenes, Kirstie Alley, Chick Corea und John Travolta die scientologische »Freiheitsmedaille« auf den pompösen Jahrestagungen der IAS, der Internationalen Scientologenvereinigungen.

Mit all ihren Aktionen festigten Miscavige und Co. ihre neue Führungsrolle und machten der Scientology-Schar weltweit deutlich, daß sie machtvoll und mit eiserner Hand die Gruppe führten. Auch die ehemaligen Spitzenfunktionäre, die im Machtkampf um die Spitze unterlegen waren und aus der Organisation ausgeschlossen wurden, verloren bei den Scientologen an Einfluß. Juristisch waren nur wenige gegen Scientology erfolgreich. Der Gegner war zu übermächtig geworden. Als Privatperson hatte man angesichts der Scientology zur Ver-

fügung stehenden Finanz- und Personalmittel, der riesigen Summen, die sie für Rechtsanwälte und Werbung ausgaben, kaum mehr eine Chance. Und selbst Behörden in den USA begannen, vor dieser Macht zu kapitulieren.
Und dennoch gab es einen Gegner von Scientology, der sich in Jahrzehnten nicht in die Knie zwingen ließ: die US-Steuerbehörde IRS. Noch am 6. September 1991 schrieb David Miscavige an »alle Scientologen« eine Führungsanweisung. Sie trägt die Nr. 450 und beschreibt die Auseinandersetzung mit der IRS: *»Etwas, worüber Sie wahrscheinlich nichts gehört haben, war ein verzweifelter Versuch der IRS, die Kirche* [Scientology] *aufs Kreuz zu legen. Indem typische IRS-Taktiken zum Einsatz gebracht wurden, wie Terrorismus, Lügen, Infiltration und Fälschung, heuerten sie jemanden an, um die Kirche zu infiltrieren, kompromittierende Dokumente zu schaffen, ›die genauso wie Dokumente der Kirche‹ aussehen würden, eine Razzia zu unternehmen, sobald diese falschen Dokumente in Akten abgelegt worden wären und uns dann zu übernehmen!...*
Es ist offensichtlich, daß trotz dreier Jahrzehnte unaufhörlicher und illegaler Attacken die IRS niemals wirklich das grundlegende Verstehen erlangt hat, wie hingebungsvoll, aufrichtig und ausdauernd Scientologen wirklich sind. Aber schauen Sie sich das Ergebnis an. Wir unternahmen die größte Kampagne für Öffentlichkeitsinformationen in unserer Geschichte mit zehn Wochen ganzseitigen Vierfarbanzeigen in USA Today – der größten Zeitung in den Vereinigten Staaten. Wir stellten nicht nur den Angriff als das bloß, was er war sowie auch die Lügen und die Schuldigen, sondern wir brachten auch die Nachricht hinaus, was Scientology wirklich ist, und wer Scientologen wirklich sind... Und vor zwei Wochen wurde ein Verfahren um 120 000 000 Dollar gegen einzelne Agenten der IRS eingereicht, die für diese ungerechtfertigten Angriffe verantwortlich sind. Wir kennen ihre Namen. Es ist leicht, einen Angriff als von einer Organisation kommend zu betrachten. Aber in der Scientology ist die Fähigkeit einzigartig, Ursprung zu erkennen. Eine Organisation besteht aus Individuen, und wir haben die Individuen in der IRS erkannt, die für die illegalen Handlungen gegen uns verantwortlich sind. Einzelne Scientologen haben rechtliche Sanktionen gegen die IRS erreicht – wobei die IRS Geld

als Entschädigung für ihre illegalen Handlungen bezahlen mußte. Aber dies ist nicht das Ende. Der Krieg wird gekämpft werden ... Er wird gewonnen werden, weil wir recht haben.«
Damit war klar, welche Taktik Scientology künftig gegen die amerikanische Steuerbehörde anwenden würde, um ihrem großes Ziel, der Steuerbefreiung, näher zu kommen: Einzelne Beamte sollten persönlich angegangen und schließlich in die Knie gezwungen werden. Miscavige wörtlich: *»Unsere Streitigkeit ist eine Streitigkeit mit einer Regierungsbehörde, die vollständig außer Kontrolle ist. Und aufgrund der Notwendigkeit hat die International Association of Scientologists gerade die größte Kampagne von Öffentlichkeitsinformation durch Darlegung über IRS-Mißbräuche und Kriminalität in der Geschichte gefördert. Sie läuft in USA Today und Roll Call (der Zeitung des Kongresses, die an alle Repräsentanten im Kongreß der Vereinigten Staaten geht) mit dem Ziel, diese Behörde zu reformieren. Aber verstehen Sie, daß, ganz gleich, wie lange es dauert, wir immer gewinnen.«*[130] Eine Prognose, die sich im Fall des IRS bald als richtig erweisen sollte.

Die seltsame Wandlung der US-Steuerbehörden

Mit riesigen Zeitungslettern verkündeten die »Internationalen Scientology News« in ihrer Ausgabe 32/1993: »Der Krieg ist vorüber!« Gemeint war nicht ein Krieg zwischen Nationen, gemeint war der »Krieg« zwischen Scientology und der amerikanischen Steuerbehörde IRS (Internal Revenue Service). Korrekt lautete die Überschrift über dem erklärenden Artikel: »IRS: Scientology ist steuerfrei«. (Es ging um Steuerbefreiung, was man nicht vergessen sollte, wenn heute Scientologen etwas vorschnell behaupten, sie seien in den USA als »Religionsgemeinschaft« anerkannt worden.) Mitgeteilt wurde dies auf der neunten Jahresfeier der Internationalen Scientology-Vereinigung IAS in Los Angeles. Die Bilder wirkten gespenstig: eine riesige Bühne, einem überdimensionalenem Altar gleich, ein

Rednerpult mit einer Weltkugel, dahinter David Miscavige im Smoking mit schwarzer Fliege und an der Rückwand ein überdimensionales Bild von L. Ron Hubbard, der seine Hand über den Globus hält. Der weltweite Machtanspruch wird in der Bildsprache überdeutlich. Die Scientology-News berichtete: *»›Der Krieg ist vorüber!‹ gab der Chairman of the Board des Religious Technology Center, Mr. David Miscavige, inmitten des stürmischen Beifalls von mehr als zehntausend Scientologen in Los Angeles bekannt. Er sagte, die bittere, 40jährige Schlacht mit dem IRS der Vereinigten Staaten wurde endlich beendet... Mr. Miscavige sagte dem Publikum: ›Am 1. Oktober 1993 um 20.37 Uhr, östliche Standardzeit, gab der IRS Dokumente heraus, die Scientology und jede ihrer Organisationen für vollständig steuerfrei erklärten!‹ Und für die amerikanischen Scientologen verkündete er, daß diese Entscheidung bedeutet, daß ihre Spendenbeiträge an die Kirche von nun an von der Steuer absetzbar sind. Und daß darüber hinaus alle ausstehenden Gerichtsfälle, die die Steuerabsetzungen von Spendenbeiträgen an die Kirche in Frage stellten – mehr als 2500 Fälle – nun ›alle beendet sind und die Steuerabsetzung genehmigt ist.‹... Mr. Miscavige sagte: ›Der IRS hat zugestimmt, Briefe an Regierungen aller Nationen zu schicken...‹*
Um die falschen Berichte zu korrigieren, die die Regierungsakten in aller Welt verunstalten, wird der IRS den Briefen einen gedruckten Tatsachenbericht bezüglich Scientology beilegen, der erklärt, was Scientology wirklich ist, wer L. Ron Hubbard ist und was alle unsere Organisationen sind. ›Dieser Bericht ist sehr vollständig und sehr akkurat‹, fuhr Mr. Miscavige fort. ›Nun, wie kann ich das wissen? Wir haben ihn geschrieben! Und der IRS wird ihn an alle Regierungen in der Welt senden!‹«[131]

Bemerkenswert vor allem die letzte Behauptung, die auf Richtigkeit nicht überprüft werden kann. Aber sollte es stimmen, daß eine US-Behörde PR-Material dieser umstrittenen Organisation weltweit kommentarlos verschickt hat, wäre dies wohl ein einmaliger Vorgang! Viel wichtiger aber war die Tatsache, daß es Scientology tatsächlich gelungen war, nach Jahrzehnten der Auseinandersetzung in den USA den steuerbefreiten Status zu erlangen. Wie dies geschah, welche Hintergründe diese

Wandlung des IRS bewirkten, wird derzeit international geklärt und untersucht. Anhaltspunkte lieferte Miscavige in seiner Rede selbst: *»Die Kirche setzte sich im großen Stil zur Wehr* [gegen die IRS-Untersuchungen] *und verstärkte ihre Bemühungen, anhand des Freedom of Information Act (Amerikanisches Gesetz über Informationsfreiheit) Regierungsakten über Scientology zu erhalten. Das steigerte sich zu Tausenden von Nachfragen. Und wenn der IRS diesen Anforderungen nicht Folge leistete, versäumte die Kirche* [Scientology] *nie, vor Gericht zu gehen. Und als das ganze Ausmaß der IRS-Verbrechen gegen die Kirche anhand dieser Akten mehr und mehr bekannt wurde, ist die Schlacht in eine vollständig neue Arena verlegt worden – die Öffentlichkeit. Zudem brachte die Kirche* [Scientology], *während der IRS einzelne Scientologen verfolgte, ihre Angriffe auf eine persönliche Stufe, indem sie die Individuen, die für dieses Verbrechen verantwortlich waren, ans Licht der Öffentlichkeit brachte. Die eigentlichen Missetäter des IRS fanden sich selbst im Freedom-Magazin* [Scientology-Zeitschrift] *und in USA-Today-Anzeigen präsentiert, die sich gegen Mißbräuche des IRS aussprachen. Die Namen der Kriminellen innerhalb des IRS öffentlich bekanntzumachen hatte die gewünschte Wirkung. Die Scientology-Kirche wurde im ganzen Land als die einzige Gruppe bekannt, die willens ist, sich mit dem IRS anzulegen ... Unsere Attacken griffen ihre Mittel* [die des IRS] *in großem Ausmaß an, und unsere Veröffentlichungen ihrer kriminellen Handlungen begannen für sie ernsthafte politische Rückschläge zu bringen. Es wurde ein teurer Zermürbungskrieg, ohne daß ein eindeutiger Gewinner in Sicht gewesen wäre. Die ersten Friedensouvertüren wurden im Oktober 1991 gemacht, während der Krieg auf seinem Höhepunkt war... Und so begannen zwei Jahre unzähliger Treffen und intensiver Gespräche zwischen der Kirche* [Scientology] *und dem IRS. ›Nichts geschah wie durch ein Wunder‹, sagte Mr. Miscavige, ›es war immer noch eine heiße Schlacht.‹ Er wies darauf hin, daß nicht jeder in dem IRS unterdrückerisch war. In der Tat, sagte er, über die Jahre hinweg gelang es dem IRS, ein Team von einigen sehr anständigen Leuten zusammenzustellen, um die Angelegenheit zu bereinigen.«*[132]

Die alten Hubbardschen Methoden hatten also in den USA

die »gewünschte Wirkung«. »Lasse niemals zahm eine Untersuchung von uns zu«, »Wenn uns jemand angreift, sucht sofort nach seinen kriminellen Handlungen«, »Wenn sie uns in Ruhe lassen, werden wir sie in Ruhe lassen«, sind einige Stichworte zu dieser Strategie der Zermürbung. Daß selbst die US-Steuerbehörde in die Knie ging, zeigt vor allem eines: Scientology ist zu einer mächtigen Organisation geworden. Wie sagte Miscavige nach der IRS-Entscheidung: *»Jetzt kann uns nichts mehr aufhalten.«*

Dennoch lohnt sich noch ein genauer Blick auf die IRS-Entscheidung und was da wirklich entschieden wurde. Die scientologischen Organisationen in den USA wurden nach dem Paragraph 501 des US-Steuergesetzes von der Steuer befreit. Spenden (also Gebühren für die Kurse) sind nunmehr abzugsfähig. Nicht entschieden wurde über die Frage, ob Scientology nun eine Religionsgemeinschaft ist oder nicht. Denn dieser Steuerbefreiungspassus kommt vielen Organisationen zugute, die mit »kirchlichen« oder »religiösen« Aktivitäten nichts zu tun haben oder kaum deutschen Vorstellungen förderungswürdiger »religiöser Betätigung« entsprechen. So bekamen diese Steuerbefreiung in der Vergangenheit auch Briefmarkensammlervereine, Tierschützer, Literaturzirkel aber auch die »Kirche Satans« zugesprochen. Und selbst die neonazistische Gruppe, die NSDAP/AO des gerade in Deutschland verurteilten amerikanischen Neo-Nazi Gary Rex Lauck bemühte sich um die Steuerbefreiung nach Paragraf 501 des US-Steuerrechts. Es ist geradezu absurd, daraus eine Anerkennung der Scientology als »Bona-fide-Religionsgemeinschaft« zu konstruieren. Außerdem war der »Krieg« vielleicht in den USA beendet, in Europa aber begann eine neue Phase der Auseinandersetzung mit Scientology, und hier vor allem in Deutschland.

Kampfplatz Deutschland

Wieder einmal waren es die zu fleißigen Scientologen, die eine Welle der öffentlichen Auseinandersetzung lostraten, wie sie es in Deutschland bis zu diesem Zeitpunkt nicht gegeben hatte. Waren bis zu Beginn der neunziger Jahre vor allem kirchliche Weltanschauungsbeauftragte, Elterninitiativen, Verbraucherschutzorganisationen und Journalisten mit der Aufklärung über Scientology beschäftigt, begannen nun politische Stellen ernsthaft das Problem Scientology zu erkennen. Schon Mitte der achtziger Jahre war unter dem irreführenden Begriff »Jugendsekte« über Scientology berichtet und von staatlichen Stellen Broschüren über diesen Komplex veröffentlicht worden. Information und Aufklärung standen dabei im Mittelpunkt. Es zeigte sich aber bald, daß damit allein das dubiose Treiben der Scientology nicht in den Griff zu bekommen war. Es ist das Verdienst des Hamburger Senates und des großen persönlichen Engagements der ehemaligen SPD-Bürgerschaftsabgeordneten, Ursula Caberta y Diaz, daß sich an dieser Situation bald etwas ändern sollte.

Ende der achtziger Jahre nahmen die Aktivitäten der Hamburger Scientology-Organisation beträchtlich zu. Die Hamburger »Org« strebte offenbar das Ziel an, die Bedeutung einer scientologischen »Fortgeschrittenen Organisation« zu erreichen. Dies hätte zur Folge gehabt, daß man auch in Hamburg höhere Kursstufen der Scientology hätte verkaufen und liefern können, ohne daß eine beschwerliche Reise nach England oder in die USA notwendig geworden wäre. Wichtigste Voraussetzung dafür war der Gewinn des »LRH Geburtstagsspiels«, eine Expansion um das 5,4fache der bisherigen Produktionsstatistik.

Alsbald wurde ein Hamburger Immobilienmakler aktiv, der sich öffentlich zu Scientology bekannte, F.D.P.-Mitglied war und durch rüde Geschäftspraktiken auffiel. Im Hamburger Stadtteil Eppendorf schlossen sich daraufhin betroffene Bürger in einer Initiative zusammen und machten auf die Metho-

den der scientologischen Makler und Käufer ihrer Wohnungen aufmerksam. Als es daraufhin zu Debatten in der Hamburger Bürgerschaft kam, wurde der Hamburger Senat aufgefordert, u. a. Scientology keine öffentlichen Gebäude zu Mietzwecken zu überlassen, keine Grundstücksgeschäfte mit ihnen abzuschließen und ein weiteres Vorgehen gegen Scientology zu prüfen.
Sofort legten die Scientologen Verfassungsbeschwerde ein, die vom Bundesverfassungsgericht im August 1992 verworfen wurde. Im September 1992 beauftragte der Hamburger Senat die Behörde für Inneres in der Hansestadt mit der Federführung für Fragen im Zusammenhang mit Scientology. Ein wichtiger Schritt war getan. Erstmals beschäftigte sich nicht ein »Kultusministerium« oder ein »Familienministerium« mit Scientology, sondern die für die Gefahrenabwehr zuständige Innenbehörde.
Am 1. Februar 1992 nahm dann die »Arbeitsgruppe Scientology der Behörde für Inneres« in Hamburg ihre Tätigkeit auf. Leiterin der Arbeitsgruppe wurde Ursula Caberta. Nun begann erstmals die staatliche Sammlung und Auswertung von Informationen über Scientology, über Praktiken, Einflüsse und Ausbreitung der Gruppe. Interne Anweisungen wurden akribisch gesammelt und ausgewertet, Maßnahmenkataloge erarbeitet, mit anderen Behörden koordiniert und eine neue Aufklärungsoffensive gestartet.
Scientology wurde so zum beachteten öffentlichen Thema in der Bundesrepublik Deutschland, und es folgte eine Flut von Veröffentlichungen in Presse, Funk und Fernsehen. Erstmals konnte auch das Ausmaß scientologischer Einflußnahme in Wirtschaft und Gesellschaft offengelegt werden. Reihenweise wurden scientologisch geführte Firmen enttarnt, ihre Handlungsweisen analysiert und die bis dahin weitgehend ungestörte Ausbreitung Scientologys in Deutschland verhindert. Systematisch begann die Hamburger Behörde alle rechtsstaatlichen Mittel gegen Scientology auszuschöpfen.
Das Bezirksamt Hamburg-Mitte – in deren Bereich die Scien-

tology-Zentrale in der Hansestadt residiert – hatte schon 1984 dem damals noch unter der Bezeichnung »College für angewandte Philosophie e. V.« eingetragenen Verein (mittlerweile umbenannt in Scientology Kirche Hamburg e. V.) aufgefordert, ein Gewerbe anzumelden. Scientology klagte, und das Verwaltungsgericht Hamburg bestätigte mit Urteil vom 11. Dezember 1990 die Auffassung des Bezirksamtes. Wieder ging Scientology in die Berufung und erlebte – auch dank umfangreicher Beweismittel, die die Arbeitsgruppe Scientology zusammengetragen hatte – ein weiteres Fiasko.

Das Hamburger Oberverwaltungsgericht entschied am 6. Juli 1993, die Klage der Scientologen abzuweisen. In der Presseerklärung des OVG hieß es: *»Für die Feststellung, ob die Scientology-Kirche ein Gewerbe anzumelden hat, ist es unerheblich, ob diese als Religions- oder Weltanschauungsgemeinschaft anzuerkennen ist. Auch eine Religionsgemeinschaft kann zur Anzeige eines Gewerbes verpflichtet sein, wenn sie mit Gewinnerzielungsabsicht auf Dauer den Verkauf von Waren und Dienstleistungen ohne entsprechenden religiösen Bezug betreibt ... Für eine Gewinnerzielungsabsicht beim Buchverkauf und bei den Kursen spricht insbesondere das von der Scientology-Kirche angestrebte Ziel, seine Mitglieder zum Kauf weiterer Bücher und vor allem zur Teilnahme an weiteren, stets kostspieligeren Kursen zu veranlassen. Die Angaben der Scientology-Kirche und die Bekundungen der von dieser benannten Zeugen über angebliche Verluste haben das Gericht nicht überzeugen können. Das Gericht hat vielmehr den Eindruck gewonnen, daß die Scientology-Kirche bestrebt gewesen sei, ihre Einnahmen zu verschleiern ...«*

Eine Revision gegen das Urteil wurde nicht zugelassen, die Nichtzulassungsbeschwerde der Scientologen wurde vom Bundesverwaltungsgericht zurückgewiesen. Damit war die Entscheidung des Oberverwaltungsgerichts Hamburg rechtskräftig. Scientology mußte sich in Hamburg als Gewerbebetrieb anmelden.

Zunehmend wurde es für die Scientologen in Deutschland ungemütlich. Das konsequente staatliche Handeln sorgte in der scientologischen US-Führungsgilde für Aufregung und zur Bildung einer speziellen »Deutschen Eingreiftruppe«. Am 4. Mai 1994 schrieb die OSA Internationale einen Brandbrief an alle »Departments für spezielle Angelegenheiten« (zuständig für die Abwehr gegnerischer Aktionen) weltweit: *»Ihre Hilfe wird dringend für die Abwehr neonazistischer Regierungsattacken auf Scientology-Organisationen und -Mitglieder in Deutschland benötigt. Das ist so wichtig, daß bei OSA Int. kürzlich eine Sondereinheit gebildet wurde, die sich nur mit der Situation in Deutschland befassen soll . . . Wir haben eine umfangreiche und ausführliche Dokumentation der Vorfälle zusammengestellt, die sich in den letzten Monaten ereignet haben. Aber wir werden das umkehren. Wir arbeiten mit aller Kraft daran, Scientologen überall auf der Welt zu aktivieren. Sie sollen aufstehen und jetzt Maßnahmen ergreifen, damit wir einer Sache Einhalt gebieten können, die eindeutig der Beginn eines neuen Holocausts ist.*

Wir können über alle Zweifel hinaus beweisen, daß es sich hier um genau dasselbe Muster handelt, das auch benutzt wurde, um 1935 die Haßkampagne gegen das jüdische Volk in Gang zu setzen. . . . Erforderlich ist, daß Sie einen Brief an den Kanzler Helmut Kohl und an weitere deutsche Regierungsbeamte schicken, in dem Sie fordern, daß der religiösen Unduldsamkeit sofort Einhalt geboten wird, bei deren Zustandekommen gegen Scientologen und weitere religiöse Minderheiten er mitgeholfen hat. Diese Briefe müssen adressiert werden an: . . . [Es folgen die Anschriften von Helmut Kohl, Manfred Kanther, Angela Merkel, Klaus Kinkel] *Je schneller wir als internationale Gruppe handeln, desto schneller werden wir Deutschland und den Rest des Planeten vor einem Aufstieg der Neo-Nazis schützen. Aus diesem Grunde ist ein kurzer Entwurf beigefügt, der Ihnen bei den Maßnahmen helfen soll, die nötig sind, um große Mengen von Briefen nach Deutschland auf den Weg zu bringen. Zusammen können wir eine internationale Gruppe mobilisieren, die dieses Krebsgeschwür der Menschheit auslöschen kann und wird.«*

Scientology hatte eine neue Strategie ausgearbeitet: Das heutige Deutschland sollte international an den Pranger gestellt, mit dem nationalsozialistischen Deutschland gleichgestellt und diffamiert werden. Der Androhung folgten bald Taten:

»So gelang es der Organisation [Scientology] *bei der KSZE-Überprüfungskonferenz, die vom 10. Oktober bis 2. Dezember 1994 in Ungarn stattfand, als ›Nichtregierungsorganisation‹ in der Arbeitsgruppe ›menschliche Dimension‹ zugelassen zu werden und dort ihre Behauptungen, die Bundesrepublik Deutschland verweigere den Mitgliedern der Scientology die Religionsfreiheit und diskriminiere die Mitglieder vorzutragen. Diese Bemühungen waren allerdings von keinerlei Erfolg gekrönt. So hat die deutsche Delegation nach Kenntnis der Arbeitsgruppe* [der Hamburger Innenbehörde] *den Angriffen entschieden widersprochen, und in das Schlußdokument der Konferenz sind die Forderungen bzw. Darstellungen der Organisation nicht eingegangen.«*[133]

Doch damit nicht genug: Im Dezember 1994 wurde von den Vereinten Nationen ein Bericht des Sonderberichterstatters der UN-Menschenrechtskommission herausgegeben, der unter der Rubrik »Deutschland« Beschwerden offenbar deutscher Scientologen ungeprüft auflistet: *»Scientology hat diese Veröffentlichung zu einer Kampagne benutzt, in der behauptet wurde, nunmehr habe auch die UNO amtlich festgestellt, daß in Deutschland religiöse Rechte der Scientology-Mitglieder verletzt wurden.«*[134] Diesen UN-Bericht führten die Scientologen später auch bei einem wichtigen Gerichtsverfahren vor dem Bundesarbeitsgericht an, was das oberste deutsche Arbeitsgericht aber wenig beeindruckte: *»Dieser Bericht (UN) kann schon deshalb nicht zu einer anderen Beurteilung führen, da der Berichterstatter die vom Senat für maßgeblich erachteten Umstände in seiner schriftlichen Vorlage nicht gewürdigt hat. Im übrigen handelt es sich um eine persönliche Meinungsäußerung des Berichterstatters.«*[135]

Die Bundesregierung hat sich dennoch die Mühe gemacht, die Vorwürfe zu überprüfen. Das Resultat erhellte einmal mehr die scientologische Vorgehensweise, vor allem was es mit ihrer Auffassung von Wahrheit auf sich hat:

① *»Die angeführten Fälle einer angeblichen Diskriminierung der Scientology-Organisation sind nur zum Teil identifizierbar, zum Teil werden weder die Namen der beteiligten Personen, noch Ort und Zeitpunkt des beschriebenen Geschehens mitgeteilt. Insoweit* *ist eine Stellungnahme nicht möglich, weil weitere Ermittlungen nicht angestellt werden konnten. Die Vielzahl der in derart vager Form mitgeteilten Fälle angeblicher Diskriminierung läßt zudem Zweifel an der Zuverlässigkeit der Listen insgesamt auftreten.*

② *Die Listen enthalten zum größten Teil Begebenheiten, die sich zwischen Privaten abgespielt haben sollen. Diese Fälle sind grundsätzlich nicht geeignet, angebliche Diskriminierungen durch den Staat zu belegen.*

③ *Die Listen enthalten nicht einen einzigen Fall, in dem von allen auf nationaler Ebene zur Verfügung stehenden Rechtsbehelfen Gebrauch gemacht wurde und diese erschöpft sind. Der nationale Rechtsweg, der den von angeblich diskriminierenden Maßnahmen betroffenen Scientology-Mitgliedern in allen Fällen offengestanden hätte, wurde nur in einigen der behaupteten Fälle beschritten, jedoch in keinem Fall erschöpft.«*[136]

Doch Scientology ließ nicht locker. In ganzseitigen Anzeigen namhafter amerikanischer Tageszeitungen wurde versucht, die Situation der Scientologen in Deutschland heute mit der der Juden während der Zeit des Nationalsozialismus gleichzusetzen. Nicht nur der Vorsitzende des Zentralrates der Juden in Deutschland, Ignaz Bubis, verwahrte sich gegen diese ungeheuerliche Diffamierung des bundesdeutschen Rechtsstaates und der damit verbundenen Verharmlosung des Holocaust. Weltweit wurde in riesiger Auflage eine scientologische Broschüre verteilt, die die Strategie ebenfalls unterstützen sollte. Ihr Titel: »Haß und Propaganda.« Darin wird gezielt gegen Scientology-Kritiker in Deutschland mobil gemacht und sie der neonazistischen Gesinnung geziehen.

Im Jahr 1996 wurde die Anzeigenkampagne in US-Zeitungen wiederholt – ohne weiteren Erfolg. Der Rechtsstaat und die demokratisch gewählten Volksvertreter ließen sich von der Scientology-Propaganda nicht einschüchtern. Im Gegenteil: Die groß angelegte Diffamierungskampagne gegen die Deutschen sorgte für weitere kritische Aufmerksamkeit der Bevölkerung gegenüber Scientology.

Wenn Richter urteilen

Mitte der neunziger Jahre mußte Scientology in Deutschland sowohl politisch wie juristisch herbe Rückschläge hinnehmen. So befand das Bundesarbeitsgericht im März 1995, bei Scientology handele es sich nicht um eine Religion. Den Richtern zufolge diene das Auftreten der Scientology-Organisation als »Kirche« lediglich als Vorwand zur Verfolgung ihrer wirtschaftlichen Interessen. Die Innenminister-Konferenz der Länder erklärte bereits im Mai 1994, Scientology stelle sich »den für die Gefahrenabwehr und Strafverfolgung zuständigen Behörden als eine Vereinigung dar, die unter dem Deckmantel einer Religionsgemeinschaft Elemente der Wirtschaftskriminalität und des Psychoterrors gegenüber ihren Mitgliedern mit wirtschaftlichen Betätigungen und sektiererischen Einschlägen vereint«. Im März 1996 folgten die Ministerpräsidenten der Bundesländer. Auf ihrer Sitzung kamen sie überein, daß sie es für erforderlich halten, daß Bund, Länder und Kommunen öffentlich vor den Praktiken der »Scientology-Organisation« warnen. Alle rechtlichen Möglichkeiten, dem Beherrschungsanspruch dieser weltweit operierenden Organisation entgegenzutreten, müßten konsequent genutzt werden.
Neben Hamburg wurde nun auch der Freistaat Bayern besonders aktiv. Im Oktober 1995 beschloß die Bayerische Staatsregierung einen 15-Punkte-Plan, mit dessen Hilfe nun konsequent gegen Scientology vorgegangen werden soll. Dieser Katalog von Maßnahmen sieht vor:

- *Die Scientology (SC) ist zu veranlassen, die bisher als ›kirchliche Aktivitäten‹ behandelten Betätigungen mit eindeutig wirtschaftlicher Ausrichtung, wie zum Beispiel der Verkauf von Büchern und sogenannten Elektrometern und die Veranstaltung von Kursen und Seminaren zu teuren Teilnahmepreisen, als Gewerbe anzumelden. Zugleich werden die Möglichkeiten für eine Untersagung aller schon jetzt als gewerblich behandelten Tätigkeiten der SC und von ihr gesteuerter Organisationen geprüft.*

- *Die SC hat ihre Einrichtungen in Form von eingetragenen Vereinen organisiert. Sofern die SC ihre wirtschaftlichen Betätigungen nicht aus diesen eingetragenen Vereinen ausgliedert, soll ihnen die Rechtsfähigkeit entzogen werden.*
- *Die Forderung einer Verbotsprüfung durch das Bundesministerium des Innern für die bundesweit agierende und zentral gesteuerte SC wegen massiver Vorwürfe soll weiter verfolgt werden. Dabei soll das Ganze auf Anweisungen ihres Gründers beruhende System überprüft werden.*
- *Sollten sich aufgrund der laufend eingehenden Informationen oder des bundesweiten Erfahrungsaustausches auf allen Ebenen Ansatzpunkte für verfassungsfeindliche politische Bestrebungen oder organisierte Kriminalität ergeben, wird die Frage der Beobachtung der SC in Abstimmung mit den anderen Verfassungsschutzbehörden des Bundes und der Länder erneut gestellt.*
- *Die Straßenwerbung, die die SC als ersten Kontakt mit potentiellen Kunden und Mitgliedern einsetzt, soll möglichst als Sondernutzung von Straßen und Wegen untersagt werden.*
- *Die Gemeinnützigkeit der Vereine wird überprüft.*
- *Es wird laufend überprüft, ob die Vereine der SC insgesamt ihre steuerlichen Pflichten erfüllen.*
- *Es wird überprüft, ob die SC-Organisation Sozialversicherungsbeiträge für ihre Mitarbeiter abführen.*
- *Ferner wird überprüft, ob die SC-Organisationen die Regeln des Arbeits-, Arbeitsschutz-, und Gesundheitsrechts einhalten.*
- *Verstärkte Öffentlichkeitsarbeit zu den Machenschaften der SC soll ihr Handeln offenlegen und potentielle Mitglieder vorwarnen.*
- *Bayern unterstützt Überlegungen der Gesundheitsministerkonferenz, Dienstleistungen auf dem Gebiet der gewerblichen Lebenshilfe gesetzlich zu regeln. Damit sollen Bürger vor Mißbräuchen und speziell vor Manipulation, Nichtbeachtung des Selbstbestimmungsrechts des Hilfesuchenden und vor finanzieller Ausbeutung geschützt werden.*
- *Ferner ist die Verknüpfung und ein breiter Informationsaustausch zu Erkenntnissen der Sicherheitsbehörden vorgesehen.«*

Besonders hart dürften die drei letzen Punkte des Maßnahmenkatalogs Scientology treffen. Denn diese zielen präzise auf mögliche Unterwanderungstendenzen von Scientology: *»Bei der Vergabe öffentlicher Aufträge verlangen die Stellen des Freistaates ab 1. November 1996 Schutzerklärungen, soweit es sich um Vertragsverhältnisse handelt, die entweder Möglichkeiten zur Einflußnahme auf die Organisation des Vertragspartners oder seine Mitarbeit eröffnen oder die ein besonderes Vertrauensverhältnis voraussetzen, wie zum Beispiel in der Unternehmensberatung, bei der Personal- und Managementschulung sowie im Bereich Softwareberatung, -entwicklung und -pflege.*

- *Ab 1. November 1996 müssen alle Bewerber für den öffentlichen Dienst im Rahmen eines Fragebogens erklären, ob sie der SC angehören. Eine Einzelfallprüfung ergibt dann, ob sie in den öffentlichen Dienst übernommen werden können. Beamtete Mitglieder der SC werden daraufhin überprüft, ob ein Konflikt mit dienstrechtlichen Vorschriften besteht.*
- *Beim Vorgehen gegen SC wird der Staat mit Stellen außerhalb der Verwaltung verstärkt zusammenarbeiten, insbesondere mit der Wirtschaft.«*

Es bleibt abzuwarten, wie Scientology auf diese neuen politischen Initiativen reagiert. Aber sie sollten sich an die Anweisungen ihres einstigen Führers L. Ron Hubbard erinnern: *»Erzählen Sie Behörden keine Lügen, wenn es genauso einfach ist, die Wahrheit zu sagen. Warum sich die Arbeit machen, sich eine Lüge auszudenken. Tun Sie es, wird es Ihnen schaden ... Mit der Wahrheit umzugehen, ist eine ebenso heikle Sache. Sie müssen nicht alles sagen, was Sie wissen – das würde ebenfalls Kommunikationslinien zusammenbrechen lassen. Geben Sie eine akzeptable Wahrheit ab.«*[137]

Europa gegen Scientology

Immer wieder behauptet Scientology, die Gruppe würde nur in Deutschland massiv »verfolgt«. Tatsächlich findet die Auseinandersetzung in ganz Europa statt. Beispiel Frankreich: Am

22. November 1996 wurden in einem ersten großen Prozeß gegen die französische Scientology-Organisation hochrangige französische Scientologen zu teilweise mehrjährigen Haftstrafen verurteilt. Beispielsweise wurde der ehemalige Präsident der Gruppe für den Bereich Lyon, Jean-Jacques Mazier, zu drei Jahren Gefängnis (18 Monate auf Bewährung) verurteilt. Das Berufungsgericht von Lyon sprach ihn der fahrlässigen Tötung, des Betruges und des versuchten Betruges schuldig. Außerdem mußte er 500 000 Francs Geldstrafe zahlen. Dabei gingen die Richter sogar über die Forderung der Staatsanwaltschaft hinaus. In dem Verfahren war unter anderem über den Selbstmord eines Scientologen verhandelt worden, der sich dem Auditing-Verfahren unterzogen hatte. Der Mann hatte sich im März 1988 kurz vor seinem Freitod noch 30 000 Francs für die Bezahlung eines Kurses geliehen. Außerdem ging es in dem Prozeß um den überteuerten Weiterverkauf von »E-Metern«. Gegen fünfzehn weitere Funktionäre wurden Bewährungsstrafen zwischen acht Monaten und zwei Jahren wegen Betruges, Betrugsversuches und Beihilfen verhängt. Scientology kündigte gegen diese Urteile Berufung an.

Beispiel Italien: Am 2. Dezember 1996 verurteilte ein Berufungsgericht in Mailand 29 Scientologen wegen Bildung einer verbrecherischen Vereinigung zu Gefängnisstrafen zwischen neun Monaten und zwei Jahren.

Beispiel Griechenland: Dort ordnete am 20. Januar 1997 die Justiz die Schließung des Scientology-Zentrums in Athen an, das dort unter dem Namen »Kephe«, Zentrum für angewandte Philosophie, firmierte. Der zuständige Präfekt von Athen hatte im Oktober 1996 eine Untersuchung veranlaßt, nachdem 4000 Menschen, darunter zahlreiche Eltern von Scientology-Mitgliedern, mit einer Petition sein Eingreifen gefordert hatten.

Scientology befindet sich im Frühjahr 1997 fast überall in Europa unter massiver Kritik und ist in heftige juristische Auseinandersetzungen verstrickt. Eine Ende dieser Konfrontation ist nicht absehbar.

Anmerkungen

1 L. Ron Hubbard: »Der Weg zum Glücklichsein«.
2 Friederike Valentin/Horand Knaup: »Scientology – der Griff nach Macht und Geld«, Freiburg 1992, S. 58. Die Autoren zitieren nach Russel Miller: »Bare Faced Messiah, The True Story of L. Ron Hubbard«, New York 1988.
3 Christoph Evans: »Kulte des Irrationalen. Sekten, Schwindler, Seelenfänger«, Hamburg 1979, S. 33.
4 Evans, Kulte, S. 69.
5 New Era Publications International ApS (Hrsg.): »Was ist Scientology?«, Kopenhagen, 1993, S. 121.
6 Tom Voltz: »Scientology und (k)ein Ende, Düsseldorf, 1995, S. 64.
7 New Era Publications ApS (Hrsg.): »L. Ron Hubbard, der Schriftsteller«, Schlüchtern 1984, ohne Seitenangabe (Verlagsbiographie über Hubbards Leben, Teil einer Werbeschrift für Hubbards Bücher).
8 Gerry Amstrong sollte eine offizielle Hubbard-Biographie verfassen, kam aber nach Einsicht in geheime und private Dokumente zu der Erkenntnis, daß er die Arbeit aufgrund erheblicher Widersprüche und Wahrheitsdefizite nicht vollenden konnte.
9 Bent Corydon: »L. Ron Hubbard – Messiah or Madman?«, Secaucus 1992, S. 228.
10 Evans, Kulte, S. 28.
11 Voltz, Scientology, S. 67.
12 Voltz, Scientology, S. 66.
13 Ralph Tegtmeier: »Aleister Crowley. Die Tausend Masken des Meisters«, München 1989, S. 127.
14 Ebenda.
15 Corydon, Messiah, S. 276.
16 Tegtmeier, Crowley, S. 128.
17 Corydon, Messiah, S. 280.
18 Ebenda.
19 Norbert J. Potthoff: »Was ist Scientology?, Krefeld 1992, S. 6.
20 L. Ron Hubbard: »Dianetik: die moderne Wissenschaft der geistigen Gesundheit«, amerikanischer Originaltitel: »Dianetics: The Modern Science of Mental Health« (1950) S. 9.
21 Evans, Kulte, Seite 35 ff.
22 Ebenda.

23 Hubbard, Dianetik, S. 454.
24 Siehe dazu Kapitel 2: »Ideologie und Methoden«.
25 Evans, Kulte, S. 56 f.
26 Friedrich-Wilhelm Haack: »Scientology – Magie des 20. Jahrhunderts«, München 1982, S. 57.
27 L. Ron Hubbard: »Public Relation Serie«, 1985, Kopenhagen, S. 67 f. Zitiert aus Hubbard-Kommunikationsbüro, HCO-Policybrief vom 5. Oktober 1971.
28 Edition ScienTerra im VAP-Verlag (Hrsg.): »Scientology, Mehr als ein Modetrend«, Preußisch Oldendorf 1991, S. 25. Der Autor dieses Buches wird nicht genannt, soll aber laut Vorwort des Verlegers ein »Insider von Rang« sein.
29 Evans, Kulte, S. 67.
30 Corydon, Messiah, S. 301.
31 Corydon, Messiah, S. 302.
32 Ebenda.
33 Ebenda.
34 Ebenda.
35 Edition ScienTerra, Scientology, S. 31.
36 Werbung der Scientology: »L. Ron Hubbard, The Man and his work«, 1986, S. 7.
37 Corydon, Messiah, S. 57.
38 Corydon, Messiah, S. 325.
39 Corydon, Messiah, S. 327.
40 Bescheid der Staatsanwaltschaft München vom 24. April 1986, Az. 115 Js 4298/84, S. 55 f.
41 L. Ron Hubbard: »Selbstanalyse«, Kopenhagen 1984, S. 5.
42 Scientology Kirche Deutschland (Hrsg.): »Scientology Kirche in Deutschland«, München 1985, S. 9.
43 Voltz, Scientology, S. 75.
44 New Era, Was ist Scientology?, S. 130.
45 ABI – Aktion Bildungsinformation e. V.: »Scientology-Sekte und ihre Tarnorganisationen«, Stuttgart o. J., S. 26.
46 Linus Hauser: »Scientology und Science Fiction« in Valentin/Knaup: Scientology – der Griff nach Macht und Geld, S. 67 f.
47 Bundesarbeitsgericht: Beschluß vom 22. März 1995–5 AZB 21/94.
48 Bescheid der Staatsanwaltschaft beim Landgericht München I, Az. 115 Js 4298/84, S. 10 f.
49 Paulette Cooper: »The Scandal of Scientology«, New York 1971, S. 22.

50 Edition ScienTerra, Scientology, S. 45.
51 L. Ron Hubbard: »Alles über radioaktive Strahlung«, Scientology Publications Organization Kopenhagen, 1980.
52 Jon Atack: »A piece of blue sky«, Secaucus 1990, S. 142 f.
53 Evans, Kulte, S. 81.
54 L. Ron Hubbard, »Manual of Justice« London 1959, S. 7.
55 Bekenntnisformular 1, die Grundlegende Bekenntnisliste
56 Evans, Kulte, S. 94.
57 Haack, Scientology, S. 59.
58 Omar V. Garrison: »Geheimreport Scientology – Psychopolitik, die moderne Inquisition«, Wiesbaden 1984, S. 154.
59 Volker Albers in Jörg Herrmann (Hrsg.): »Mission mit allen Mitteln. Der Scientology-Konzern auf Seelenfang«, Hamburg 1992, S. 60.
60 Edition ScienTerra, Scientology, S. 51.
61 Edition ScienTerra, Scientology, S. 52. Das original Handmanuskript Hubbards dieses HCOB vom 25. Juni 1963 ist am Ende des Buches abgedruckt.
62 Ebenda.
63 Atack, A piece, S. 151 f.
64 L. Ron Hubbard; »Saint Hill Special Briefing Course«, Los Angeles 1990, Vortrag vom 24. März 1964.
65 Ebenda.
66 L. Ron Hubbard: HCO-Richtlinienbrief vom 7. Februar 1965, veröffentlicht in »PTS/SP-Kurs«, New Era Publications International (Hrsg.), Kopenhagen 1989, S. 4.
67 Ebenda.
68 Ebenda.
69 L. Ron Hubbard: »Handbuch für den ehrenamtlichen Geistlichen«, Kopenhagen 1980, S. 355.
70 Ebenda.
71 Eidesstattliche Erklärung L. Ron Hubbards vom 22. März 1976.
72 ABI – Aktion Bildungsinformation e. V. (Hrsg.): »Eidesstattliche Versicherung zur Vorlage bei eine ›Class Action‹, einem Sammelverfahren mehrerer Ex-Scientologen auf Schadensersatz in Millionenhöhe«, ABI 12–80–94, S. 94.
73 HCO-Bulletin vom 2. April 1965.
74 Atack, A piece. S. 167.
75 Ebenda.
76 Peter Matteson (Hrsg.): »Advance! Deutsche Beilage 81«, Kopenhagen 1984, S. 1.

77 Evans, Kulte, S. 97.
78 Ebenda.
79 Evans, Kulte, S. 99 f.
80 Ebenda.
81 Ebenda.
82 Garrision, Geheimreport, S. 76.
83 Garrision, Geheimreport, S. 179.
84 Atack, A piece, S. 166f.
85 Siehe dazu Kapitel: »Ideologie und Methoden.«
86 Evans, Kulte, S. 106.
87 Corydon, Messiah, S. 38.
88 Evans, Kulte, S. 101.
89 Garrison, Geheimreport, S. 184.
90 Evans, Kulte, S. 103. Am 16 Juli 1980 wurde das Einreiseverbot für Scientologen wieder aufgehoben.
91 HCO PL vom 21. Oktober 1968.
92 Atack, A piece. S. 175.
93 Atack, A piece. S. 179.
94 Ebenda.
95 OTC-Wien, Gerhard Förster: »Die Freie Zone – Ein Info-Pack unabhängiger Scientologen«, Band 2, Wien 1984, S. 72. Hierbei handelt es sich um Exscientologen, die in Konflikt mit der »Kirche« kamen. Sie sind aber weiterhin von der Richtigkeit der Hubbardschen Lehre überzeugt. Ihre Angaben können nicht auf Wahrhaftigkeit überprüft werden und haben deshalb den ebenso hohen oder niedrigen Glaubwürdigkeitsgrad wie die offiziellen Angaben der Scientology.
96 Garrision, Geheimreport, S. 196.
97 New Era, Hubbard, o.S.
98 Haack, Scientology, S. 270.
99 OTC-Wien, Freie Zone, S. 72.
100 Corydon, Hubbard, S. 94.
101 Ebenda.
102 OTC-Wien, Freie Zone, S. 72.
103 ABI (Hrsg.): »Dokumentation der Anklageschrift des Bundesgerichts der Vereinigten Staaten von Amerika gegen Mary Sue Hubbard und andere«, o.J., S. 8 f.
104 Ebenda.
105 Ebenda.
106 Ebenda.
107 Corydon, Hubbard, S. 101 f.

108 Ebenda.
109 OTC-Wien, Freie Zone, S. 72.
110 Corydon, Hubbard, S. 121.
111 Ebenda.
112 ABI-Dokumentation, Anklageschrift, S. 16.
113 ABI-Dokumentation, Anklageschrift, S. 17.
114 ABI-Dokumentation, Anklageschrift, S. 45.
115 »Das Beste aus Reader's Digest«, Sonderdruck aus dem August-Heft 1980, o.S.
116 Ebenda.
117 Corydon, Hubbard, S. 155.
118 Eidesstattliche Versicherung II von Anne R. (Name bleibt anonym) zur Vorlage bei einem Sammelverfahren mehrerer Ex-scientologen auf Schadensersatz, ABI (Hrsg.)
119 Ebenda.
120 Jon Zegel in OTC-Wien, Freie Zone, S. 50.
121 Jon Zegel in OTC-Wien, Freie Zone, S. 51.
122 Zeugenaussage von Robert Vaughn Young vom 10. Oktober 1994. Young war bis zu seinem Austritt 1989 einer der führenden US-Scientologen, zuständig für Öffentlichkeitsarbeit.
123 Church of Scientology International: »Ein Handbuch zur Scientology-Religion«, 1995, S. 30 f.
124 Was ist Scientology?, S. 148 f.
125 HCO PL vom 23. Juni 1960, wiederherausgegeben 1985.
126 Was ist Scientology?, S. 635.
127 Was ist Scientology?, S. 443.
128 Eidesstattliche Erklärung von David J. Smith vom 21. März 1986.
129 CoS, Handbuch, S. 12.
130 Religious Technology Center, Führungsanweisung Nr. 450 vom 6. September 1991, David Miscavige, S. 21.
131 CSl (Hrsg.): Scientology News, Ausgabe 32/1993 S. 2 f.
132 Ebenda.
133 Zwischenbericht der Arbeitsgruppe Scientology über die Aktivitäten der Scientology-Organisation, Bürgerschaft der Freien und Hansestadt Hamburg – 15. Wahlperiode, Drucksache 15/4059 vom 26. 9. 1995.
134 Ebenda.
135 Ebenda.
136 Stellungnahme der Bundesrepublik Deutschland zu Beschwerden gemäß ECOSOC-Entschließung Nr. 1503 wegen angeblicher

Diskriminierung von Mitgliedern der »Church of Scientology« in der Bundesrepublik Deutschland. Vom 22. April 1994.

137 L. Ron Hubbard: »PR-Serie Nr. 2 – Der fehlende Bestandteil« HCO PL vom 13 August 1970.

2. DIE LEHRE DER SCIENTOLOGY

Um die Grundlagen der Lehre der Scientology vollends zu durchschauen, benötigt man eigentlich umfangreiche Kenntnis der Science-fiction-Literatur, der Riten und Ziele satanischer Magie, der Freudschen Psychoanalyse, der Jungschen Archetypus-Theorie, der Semantik des Sprachphilosophen Alfred Habdank Korzybski, dazu Wissen über die Theorien bekannter und weniger bekannter Philosophen, östlicher Religionsstifter und westlicher Psychologen. Denn Hubbard hat sich schamlos bei allen wie in einem Steinbruch bedient, um seine Lehre der Scientology zusammenzuschreiben.
Kritiker sehen in Hubbards Lehrgebäude ein Wahnsystem, dessen Gefährlichkeit sich aus der politischen, indoktrinierenden Anwendung ergibt.
Zitat Ralf Mucha, »Aktion Psychokult-Gefahren«, Düsseldorf, im Bayerischen Fernsehen: »Scientology bedeutet: Hier ist es einem kranken Menschen gelungen, seinen eigenen Wahnsinn in Form von Kursen der Menschheit als erstrebenswertes Ziel für viel Geld zu verkaufen.«
Zitat Robert Kaufmann (Scientology-Aussteiger) aus »Übermenschen unter uns«, 1972, Frankfurt a.M., Seite 167: »In der Barbaren-Welt draußen kann man bestraft werden, weil man sich gegen die Autoritäten gestellt hat, gegen die äußeren und gegen die inneren. Man straft sich selbst, weil man der inneren Stimme nicht gehorcht, die einen lehrt, das Richtige vom Falschen zu unterscheiden. In Rons (L. Ron Hubbard) Welt gehen die Strafen über jedes vernünftige Maß hinaus: Dort droht der Wahnsinn.«

Dabei haben Wahnvorstellungen die Eigenschaft, durchaus plausibel oder in sich stimmig zu sein. Dennoch bleiben es Wahnsysteme. Auch Hubbard selbst weist auf die Gefährlichkeit seiner Ideologie hin: *»Wir haben dich lieber tot als unfähig.«*[1]
Es ist praktisch unmöglich, das Hubbardsche Denkgebäude in vollem Umfang darzustellen. Nicht nur, weil es in seinen Tausenden Verästelungen einfach zu umfassend ist, sondern auch weil es in vielen Teilen unlogisch und widersprüchlich, ja absurd wirkt. Auf den nachfolgenden Seiten soll dennoch der Versuch unternommen werden, die scientologischen Theorien in einer allgemeinverständlichen Weise auf der Basis öffentlich zugänglicher Quellen zu erklären. Zugängliche Quellen sind dabei die Bücher Hubbards und die Aussagen ehemaliger Scientologen.
Weiter erschwert wird die Darstellung der Lehre der Scientology durch den fast unerträglichen Wortschöpfungs- und Abkürzungszwang Hubbards. Er erfand und »redefinierte« Begriffe und gab ihnen eine neue Bedeutung. So hat Scientology eine eigene Sprache entwickelt, die von Außenstehenden nicht verstanden werden kann. Dies ist durchaus beabsichtigt. So weit wie möglich soll hier auf die scientologischen Kunstwörter verzichtet werden. Wo dies nicht machbar ist, werden sie erläutert.
Grundsätzlich sind beim »Hubbardismus«[2] zwei Dinge zu trennen, denn Scientology hat eine theoretische und eine praktische Basis. Man kann dies als Ideologie und Methode oder als Theorie und Psychotechnik bezeichnen. Beides geht Hand in Hand. Die Erkenntnisse über das Ausmaß der scientologischen Ideologie erfährt der Neuling erst Schritt für Schritt im Maße seiner Einführung in die Heilstechnik. Das Ganze baut sich als die von Hubbard sogenannte »Brücke« zur »totalen Freiheit« auf. Stufe für Stufe muß man den Weg der Heilstechnik gehen, um die »Wahrheiten« der Scientology zu erkennen. Für Scientology ist es deshalb undenkbar, die »Erkenntnisse« höherer Wissensstufen dem Nicht-Eingeweihten oder Außenstehenden zu offenbaren. Damit stellt die selbsternannte »Religion« eine Besonderheit dar: Ihr »Glaubensinhalt« ist

öffentlich nicht bekannt oder zugänglich. Jeder, der dieser Gruppe beitritt, kennt also den eigenen »Glauben« nicht!
»Scientology« und »Dianetik« sind die beiden magischen Begriffe des Hubbardismus. Welche Bedeutung sie haben, erklärt die Bewegung in einer Werbebroschüre wie folgt: *»Scientology (lateinisch SCIO ›Wissen – im wahrsten Sinne des Wortes‹ und griechisch LOGOS ›Lehre von‹, also wörtlich ›Lehre vom Wissen‹) befaßt sich mit dem Studium des menschlichen Geistes in seiner Beziehung zu sich selbst, zum Universum und zu anderem Leben.«*
Dianetik wird erklärt als »die Lehre vom geistigen Wesen in seiner Beziehung zum Körper. Sie beinhaltet ein System der Analyse und Entwicklung menschlicher Denkfähigkeit und Methode zur Erhöhung von Fähigkeiten und Vernunft.« Im wesentlichen könnte man formulieren, daß Scientology die gesamte Theorie von einem unsterblichen Wesen und den globalen Machtanspruch der Organisation verkörpert, die Hubbard als Begründung des angeblich religiösen Charakters diente, während die Dianetik sich in erster Linie als eine Technik zur Abwehr »psychosomatischer« Leiden versteht.
Am Beginn von Hubbards Bewegung stand – wie schon erwähnt – das Buch »Dianetik«. Auf rund 500 Seiten wird darin die Theorie vertreten, daß der Großteil aller Probleme, Krankheiten und Schmerzen, die der Mensch hat, durch geistige Störungen hervorgerufen wird. Dabei preist Hubbard mit »Dianetik« eine Art »psychotherapeutisches« Verfahren an, mit dem er diese beseitigen könne. Erst später liefert Hubbard eine umfassende Lehre als Grundlage der Dianetik nach. Er schreibt sie nieder in 194 sogenannten »Axiomen«. Dies sind laut Scientology-Wörterbuch »Betrachtungen, über die Übereinstimmung besteht«. Man fragt sich, mit wem Hubbard da eigentlich »Übereinstimmung« erzielt hat, wahrscheinlich mit sich selbst. Diese Axiome sind teilweise von solch haarsträubender Banalität und so nichtssagend, daß sie lediglich dem Zweck einer angeblich wissenschaftlichen Untermauerung im Scientology-System dienen können. Für Hubbard ist der Rückzug auf Axiome eine einfache Lösung, denn so bedürfen die Grundlagen

seiner Lehre nicht des Beweises. Bei allen Einschränkungen, auf die hier nicht näher eingegangen werden kann, stellen die »Axiome« die grundlegenden Wahrheiten der Scientology dar.

Der Thetan – das definierte »Nichts«

Wer sich auf die scientologische Ideologie einlassen will, sollte sich zunächst von den fundamentalen Erkenntnissen der Wissenschaft und den ethischen Grundlagen unseres Wertesystems verabschieden. Physik, Chemie oder Biologie, Hubbard negiert so ziemlich alles, was seit der Aufklärung empirisch bewiesen wurde. So erklärt Hubbard kurzerhand: Ausschließlich Gedanken seien die Quelle des Lebens. Demnach verdanken alle physischen und psychischen Erscheinungsformen ihre Existenz Vorstellungen oder Einbildungen. Um die Dramatik dieser scientologischen Grundannahme zu verstehen, hier ein kleines Beispiel: Eine Münze, die vor uns auf dem Tisch liegt, existiert demnach nur, weil wir uns vorstellen, daß es diese Münze gibt. Ja sie wird erst dadurch erschaffen, weil wir oder irgend jemand anders oder alle zusammen sie sich vorgestellt haben. Hätten wir hingegen gedacht, daß die Münze ein Schokoladentaler sei, so läge vor uns eben ein Schokoladentaler. Der Reiz dieser Theorie ist natürlich bestechend: Wäre man in der Lage, diese Fähigkeit des »Erschaffens« durch Gedanken zu erlernen, hätte man unbegrenzte Fähigkeiten.

Scientology bestreitet nicht, daß die uns bekannte Welt als »physikalisches Universum« existiert. Geschaffen wird es aber durch die Macht der Gedanken. Hubbard fand für unser physikalisches Universum das Wort »MEST«. »MEST« ist die Abkürzung für die Worte »Matter, Energy, Space, Time« (Materie, Energie, Raum, Zeit).

Bleiben wir bei dem Beispiel der vor uns auf dem Tisch liegenden Münze. Die Münze existiert und ist deshalb physischer »MEST«. Aber wie ist sie entstanden? Woher kommt sie? Schließen wir die Augen und machen uns im Geist ein Bild von der

Münze. Hubbard erklärt nun, daß bei diesem Vorgang »mentale« sprich »geistige Energie« entsteht, die sich zu »geistiger Materie« verdichtet. Machen wir die Augen wieder auf, existiert die Münze zweimal: als physisches »MEST« auf dem Tisch und als geistige Materie in unserem Gedächtnis. Geistige Ausdrucksbilder und ihre Auswirkungen auf unsere »Seele« spielen nun eine entscheidende Rolle in Hubbards Lehrgebäude. Hubbard liefert auf diesen Grundgedanken fußend auch eine neue Definition von Lebewesen: »Ein lebendiger Organismus setzt sich aus Materie und Energie in Raum und Zeit zusammen und ist von Theta belebt.« »Theta« ist eine eigene Energie die die eigentliche schöpferische Kraft ausdrückt.

Der Mensch ist nun nach Hubbard ebenfalls mit diesem »Theta« belebt. Allerdings geht die »Theta-Energie« von einem Wesen im Menschen aus, und dieses Wesen heißt wiederum »Thetan«. Der »Thetan« sind wir selbst. Die Verfasser dieses Textes, der augenblickliche Leser dieser Zeilen, wir sind nicht Frau X oder Herr Y, wir sind – wenn wir Hubbard Glauben schenken – »Thetane«!

Laut Scientology leitet sich der Begriff »Thetan« aus dem griechischen Buchstaben »theta« ab, der »Geist« und »Gedanke« symbolisieren soll. Dazu gesellt sich noch die Variable »n«, die in der Mathematik bei Potenzen gebraucht wird. Für Scientology ist es das Symbol für Unendlichkeit. Mit anderen Worten: »Thetan« bedeutet unbegrenzter, unendlicher Geist. Um der nicht-scientologischen Öffentlichkeit den »Thetan« leichter verständlich zu machen, nennt Hubbard ihn auch »Seele«.

Laut Hubbard besitzt der Thetan unbegrenzte Eigenschaften: *»Er besitzt keine Masse, keine Wellenlänge, keine Energie und keine Position im Raum. Er kann jedoch aufgrund seiner Betrachtungen im Besitz dieser Eigenschaften sein. Der Thetan ist also nichts Gegenständliches. Er ist der Erschaffer von Gegenständlichem.«*[3] Der »Thetan« könnte, um in unserem Beispiel zu bleiben, etwa Münzen erschaffen, als materiellen Gegenstand oder als geistiges Bild. Und nicht nur Münzen, ganze Universen könnte ein »Thetan« kreieren. Folglich schlummern in jedem Menschen – so Hubbard – unbegrenzte, ja göttliche Fähigkeiten. Eine dagegen bescheidene, aber nicht unwichtige Fähigkeit des »Thetan« sei es, den menschlichen Körper verlassen zu können oder im scientologischen Fachausdruck »exterior zu gehen«: *»Der Thetan kann, ohne daß dadurch der Körper stirbt und ohne daß dadurch Geistesstörungen hervorgerufen werden, sich willentlich ... vom Körper exteriorisieren.«*[4] Noch wichtiger ist allerdings die Eigenschaft des »Thetan«, unsterblich zu sein. Da ja nach Hubbards Lehre tatsächlich alle Menschen »Thetane« sind, ist die ganze Menschheit eigentlich unsterblich – sie weiß es nur nicht.

Labyrinth im Kopf

Insgesamt setze sich der Mensch laut Scientology aus drei verschiedenen Teilen zusammen: *»Der erste Teil ist das geistige Wesen, das in der Scientology Thetan genannt wird. Der zweite Teil ist der Mind. Der dritte Teil ist der Körper.«* Dem von Hubbard so genannten »Thetan« kommt dabei – wie oben schon angedeutet – die entscheidende Bedeutung zu. So wie es Milliarden von Menschen gebe, existierten auch Milliarden von »Thetanen«, und alle zusammen spielten das Spiel des Lebens.
Der »Thetan« nutze nun den menschlichen Geist (Mind), »um mit seiner Umwelt zurechtzukommen.« Dieser »Mind« teile sich wiederum in verschiedene Teile: den »analytischen Teil« und den »reaktiven Teil«. Dazu komme noch die »Genetische Entität«, die Hubbard anfangs »somatisches Reflexsystem« nannte. Alle diese Bezeichnungen sind Hubbardistische Kunstworte und werden im folgenden erklärt.
Erläutern wir zuerst den »analytischen Verstand«. Nach scientologischem Sprachgebrauch zitiert, leistet der analytische Verstand folgendes: Er »kombiniert Wahrnehmungen der unmittelbaren Umwelt und der Vergangenheit anhand von mentalen Eindrucksbildern unter Einschätzungen der Zukunft zu Schlußfolgerungen, die auf der Realität von Situationen beruhen.« Etwas einfacher beschreibt es die »Fachwörtersammlung

der Scientology«: *»Im wesentlichen wäre dies der bewußte Verstand im Gegensatz zum unbewußten Verstand.«* Dies ist in Hubbards Lehrgebäude der »gute Teil« des menschlichen Geistes.
Kommen wir nun zum »schlechten« Teil. Dies ist der »reaktive Teil des Denksystems« – wie Hubbard zu definieren pflegte. Und, schenkt man seinen Ideen Glauben, so war es ein hartes Stück Arbeit, diesen Übeltäter zu (er-)finden: *»Die Detektivarbeit, die geleistet wurde, um diesen Erzverbrecher der menschlichen Psyche zu lokalisieren, beanspruchte viele Jahre.«*[5] Und weiter: *»Wenn es je einen Teufel gegeben hat, so erfand er den reaktiven Verstand.«* Dieser »unbewußte« Verstand einer Person »steht nicht unter der willensmäßigen Kontrolle des Menschen und übt Macht und Befehlsgewalt über sein Bewußtsein, seine Ziele, seine Gedanken, seinen Körper und seine Handlungen aus.«
Hubbard klagt den »reaktiven Verstand« an: *»Er nimmt den Menschen das musikalische Gehör. Er bringt die Menschen zum Stottern. Er bewirkt das, was man auf jeder Liste geistiger Leiden finden kann: Psychosen, Neurosen, Zwänge, Verdrängung... Was kann er tun? Er kann Arthritis, Bursitis, Asthma, Allergien, Sinusitis, Koronarerkrankungen und hohen Blutdruck verursachen und so weiter durch den ganzen Katalog der psychosomatischen Krankheiten.«*[6] Mit anderen Worten: Ein übler Geselle, dem es das Handwerk zu legen gilt, und man ahnt, wo die dianetische Psychotechnik ansetzt will.

Horrorvideos des Verstandes

Die Ursache für die negativen Wirkungen des »reaktiven Verstandes« liege darin, daß er ausschließlich aus negativen Erinnerungen bestehe, so die Scientologen. Hier ist der Begriff »Zeit«, eine weitere Vokabel aus der Scientology-Sprache, einzuführen. Es sind die sogenannten »Engramme«. Der Begriff – der auch in der Schulpsychologie verwendet wird, allerdings mit anderer Bedeutung – ist bei Hubbard »ein geistiges Vorstellungsbild, welches eine Aufzeichnung einer Zeit von physischem Schmerz und Bewußtlosigkeit ist«.

Um konsequent bei unserem Beispiel der Münze und in der scientologischen Weltsicht zu bleiben, könnte man das Entstehen von »Engrammen« wie folgt erklären: Während Sie auf die Münze schauen, kommt ein Räuber und will diese stehlen. Sie wehren sich dagegen, kämpfen mit dem Räuber, der schlägt sie nieder, sie verlieren das Bewußtsein. Das Ergebnis wäre ein »Engramm«. Wann immer Sie eine Münze sehen, würden Sie von diesem unangenehmen Zwischenfall unbewußt beeinflußt. Und damit nicht genug: *»Das Problem mit dem reaktiven Verstand ist, daß er in Identitäten ›denkt‹; eine Sache gleicht einer anderen. Die Gleichung ist A=A=A=A=A. «*[7]

Um deutlich zu machen, was Hubbard meint, zurück zum Beispiel: Während der Diebstahlszene lag die Münze auf einem Tisch, nebenan spielte das Radio, draußen fuhr ein Auto vorbei, der Räuber roch nach billigem Rasierwasser, die Sonne ging gerade unter, die Spülmaschine lief, usw. Der reaktive Verstand »denkt« nun: Der Schmerz des Niederschlags, ist gleich dem Verlust der Münze, ist gleich dem Tisch, ist gleich einem Radio, ist gleich einem Auto, ist gleich billigem Rasierwasser, ist gleich dem Abend, ist gleich sauberem Geschirr... usw. Wenn nun beispielsweise eines Tages Ihre Freundin bei einem Abendessen mit leichter Musik aus dem Radio Ihnen ins Ohr flüstert, nach dem Bezahlen mit dem Auto auf eine Tasse Kaffee mit zu Ihnen nach Hause fahren zu wollen, bekommen Sie einen Schreikrampf – oder einfach nur Kopfschmerzen. *»Zu einem späteren Zeitpunkt wird diese Frau eine Reaktivierung des Engramms erleben, wenn ihre gegenwärtige Umgebung genügend Ähnlichkeiten mit den Bestandteilen des Engramminhalts aufweist.«*[8]

Womit weitere Merkmale von »Engrammen« beschrieben sind. »Engramme« sind laut Hubbard komplette Aufzeichnungen eines schmerzvollen Geschehnisses, eine geistige Videoaufzeichnung. Sie bestünden aus geistigen Bildern, von denen einige erinnerbar und andere unbewußt seien. Diese »Engramme« stören nun »Thetan« und seinen analytischen Geist und führen zu den oben aufgezählten negativen Begleitumständen menschlichen Daseins. Also: Die »Engramme«

müssen weg!: »*Nachdem L. Ron Hubbard festgestellt hatte, daß es einen reaktiven Verstand und dessen Engramme gibt, entwickelte er sehr präzise Verfahren, die dem einzelnen helfen, das Problem zu erkennen und anzugehen. Diese Verfahren können den Inhalt des reaktiven Verstandes effektiv ›auslöschen‹ und bewirken, daß solche Aufzeichnungen ihn nicht mehr ohne sein Wissen beeinflussen.*«[9]

Nun wäre noch die »Genetische Entität« (GE) – ein weiteres Hubbard-Kunstwort – zu beschreiben. Die »Genetische Entität« sei laut Hubbard eine dem »Thetan« nicht unähnliche, eigenständige »Wesenheit«. Allerdings befinde sich dieses geistige Wesen auf einer weit niedrigeren Stufe als der »Thetan«. Nichtsdestotrotz habe jeder Mensch auch eine »GE«. Das Hauptziel der GE sei es, den Körper bzw. sich selbst am Leben zu erhalten. Und da auch die GE unsterblich sei, habe sie Millionen von Jahren hinter sich. Von Anbeginn der Zeit bis heute trage sie alle Eindrucksbilder der gesamten Evolution mit sich herum.

Dennoch habe die GE eine wichtige Funktion: Sie diene als eine Art Batterie, die den Körper mit Lebensenergie versorge und steuere wie ein Computerprogramm die Funktionen des Körpers. Ohne die GE könne der Körper nicht überleben, wenn der »Thetan« gerade nicht zu Hause, sprich »exterior« ist. Die GE sorge dafür, daß der Körper auch in Abwesenheit des »Thetan« in Gang bleibe. Die »Genetische Entität« speichere dabei alles, was den Körper selbst betreffe, etwa Verletzungen oder Tod. Übrigens: Erst nach dem Tod, wenn sich der »Thetan« längst aus dem Staub gemacht hat, verläßt laut Hubbard auch die GE den Körper und sucht sich ein neues Opfer. Dabei komme es höchst selten vor, daß sich alter »Thetan« und alte GE noch einmal in einem neuen Körper träfen.

Apropos »Körper«: Ihn gilt es noch aus scientologischer Sicht zu beschreiben. Hubbard weiß darüber nur wenig Neues zu berichten. Deshalb empfiehlt er bei Rückfragen, Informationen über den Körper aus anatomischen Lehrbüchern zu entnehmen. Daß genau diese anatomischen und medizinischen Lehrbücher über Ursache, Herkunft und Entstehung von Krankheiten ganz andere Aussagen treffen, scheint Hubbard dabei nicht zu kümmern. Allerdings ist natürlich aus Sicht Hubbards klar: »Durch verschiedene Entdeckungen der Scientology konnten die biophysikalischen Rätsel gelöst werden.«[10]

Der vergeßliche Thetan

Fassen wir noch einmal kurz die bisherigen scientologischen Ideen zusammen: Der Mensch besteht aus »Thetan«, Mind, GE und Körper. Der »Thetan« hat unbegrenzte Fähigkeiten, der Mind teilt sich im wesentlichen in analytischen und reaktiven Verstand. »Thetan«, analytischer Verstand und gesunder Körper allein ergeben eine perfekte Mischung, doch der Mensch ist bekanntlich weit entfernt davon, ein perfektes Wesen zu sein. Dafür liefert Hubbard folgende Erklärung: Des Übels Wurzel sitzt nun in der doch nicht ganz unzulänglichen Konstruktion des »Thetan«, der »Genetischen Entität« und dem »reaktiven Teil« des »Mind«.

Der »Thetan« sei nämlich im Leben »dem Verfall seines Bewußtseins und der Verminderung seiner Fähigkeiten ausgesetzt«.[11] Dies ist – wie Hubbard treffend bemerkt – zunächst schwer zu verstehen. So aber, wie es diese Erklärung für Scientologen zu akzeptieren gilt, ist von ihnen auch hinzunehmen, daß der »Thetan« aus diesem Bewußtseinsschwund wieder herausgeführt werden kann: »Jeder kann das früher oder später durch die scientologischen Verfahren selbst herausfinden.«[12] Außerdem befände sich der »Thetan« nicht immer da, wo man ihn zunächst vermuten könne, nämlich im Kopf. Normalerweise, so heißt es bei Hubbard, ist er dort oder zumindest in der Nähe des Körpers. Insgesamt aber könne er vier verschiedene Positionen einnehmen: *»Im ersten* [Zustand] *ist er völlig vom Körper oder von Körpern getrennt oder sogar von diesem Universum. Im zweiten Zustand ist er in der Nähe des Körpers und kontrolliert diesen wissentlich. Im dritten Zustand befindet er sich im Körper (Kopf). Der vierte ist ein umgekehrter Zustand, bei dem er gezwungenermaßen außerhalb des Körpers ist und nicht in ihn hineingelangen kann.«*[13]

Scientology gibt viele Ziele an, die sie verfolgt. Eines der wichtigen aber ist es, »den Thetan zu ›exteriorisieren‹ und ihn in den vorher erwähnten zweiten Zustand zu bringen, da man entdeckt hat, daß er in diesem Zustand glücklicher und fähiger ist«. Mit anderen Worten: Scientology will die »Seele« aus unserem Körper bringen, damit wir beides besser unter Kontrolle haben.

Doch vor diesem Ziel stehe noch der »reaktive Verstand«. Für Hubbard ist der menschliche »Mind« eigentlich ein perfekt funktionierender Computer, der präzise arbeiten würde, wäre da nicht der Störfaktor »Engramme« des »reaktiven Verstandes«. Er und die Aufzeichnungen der »Genetischen Entität« sorgten dafür, daß sich der »Thetan« in vielen Situationen falsch verhalte. Beides gelte es in den Griff zu bekommen, damit der »Thetan« seine ursprünglichen Fähigkeiten wiedererlange. Dazu gibt es die Technik des »Auditing«, die weiter unten beschrieben wird.

Ein »Thetan«, der seine ursprünglichen Fähigkeiten – etwa konstant den Körper verlassen zu können – wiedererlangt hat, nennt L. Ron Hubbard einen »Operating Thetan«. Er agiert nun als »Thetan«, nicht mehr als Körper: *»Hubbard begann zwischen dem ›Homo sapiens‹ und dem ›Operating Thetan‹ zu unterscheiden. Ein Mensch, der sich auf der Stufe rein materieller Bewußtheit befindet, wäre ein Homo sapiens. Ein Operating Thetan oder OT hingegen wäre jemand, der sich seiner Unsterblichkeit, seiner geistigen Kräfte und seiner Fähigkeiten, damit umzugehen, bewußt ist und auf dieser Stufe leben und handeln kann.«*[14] Das Ziel der Scientology ist es nun, möglichst viele OTs zu schaffen. Denn diese »Operierenden Thetane« werden dringend gebraucht, womit wir bei der nächsten, wohl wichtigsten Aufgabe der Scientology wären.

»Thetane«, so Hubbard, gibt es seit Anbeginn der Zeit. Noch bevor das »physikalische Universum« existierte, »lebten« schon »Thetane«. Hubbard glaubt, daß die »Gesamtzeitspur« der Existenz von »Thetanen« »mindestens 350 000 000 000 000 [350 Billionen] Jahre alt ist«. Daraus ergeben sich mehrere Schlußfolgerungen. Die »Thetane« hätten

eine beträchtliche Zeit bis heute zurückgelegt, sie wanderten von Körper zu Körper. Und da es die Erde vor dieser langen Zeit noch nicht gab, müssen sie auch auf anderen Planten gewesen sein. Als frei operierende »Thetane« wiederum könnten sie sich mit Gedankengeschwindigkeit an jeden Platz des Universums begeben. Der Spielplatz der »Thetane« ist im scientologischen Denksystem folglich nicht nur die Erde, nicht nur unsere heutige Zeit, sondern sind die unermeßlichen Weiten von Raum und Zeit.
Hubbard erzählt nun, daß vor Billionen von Jahren die »Thetane« ohne Körper ausgestattet, sich die Zeit damit vertrieben, Bilder zu erschaffen. Zu diesen Spielen gehörte es auch, anderen »Thetanen« Bilder aufzuzwingen, die sie versklaven oder in ihren Fähigkeiten beeinträchtigen sollten.
Was vor Billionen Jahren passierte, könnte natürlich noch heute passieren. »Thetane« von anderen Sternen kommen auf die Erde, um die hier festsitzenden »Thetane« zu unterdrücken. Hubbard kam schließlich zu der Überzeugung, daß dem tatsächlich so sei. Fremde »Thetane« versuchten demnach, sein Werk der Befreiung der Erden-»Thetane« zu verhindern. (Er glaubte, sie in den Kritikern und Gegnern der Scientology gefunden zu haben.) Hubbard ging nun daran, Truppen gegen diese Außerirdischen aufzustellen, eine Legion, die sich den »Unterdrückern« entgegenwerfen und in den intergalaktischen Krieg ziehen sollte. Es waren die »Operating Thetans«.
In dieser Auseinandersetzung glaubte Hubbard schließlich in ewig langen Auditing-Sitzungen herausgefunden zu haben, daß die Erde eine Falle für die hier lebenden »Thetane« sei. Dies beschreibt er in der Kursstufe OT III. Die in »Vorfall 2« beschriebene Falle habe sich der große intergalaktische Gegenspieler Hubbards ausgedacht. Sein Name ist »Xenu«.
Xenu sei der Herrscher einer galaktischen Konföderation, die aus 21 Sonnen und 76 Planeten besteht. Und dieser Xenu versuche nun, alle Wesen seiner Einflußsphäre unter seine Kontrolle zu bringen. Mit Gewalt, Drogen, elektrischen und elektronischen Mitteln habe er ihnen seine Wünsche eingepflanzt.

Das alles sei vor rund 75 Millionen Jahren passiert. Es habe damals ein hohes technische Niveau gegeben, die Mode der damaligen Zeit hätte der der zwanziger und dreißiger Jahre unseres Jahrhunderts entsprochen. Dummerweise hätte es damals auch eine Überbevölkerung gegeben. Dieses Problem habe Xenu gelöst, indem er Menschen in Massen mit Drogen behandelte, tötete und – als »Thetane« – zur Erde brachte, die damals den Namen »Teegeack« gehabt hätte. Milliarden von »Thetanen« seien davon betroffen gewesen. Zu allem Unheil habe Xenu die armen »Thetane« auch noch in zwei Vulkane – einen auf Las Palmas, einen auf Hawaii – gestopft und darin zwei Wasserstoffbomben zur Explosion gebracht. (So erklärt sich auch das Titelbild des Dianetik-Buches, auf dem ein explodierender Vulkan zu sehen ist.) Die »Thetane« seien daraufhin in den Himmel geschleudert und anschließend mit einem Flugzeug wieder auf die Erde gebracht worden.
Laut Hubbard bestand die eigentliche Absicht der Xenuschen Falle darin, die Erdbevölkerung dazu zu bringen, die technische Zivilisation von vor 75 Millionen Jahren nachzuahmen und mit Hilfe ihrer technisch so fortschrittlichen Mittel anschließend einen planetarischen Selbstmord zu begehen.
Xenu selbst sei für diese böse Gemeinheit bestraft worden, indem er von gutmeinenden »Thetanen« seines Umfeldes festgenommen und in eine elektrisch geladene Kiste eingesperrt wurde, die in einem Berg im Westen des nordamerikanischen Kontinents versteckt sei. Nach allem, was bekannt sei, befinde sie sich dort noch heute. Xenus Getreue aber seien noch immer aktiv, und sie sind unter uns!
Der damalige Vorfall wirkt – so glauben die Scientologen – also bis heute nach. Die Entwicklung der Atombomben, kriegerische Auseinandersetzungen, Folter, Drogen, Mord, Gehirnwäsche, Elektroschocktherapien, all das fände seinen Ursprung in Xenus Falle. Erst unter diesem Aspekt ist zu verstehen, was Scientology meint, wenn in Hochglanzbroschüren die Ziele der Bewegungen angegeben werden, die da sind: *»Der grundlegende Kampf des Menschen richtet sich nicht gegen den Menschen –*

das ist Irrsinn. Sein Kampf richtet sich hauptsächlich gegen jene Elemente, die ihn als Art unterdrücken und die seinen Drang nach höheren Zielen versperren.«[15]

»Im Grunde genommen gibt es heute kein Wettrennen mehr zwischen den einzelnen Nationen. Das einzige entscheidende Wettrennen dieses Zeitalters findet zwischen der Scientology und der Atombombe statt. Die Zukunft der Menschheit hängt davon ab, wer dieses Wettrennen gewinnt.«[16]

»Die Scientology möchte folgendes erreichen: eine Zivilisation ohne Wahnsinn, ohne Kriminalität und ohne Krieg, in der sich der Mensch entsprechend seiner Fähigkeit und seiner Rechtschaffenheit weiterentwickeln kann, eine Zivilisation, in der Menschen die Möglichkeit finden, sich zu höheren Ebenen zu entwickeln.«[17]

Gut und Böse: der Mensch als Zustand

»Ein wichtiges Instrument der Scientology, das im täglichen Leben verwendet wird, ist die Tonskala.«[18] Das Wort »Tonskala« hat dabei nichts mit Musik oder Töpferei zu tun, sondern leitet sich von dem englischen Worte »tone« für »Stimmung« ab. Diese Stimmungsskala spielt tatsächlich im täglichen Leben der Scientology eine wichtige Rolle. Sie weist den Menschen verschiedene Rollen und Wertigkeiten zu, die für den einzelnen Scientologen dramatische Auswirkungen haben kann. Dieses Stimmungsbarometer ist hierarchisch aufgebaut, mit einer Skala von 0,0 bis 40,0 versehen, die mehr als 40 Emotions- oder Zustandsbeschreibungen ausdrückt. Die Tonskala beginnt bei der untersten Stufe »0,0 körperlicher Tod« und geht wie folgt nach »oben«:
»0,01 = Sterbend – 0,03 = Nutzlos – 0,05 = Apathie, 0,07 = Hoffnungslos – 0,1 = Opfer – 0,2 = Selbsterniedrigung – 0,3 = Unwürdig – 0,375 = Wiedergutmachen – 0,5 = Gram – 0,8 = Günstigstimmen – 0,9 = Mitleid – 0,94 = Empfindungslos – 0,96 = Nackte Angst – 0,98 = Verzweiflung – 1,0 = Furcht – 1,02 = Besorgtheit – 1,1 = Versteckte Feindseligkeit – 1,15 = Unausgedrückter Groll – 1,2 = Kein Mitleid – 1,3 = Groll – 1,4 = Haß – 1,5 = Wut – 1,8 =

Schmerz – 1,9 = Feindseligkeit – 2,0 = Antagonismus – 2,4 = Monotonie – 2,5 = Langeweile – 2,6 = Desinteressiert – 2,8 = Zufriedenheit – 2,9 = Mildes Interesse – 3,0 = Konservatismus – 3,3 = Starkes Interesse – 3,5 = Fröhlichkeit – 4,0 = Begeisterung – 6,0 = Ästhetik – 8,0 = Helle Freude – 20,0 = Tatkraft – 22,0 = Spiele – 30,0 = Postulate – 40,0 = Heitere Gelassenheit des Seins«. Scientologen glauben nun: *»Man kann sich selbst oder jeden anderen auf dieser Tonskala finden und daher erfahren, wie man mit Hilfe der Scientology am besten zu den höheren Tonstufen aufsteigen kann, wo sich so wünschenswerte Eigenschaften wie mehr Persönlichkeit, Kompetenz, Selbstachtung, Ehrlichkeit, Gesundheit und Glück manifestieren.«*[19] Einmal abgesehen von der Sinnhaftigkeit, der Schlüssigkeit und der Stringenz dieser »Tonskala«-Einteilung, scheint ihr einziger Sinn, den Scientologen und Nicht-Scientologen einen Platz im Hubbardschen System zuzuweisen. Darüber hinaus eignet sie sich vorzüglich zur Gängelung, schließlich kann man angeblich nur mit Hilfe der scientologischen Verfahren seine Position auf der Tonskala verbessern. Scientologen wissen sofort, wenn die Rede beispielsweise von einem »Eins-Einser« (Versteckte Feindseligkeit) ist: *»psychotisch; hört wenig zu: hauptsächlich Intrigen, Klatsch und Lügen; gibt nur bösartige Kommunikation weiter. Schneidet Kommunikationslinien ab; Zweifel an der eigenen Realität; Promiskuität, Perversion, Sadismus, ungeregelte Praktiken. Gebraucht Kinder für sadistische Zwecke; keine Kontrolle über Vernunft oder Emotionen, aber scheinbar organische Kontrolle. Benutzt hinterhältige Methoden, um andere zu kontrollieren, insbesondere Hypnose ... Kunstvolles Bemänteln des Lügens; gelegentliche hinterhältige Zurschaustellung von Aktion, ansonsten feige; untüchtig, launenhaft, unverantwortlich; macht andere fertig, um sie auf ein Niveau zu bringen, wo sie benutzt werden können. Verschlagene und heimtückische Mittel.«*[20] Diese Einstufung wird für gewöhnlich Kritikern der Scientology zugewiesen, obwohl sie doch auf die Führungsspitze der Organisation weitaus besser zutrifft. Die Folgen für den einzelnen Scientologen, der in diese oder anderen Ton-Skala-Stufen einsortiert wurde, beschrieb treffend Pfarrer Haack: *»Es muß gesehen werden, daß die Rede über jemanden,* *er sei ein ›Zwei-Nuller‹ oder ein ›Eins-Einser‹, ihn in den Augen der Scientologen sofort zu einem Untermenschen, zu einer gefährlichen Kreatur stempelt. Die Macht der Organisation über den ihr gläubig zugewandten Menschen wächst mit diesem Instrumentarium der sogenannten Tonskala ins Unendliche. Wird jemand auf diesen niedrigen Stufen geortet, so braucht er dringend Hilfe der Organisation und ihres Auditing oder ihres Trainings, um aus dieser Höllenlage aufzusteigen in höhere Dauergrade der Tonskala.«*[21]

Nur eine geklärte Welt ist eine gute Welt

Soviel zu den ideologischen Grundlagen der Scientology. Kommen wir nun zu den Mitteln und Methoden, mit denen Scientology versucht, ihre Ziele zu erreichen.

Der Weg vom nichtsahnenden Menschen zum freioperierenden »Thetan« im intergalaktischen Krieg ist lang, zeitaufwendig und teuer. Hubbard nennt diesen Weg »Die Brücke in die totale Freiheit«. Die »Brücke« reicht dabei von einem einführenden Persönlichkeitstest über ein »Reinigungsprogramm«, niedrige Stufen der »Befreiung«, Kommunikationskurse, Lehrgänge zum dianetischen Etappenziel »Clear« und »Solo-Auditing«-Kurse bis hinauf zum eigentlichen Ziel, den »Operating-Thetan«-Programmen.

Bevor eine Person die »Brücke« der Scientology hinaufgehen kann, muß sie erst einmal erfahren, daß mit ihr etwas nicht in Ordnung ist. Denn laut Scientology-Lehre ist jeder Mensch – solange er nicht durch Scientology fähig gemacht wurde – »aberriert«. Der Begriff »Aberration« ist ein Wort, dem man bei Scientology häufig begegnet. »Aberration« bedeutet im scientologischen Sinne ein »Abweichen vom rationalen Denken oder Verhalten«.[22] Die Ursache solcher »Aberrationen« sind die oben schon beschriebenen »Engramme«: *»Wer ist ein Aberrierter? Jeder, der ein oder mehrere Engramme hat. Und da die Geburt selbst eine ausgesprochen engrammatische Erfahrung ist, hat jedes geborene menschliche Wesen mindestens ein Engramm!«*[23] Mit

anderen Worten: Jeder braucht Scientology, um sich von seinem irrationalen Denken und Handeln zu befreien.
Neben dem Verkauf von Dianetik-Büchern oder persönlicher Ansprache ist die wohl häufigste Methode der Scientology, ihre Kundschaft anzusprechen, der sogenannte »Persönlichkeitstest«. Dieser Test hat übrigens viele Namen. So wird er gelegentlich als »Intelligenztest«, oder, um wissenschaftliche Kompetenz vorzugaukeln, als »Oxford Kapazitätsanalyse« oder »Oxford Persönlichkeitstest« bezeichnet.
Meist wird er in »Missionen« oder »Kirchen« der Scientology angeboten, aber nicht nur dort: Zunehmend wird er auch von scientologischen Firmenberatern oder Unternehmern zur Klassifizierung der Angestellten angewandt. Auf der Straße dient der »Persönlichkeitstest« als Erstkontakt mit einem Nicht-Scientologen. Scientology-Anwerber sprechen dabei Passanten an, ob sie nicht einen »kostenlosen Persönlichkeitstest« machen wollten. Wer mit in das jeweilige Zentrum geht, erhält einen Katalog von 200 Fragen präsentiert. Sie mögen teils primitiv, teils unverständlich, teils zusammenhanglos erscheinen, tatsächlich geben sie dennoch auf die wichtigsten Fragen, die für Scientology interessant sind, Antworten. Das Ergebnis steht für den Befragten ohnehin schon fest. Denn der ist ja laut Scientology-Lehre voller geistiger Störungen, steht in der Regel auf der Tonskala weit unten und weiß dies nur noch nicht.
Hier einige Beispiele aus dem Fragenkatalog: *»Frage Nr. 6: Haben Sie ab und zu ein Zucken in Ihren Muskeln, auch wenn nicht direkt ein Grund dafür vorhanden ist? Frage Nr. 29: Würden Sie lieber Anweisungen geben, als Befehle empfangen? Frage Nr. 46: Haben Sie laufend Schwierigkeiten? Frage Nr. 52: Würden Sie nur in der Hoffnung, die Raten einhalten zu können, auf Abzahlung kaufen? Frage Nr. 62: Erholen Sie sich schnell von schlechten Nachrichten? Frage Nr. 89: Gibt es bei Ihnen einige wunde Punkte, bei denen Sie sehr empfindlich sind? Frage Nr. 96: Würde ein Unvermögen, Ihre Schulden zu zahlen oder Versprechen zu halten, Sie übermäßig plagen? Frage Nr. 141: Denken Sie häufig über Ihre vergangenen Krankheiten oder*

schmerzlichen Erlebnisse nach? Frage Nr. 162: Würden Sie gerne in Ihrer Gegend eine neue Betätigung beginnen? Frage Nr. 166: Führt der Gedanke an Angst und Sorge bei Ihnen zu körperlichen Reaktionen? Frage Nr. 200: Sind Sie der Ansicht, daß Sie viele gute Freunde haben?«

Anhand dieser Auswahl ist unschwer zu erkennen, daß mit derlei Fragen die wichtigsten »Persönlichkeitsmerkmale« für die Scientology-»Kirche« abschätzbar werden: Wie steht der Befragte zu Geld? Wie kann er sich unterordnen? Ist er bereit, eine scientologische Erklärung für seinen Zustand anzunehmen? Ist er in der Gesellschaft isoliert? Sucht er nach neuen Betätigungsfeldern?

Nach diesem Persönlichkeitstest erfolgt eine Auswertung, die meist mündlich und vergleichsweise kurz ist. Oft wird dann auch versucht, dem Interessenten ein »Dianetik«-Buch zu verkaufen. Wichtig aber sind für die Befrager vor allem die Angaben nach Person und Adresse. Denn alsbald kommt die Flut der Werbebroschüren der Scientology frei Haus. In der Regel folgen einführende Kurse über alltägliche Problemlagen und alsbald ein »Reinigungsrundown«. Dabei werden die Interessierten zu mehreren Saunagängen geschickt und erhalten zusätzlich einen Vitamincocktail. Damit befindet man sich bereits auf dem Weg über die »Brücke«.

Um diesen Weg weiter beschreiten zu können, stehen in Scientology im wesentlichen vier Methoden, sprich »Technologien« (oder auf scientologisch »Tech«) zur Verfügung. Dies sind erstens die »Studier-Tech«, zweitens die »Admid-Tech« (Administrations-Technik), drittens die »Ethik-Tech« und viertens das »Auditing«.

Die erste Technik, die »Studier-Tech«, ist relativ schnell zu umschreiben. Sie soll den Scientologen dabei helfen, das umfassende Lehrgebäude Hubbards zu begreifen, aber auch im sonstigen Leben die Auffassungsgabe erleichtern oder erhöhen. Der Inhalt dieser Technologie läßt sich in wenigen Sätzen erklären. Hubbard war der Meinung, daß vor allem beim Lernen drei Dinge zu Problemen führen: nichtverstandene Wörter, übergangene Lernschritte und das Fehlen anschaulicher Beispiele. Hubbard gibt nun den Ratschlag, jedes unbekannte Wort nicht zu überlesen, sondern seine Bedeutung nachzuschlagen. Übergangene Lernschritte verhindert man, indem man in einem Text an die Stelle zurückgeht, wo etwas nicht mehr verstanden wurde. Und anschaulich wird ein Lehrstoff, indem man sich eine Zeichnung oder ein Knetmodell macht. Soweit die Studier-Tech.

Wesentliche Inhalte der Admid-Tech, die Anweisungen für Management und Organisationen beinhalten, werden in dem Kapitel »Organisation und Finanzierung« abgehandelt. Die »Ethik-Tech« ist die Grundlage des Kapitels »Umgang mit Kritik«.

Hier wollen wir uns auf die wohl wichtigste Technik der Scientology konzentrieren, das sogenannte »Auditing«. Benötigt wird es, um »Befreiung« von den störenden »Engrammen« und »Aberrationen« zu erhalten, um »clear« zu werden. Auch dieser Begriff hat im Laufe der Jahre verschiedene Inhalte gehabt. Heute heißt »clear«, daß der »Thetan« seinen eigenen »reaktiven Verstand« nicht mehr hat. Er kann also sein eigenes Überleben sichern. Der Hinweis auf »seinen eigenen« ist nicht unwichtig. Während der Neu-Scientologe noch glaubt, er sei *ein* »Thetan« mit *einem* »reaktiven Verstand«, erfährt er nach vielen teueren Auditing-Stunden schließlich bei den »OT-Stufen«, daß es da ganze »Thetan-Klumpen« gibt, die sich an seinen Körper geheftet haben und ihm Schwierigkeiten bereiten. Aber dies – wohlgemerkt – weiß er am Anfang nicht.

Psychotechnik Auditing

Das Wort »Auditing« läßt sich, so Scientology, von dem lateinischen Verb »audire« (hören, zuhören) ableiten. Am »Auditing«-Prozeß ist ein scientologischer »Auditor«, der Kunde oder, auf scientologisch, »Preclear« (der noch zu Klärende) und ein sogenannter »Fallüberwacher« (er wertet die aufgezeichneten Aussagen aus) beteiligt. Man trifft sich in einem ruhigen Raum, von der Außenwelt abgeschottet. Der »Preclear« wird nun darüber ausgefragt, welche Probleme er hat: *»Auditing benutzt Prozesse – exakte Abfolgen von Fragen oder Anweisungen, die der Auditor gebraucht, um dem einzelnen zu helfen, Dinge über sich selbst herauszufinden und somit seinen Zustand zu verbessern.«*[24] Doch nicht nur der »Preclear« findet »Dinge über sich selbst« heraus, alles was gesagt wird, wird in Notizen festgehalten und zu einer persönliche Akte über alle intimsten Dinge des einzelnen zusammengefaßt und aufbewahrt. Jeder »Preclear« wird so für Scientology zu einem offenen Buch. Die »Probleme« aber auch Meinungen, Erfahrungen und Verfehlungen werden in der Regel mit Hilfe des »E-Meters« aufgespürt: *»Während des Auditings hält der Preclear zwei Metalldosen, eine in jeder Hand, die mit einem Elektrodenkabel verbunden sind. Die Skala und die Kontrolltafel des Instruments sind dem Auditor zugekehrt – gewöhnlich außerhalb des Blickfeldes der Person, die auditiert wird.«*[25]

Die Funktionsweise dieses Gerätes ähnelt denen des »Lügendetektors«, der die Änderung des Hautwiderstandes bei geringsten emotionalen Reaktionen mißt. Scientology erklärt zwar, daß das »E-Meter« nichts mit einem Lügendetektor zu tun habe, verwendet aber bei Sicherheitsüberprüfungen von »Preclears« das »E-Meter« genau dafür: zum Aufspüren von Lügen.

Die Scientologen sind außerdem überzeugt, daß mit Hilfe des »E-Meters« »Engramme« aufgespürt werden können. Denn »Engramme« äußern sich durch »Energie« und »Ladungen«, die im »reaktiven Verstand« angehäuft wurden. »Auditieren entlädt diese Ladung, so daß sie nicht mehr da ist und den Menschen nicht mehr beeinflussen kann.«[26]

Den Auditor interessieren dabei Zeit, Ort, Umstände und Ablauf der vergangenen Geschehnisse des »Preclear«. Der Auditor fordert den »Preclear« auf, sich an das negative Geschehnis zu erinnern. Die Erinnerung daran allein soll dann dafür sorgen, daß sich die »Ladung« des »Engramms« entleert. In der Regel gibt es keine Zeitvorgabe für die Dauer der jeweiligen »Auditing«-Sitzung. Vielmehr wird vorher ein Plan erstellt, welche »Engramme« gelöscht werden sollen. Ist dies geschehen – kontrolliert wird durch eine bestimmte Anzeige auf dem »E-Meter« –, gilt die entsprechende Kursstufe als abgehandelt. Angesichts der vielen »Engramme«, die ein »Thetan« im Laufe der Jahrbillionen erfahren hat, kann man sich die Dauer der »Auditing«-Prozesse selbst ausmalen.

Wichtig ist noch festzuhalten, daß das »Auditing« in einem Zustand der »Sammlung« des »Preclear« abgehalten wird. Kritiker behaupten, daß der »Preclear« sogar hypnotisiert wird. Richtig ist, daß der Ablauf des Verfahrens tatsächlich stark an Methoden der Hypnosetechnik erinnert und daß das Auditing mit starken Suggestionsmethoden arbeitet.

Das »Auditing« ist ein besonders sensibler Punkt der scientologischen Technik, denn alles Gesagte – sei es noch so persönlich – wird schriftlich festgehalten. Dies setzt ein hohes Maß an Verantwortung des Befragers und ein noch größeres Maß an Vertrauen des Befragten voraus. Der Befragte weiß jedoch nicht, was ihn erwartet. Die Verantwortung liegt daher allein beim Auditor. Da beim »Auditing« gerade kritische und sensible Punkte in der Biographie des »Preclear« ausgespäht werden, sollte jeder, der sich einem solchen Verfahren unterzieht, genauestens überlegen, ob er einem fremden Menschen intimste Offenbarungen machen will – denn dieser gewinnt mit dem Wissen auch Macht über eine Person. Der »Preclear« muß auf die Verschwiegenheit und Integrität des Auditors und der Organisation, die die Unterlagen seiner Offenbarungen aufbewahrt, hoffen. Kritiker stellen fest, daß es eine Reihe von Fällen gibt, in denen sich diese Hoffnung nicht erfüllt hat.

Der Zustand des »Clear« ist wie gesagt nur eine Etappe auf dem Weg zur »völligen Freiheit«. Denn der »Thetan« ist hier nur »clear auf der ersten Dynamik«. Deshalb muß hier erneut ein Stück scientologischen Lehrgebäudes eingeführt werden: die sogenannten Dynamiken. Hubbard behauptet, daß es insgesamt acht Dynamiken gibt, die die Triebkräfte des Lebens umschreiben: *»Die erste ist der Drang zum Dasein als man selbst. Die* *zweite Dynamik ist der Drang zum Dasein als eine sexuelle oder bisexuelle Unternehmung. Die dritte Dynamik ist der Drang zum Dasein in Gruppen von Individuen. Die vierte Dynamik ist der Drang zum Dasein als Menschheit. Die fünfte Dynamik ist der Drang zum Dasein des Tierreichs. Die sechste Dynamik ist der Drang zum Dasein als das physische Universum. Die siebente Dynamik ist der Drang zum Dasein als oder von geistigen Wesen. Die achte Dynamik ist der Drang zum Dasein als Unendlichkeit. Dies wird auch als das höchste Wesen identifiziert.«*[27]

OT-Stufen: alles nur Blendwerk?

Um nun auch auf den anderen Dynamiken »clear« zu werden, muß der Scientologe auch die OT-Stufen beschreiten. Deren Inhalt ist weitgehend geheim. Eine Stufe, der »sagenhafte« OT-III-Kurs, ist durch ehemalige Scientologen publik geworden. Der Hintergrund dieses Kurses ist die Geschichte vom bösen Fürsten Xenu, der den »Thetanen« auf der Erde eine Falle stellte.

Robert Kaufman, ein ehemaliger Scientologe, hat in seinem leider vergriffenen Buch »Übermenschen unter uns« den Ablauf dieses Kurses beschrieben: *»OT-III-Instruktionen: Hier trifft man Körper-Thetanen, das sind Seelen, die sich an den Körper geheftet haben. Auch wenn sie nicht offen gefährlich sind, neigen sie doch dazu, eine Person unter Druck zu halten; es ist daher besser, sie los zu sein. Man befreit sich von Körper-Thetanen, indem man sie durch zwei Engramme auditiert, die vor Billionen und Trillionen von Jahren eingeprägt wurden. Der Körper-Thetan wird befreit, wenn man die Vorstellung eines grinsenden Flugzeugpiloten hat, der sagt: ›Es ist nur ein Blendwerk.‹ ... Die Befreiung in OT III ist vollzogen, wenn alle Körper-Thetane vertrieben sind... Es können Hunderte sein... Es ist gefährlich, OT III falsch zu auditieren. Fehler ziehen schwere Folgen nach sich: von Schlaflosigkeit über Lungenentzündung bis zum Tod.*

Mir schwammen die Augen... Die ganze Angelegenheit war für mich ein einziges Fragezeichen... Nur das eine hatte ich erfahren, man soll-

te die Körper-Thetanen mit dem E-Meter feststellen. Man dachte an verschiedene Teile des eigenen Körpers, bis man eine Nadelreaktion erzielte, genau dort war dann eine marodierte Seele... Ich stellte mir mein Gesicht vor; jede Einzelheit ließ ich vor meinem inneren Auge passieren. Gleichzeitig kontrollierte ich, ob sich auf dem E-Meter eine Reaktion ergab. Als ich bei der Haut neben meiner rechten Augenbraue anlangte, erhielt ich ein Nadelreaktion. Ich notierte im Arbeitsblatt ›Körper-Thetan über dem rechten Auge‹...«
Instruktionen: »›Vorfall I ereignet sich am Anfang der Zeitspur, vor 405 Billionen Jahren: Man hört einen Knall – eine Kutsche fährt vorbei – wendet sich nach rechts, dann nach links und verschwindet – ein Cherub mit einer Trompete erscheint – er setzt sie an seinen Mund – bläst – er kommt näher und immer näher – plötzlich wirbelt er herum und geht fort – dann eine Serie von Explosionen – schließlich Dunkelheit über der Szene.‹ Ich auditierte den Körper-Thetan mehrfach durch die ganze Szene. Jedesmal war das Bild vor meinem geistigen Auge anders. Einmal schwankte die Kutsche über einen staubigen Acker, dann über eine saftige Wiese mit bunten Blumen, dann wieder raste das ›Pferd‹, wie Pegasus, durch einen Wolkenhimmel, mitten in der Nacht oder in hellem Sonnenlicht. Auch die Trompete des Cherubs hörte sich verschieden an.
Ich trug alles in meine Arbeitsblätter ein. Plötzlich kam mir der Gedanke, daß ich alles durcheinanderbrachte: eine Erkenntnis! Der Körper-Thetan war frei – er war schon verschwunden. Ich notierte das. Einen weiteren Thetan stellte ich links zwischen den Rippen fest. Nach wenigen Durchgängen mit Vorfall I gab es keine Reaktionen mehr. Ich suchte nach dem nächsten Körper-Thetan, aber ich war nervös. Angenommen, der letzte war doch noch da. Ich hatte keine Gewißheit, ob er wirklich verschwunden war. Versteckte er sich vor mir? Der nächste Körper-Thetan war dicht über meinem linken Auge. Ich machte mehrere Durchgänge mit Vorfall I. Ich war keineswegs überzeugt, daß die Kreatur verschwunden war, und arbeitete immer weiter. Die Nadelreaktionen schrumpften.
›Besteht der Wunsch aufzuhören?‹ las ich aus der Liste laut vor. ›Besteht der Wunsch, den Vorfall zu meiden?‹ Inzwischen hatte ich den Vorfall I mindestens dreißigmal auditiert. Der TA [»E-Meter«-Anzei-

ge] ging immer mehr nach oben, ich hatte fürchterliche Kopfschmerzen. Jedesmal, wenn die Kutsche vorbeiraste, sah ich einen Moment lang den Mann auf dem Kutschbock; während er die Pferde wie rasend voranpeitschte, drehte er mir sein Gesicht mit einem teuflischen Kannibalengrinsen zu. Meine Furcht wuchs noch. Was war mit dem Körper-Thetan? Vielleicht war er schon einmal verschwunden, und ich hatte ihn zurückgerufen. Ich ging die Liste mit den Einwänden immer weiter durch – schließlich hörte ich seltsame Töne. Ich kämpfte mich durch einen Durchgang nach dem anderen, bis die Nadel [Anzeige am »E-Meter«] völlig festsaß. Ich hatte 63 Durchgänge gemacht. Das war unmöglich: So viele brauchte kein Engramm. Das Auditieren ekelte mich an, ich fühlte mich völlig krank. Darum hörte ich auf.

Kaufmans Resümee: *»In der Barbaren-Welt draußen kann man bestraft werden, weil man sich gegen die Autoritäten gestellt hat, gegen die äußeren und gegen die inneren. Man straft sich selbst, weil man der inneren Stimme nicht gehorcht, die einen lehrt, das Richtige vom Falschen zu unterscheiden. In Rons Welt gehen die Strafen über jedes vernünftige Maß hinaus: Dort droht der Wahnsinn.«*[28]

Die Kosten für die gesamte »Brücke« hinauf zur den obersten Stufen des OT können bis zu 500 000 DM betragen. Im »Time-Magazin International« wurden in der Ausgabe vom 6. Mai 1991 Kosten, Dauer und andeutungsweise auch der Inhalt der oberen OT-Stufen benannt. So bezahlt man für die OT-Stufen I und II laut »Time« 7978 Dollar. Rund 100 Stunden Auditing seien dafür zu absolvieren. Das Magazin zum Inhalt: »Nachdem Sie gelernt haben, wie sich ihre geistige Wahrnehmung von der Welt und der Menschenheit seit dem Zustand ›Clear‹ verändert hat, erfahren Sie etwas über Gedanken, die dem Menschen vor 75 Millionen Jahren eingepflanzt wurden.«

OT III und IV kosten laut »Time« 17 010 Dollar und dauern mehrere Monate: »Hier erfährt man die Geschichte vom galaktischen Führer XENU, den Vulkanexplosionen auf der Erde und der Implantation von Geistern bzw. Körper-Thetanen. Diese Stufe soll ferner Befreiung von den Auswirkungen des Drogenkonsums früherer Leben bringen.«

OT V bis VII kosten nach Angaben des Magazins 25 600 Dollar

und dauern ebenfalls mehrere Monate. Hier gehe es nun um »Aufspüren und Befreien von Körper-Thetanen oder bösen Geistern, die Millionen von Jahren unbemerkt in einem schlummerten«.

OT VIII ist derzeit die höchste aller für Scientologen zugänglichen Stufen. Sie kostet laut »Time« 11 140 Dollar zuzüglich einer unbestimmten finanziellen »Entschädigung«. Die Dauer des Kurses betrage nur ein paar Wochen. OT VIII gibt laut »Time« »Die ultimative Antwort auf alles. Es gibt bisher keinen [Scientology-]Aussteiger, der OT VIII erreicht hatte. Aber Gerüchte sagen, daß Hubbard hier zu Gott erklärt wird. Die OT-IX-Texte sind bereits geschrieben, aber noch nicht freigegeben.«

Im Internet sind in den letzten Jahren diverse Manuskripte aufgetaucht, die die authentischen Materialien bis OT VII enthalten. Scientology hat darauf äußerst aggressiv reagiert und teilweise sogar Klagen gegen diejenigen angedroht oder angestrebt, die diese geheimen Schriften weiter publizieren. Gleichzeitig behaupten die Scientologen, diese Texte seien gefälscht. Da erhebt sich die Frage: Wenn die Texte falsch sind, warum beruft sich dann Scientology bei seinen Klagen gegen die Verbreiter dieser Texte auf sein Urheberrecht? Da aber nicht mit Sicherheit gesagt werden kann, ob diese Texte tatsächlich die Inhalte der oberen OT-Stufen wiedergeben, wird hier auf ihre Veröffentlichung verzichtet. Jeder, der Interesse daran hat, kann sie auf den entsprechenden Scientology-Kritikerseiten des Internet nachlesen. Auf die Antwort, welche Überraschungen OT VIII und IX aufzuweisen haben, werden die breite scientologische Gläubigenschar und die Öffentlichkeit ohnehin wohl noch warten müssen.

Anmerkungen

1 L. Ron Hubbard: HCO-Richtlinienbrief vom 7. Februar 1965.
2 Der 1991 verstorbene Scientology-Kritiker Pfarrer Friedrich-Wilhelm Haack benutzte diesen Ausdruck.
3 L. Ron Hubbard: »Scientology: Die Grundlagen des Denkens«, Kopenhagen, Ausgabe 1973, S. 37.
4 Hubbard, Grundlagen, Ausgabe 1973, S. 36.
5 L. Ron Hubbard: »Dianetik: die moderne Wissenschaft der geistigen Gesundheit«, Kopenhagen 1981, S. 65.
6 Hubbards, Dianetik, S. 66.
7 Was ist Scientology, S. 145.
8 Ebenda.
9 Ebenda.
10 Hubbard, Grundlagen, Ausgabe 1973, S. 44.
11 Ebenda.
12 Hubbard, Grundlagen, Ausgabe 1983, S. 65.
13 Ebenda.
14 Edition ScienTerra, Scientology, S. 41.
15 »Ursprung – Magazin der Scientology Kirche Bayern e. V.«, Nr. 177, S. 4.
16 CoS AOSH EU & AF (Hrsg.): »The Auditor«, Nr. 206, 1985 (Scientology-Zeitschrift).
17 Hubbard, Grundlagen, Ausgabe 1973, S. 84 f.
18 CoS, Was ist Scientology?, S. 150.
19 Ebenda.
20 Haack, Scientology, S. 92 zitiert nach: Hubbard Tabelle der Einstufung des Menschen, deutsche Übersetzung 1978, S. 42.
21 Ebenda.
22 Hubbard, Fachwortsammlung, S. 1.
23 L. Ron Hubbard: »Die Entwicklung einer Wissenschaft«, Kopenhagen, 1972, S. 110.
24 CoS, Was ist Scientology?, S. 156.
25 Garrison, Geheimreport, S. 55 f.
26 Hubbard, Fachwortsammlung, S. 55.
27 Hubbard, Fachwortsammlung, S. 24.
28 Robert Kaufman: »Übermenschen unter uns«, Frankfurt a. M. 1972, S. 163 ff.

3. NEUGIER – FASZINATION – MITGLIEDSCHAFT

Angesichts der Darstellungen des vorangegangenen Kapitels erscheint es schwer vorstellbar, daß sich jemand die Hubbardsche Science-fiction-Welt zur eigenen Lebensphilosophie macht. Dennoch hat Scientology einen vergleichsweise großen Zulauf. Vorgänge, die zur Mitgliedschaft führen, sind aufgrund verschiedener Ausgangslagen (Bedürfnisse, Ängste, Wertvorstellungen, Überzeugungen usw.) von Person zu Person unterschiedlich. Auch wenn eine systematische Forschung in diesem Bereich bis heute nur äußerst unzureichend stattgefunden hat, scheinen bestimmte Mechanismen dennoch personenübergreifend eine wichtige Rolle zu spielen.
Im folgenden soll versucht werden, diese näher zu beleuchten und eine Art »Prozeßmodell« zu entwickeln, das bemüht ist, wichtige psychologische Mechanismen anzusprechen. Zu Beginn steht die Frage: Wie entsteht Neugier oder Interesse zur Auseinandersetzung mit der Ideologie? Dabei sind wohl mehrere Faktoren entscheidend.

Die »anfällige« Persönlichkeit

Sind Menschen, die sich von Scientology faszinieren lassen, psychisch krank? Oder sind hauptsächlich Jugendliche anfällig, die – aus der Pubertät entwachsen – in einer Sinnkrise stekken? Beide Fragen müssen mit Nein beantwortet werden. Der Versuch, Scientology-Interessierte auf eine bestimmte klar identifizierbare Gruppe von Menschen der Gesellschaft be-

schränken zu wollen, ist nicht tragbar: *»Grundsätzlich ist niemand dagegen gefeit, von einem ›Erlöser‹ getäuscht zu werden.«*[1]
Da sich jedoch nicht jeder einer solchen Bewegung anschließt, muß es offenbar bestimmte Situationen oder Lebensumstände geben, die die Bereitschaft erzeugen oder erhöhen, sich mit den Überzeugungen von Scientology auseinanderzusetzen. Es ist anzunehmen, daß es sich hierbei um – tatsächlich jedem vertraute – Situationen handelt, in denen Probleme oder Unsicherheiten bei der Lebensbewältigung auftreten können: Konflikte und Spannungen in Familie, Arbeit, Freundeskreis, Konkurrenzängste, Leistungsdruck, Selbstunwertgefühle, Zweifel an den eigenen Fähigkeiten oder Verlustereignisse wie der Bruch einer Beziehung, der Tod eines geliebten Menschen usw. Zudem sind allgemeine, ideelle und persönliche Fragen relevant: Zweifel an kirchlichen, gesellschaftlichen und politischen Institutionen und deren Überzeugungs- und Erklärungsstrukturen, Zukunftsängste und Sinnkrisen, um nur ein paar Beispiele zu nennen.
Entscheidend dabei ist jedoch nicht, *daß* eine Person sich in einer mehr oder minder großen Konflikt- oder Streßsituation befindet, sondern deren individuelle Wahrnehmung und Beurteilung, die sicherlich für zwei Personen in ähnlichen Situationen verschieden (»unerträglich« oder »es wird schon weitergehen«) ausfallen kann. Des weiteren ist bedeutsam, ob eine Person über ausreichende Bewältigungsstrategien (Austausch mit Freunden, Entspannung in Streßphasen, Suche nach alternativen Erklärungen zu bestimmten Fragen usw.) verfügt, die in Problemsituationen erfolgreich sind. Faktoren dieser Art sind mitentscheidend für das Ausmaß an Bereitschaft zur Auseinandersetzung mit der Bewegung. Je unangenehmer jemand seine persönliche Situation empfindet und je weniger er dagegen zu tun weiß, desto größer ist die Gefahr, von den Ideen Scientologys eingefangen zu werden.
Gemeinsam ist daher offensichtlich allen potentiellen Scientology-Neugierigen das Vorhandensein ganz spezifischer, teilweise ähnlicher, jedoch auf den Einzelfall zugeschnittener

Bedürfnisse: Bedürfnis nach Zuwendung, nach Kontakten, nach Angstfreiheit, nach Sicherheit, nach Erklärungen, nach Erfolg usw. Sie resultieren aus der persönlichen Problemsituation und sind im Einzelfall mit unterschiedlichen konkreten Inhalten verbunden.
Zum Beispiel das Bedürfnis nach Zuwendung: Bei jemandem, der drei gescheiterte Beziehungen hinter sich hat, könnte es sich darin äußern, daß er den intensiven Wunsch nach einer funktionierenden Partnerschaft hat. Ein anderer dagegen, der in der letzten Zeit berufliche Mißerfolge erlebt hat, wünscht sich Zuspruch und Mitgefühl von Freunden oder Arbeitskollegen. Die Stärke des in beiden Fällen vorhandenen Wunsches nach Zuwendung richtet sich nach der oben angesprochenen Beurteilung der persönlichen Situation. Unter diesen Gesichtspunkten kann eine Vielzahl von Menschen irgendwann in ihrem Leben in eine psychische Verfassung kommen, in der sie sich ihr »persönliches Glück« gern von einer Bewegung wie Scientology versprechen läßt.

Wie lockt Scientology?

Welche Rolle spielt Scientology nun bei der Erzeugung von Neugier und Interesse? Betrachtet man ihre Werbeprospekte und -filme sowie die Einleitung des Standardwerks »Dianetik«, so wird klar, daß eine Fülle gerade jener Themen angesprochen wird, mit denen sich der Alltagsmensch – wie oben dargestellt – oft auseinandersetzt. Dabei werden *Versprechen auf Befriedigung von elementaren menschlichen Bedürfnissen* gemacht, wenn die Lehre befolgt und verwirklicht werde. Und natürlich sind es genau jene Bedürfnisse, bei denen Bedarf besteht: *»Die Scientology verbessert Gesundheit, Intelligenz, Fähigkeit, Verhalten, Geschicklichkeit und äußeres Erscheinen von Leuten ...«*[2]
Durch Scientology wird man laut Hubbard demnach befähigt, Erklärungen für eigenes Verhalten zu finden, Erklärungen für Ängste zu finden, Antwort auf die Frage zu bekommen, wie es

mir bessergehen kann, Eigenverantwortlichkeit zu entwickeln, den Lebenssinn zu erkennen, sich selbst zu verwirklichen, eigene Leistung zu steigern usw. Zudem »hilft sie jedem Menschen, das zu erreichen, was er persönlich möchte«. (Natürlich »heile« die scientologische »Therapie« nebenher auch eine Unzahl von medizinischen Erkrankungen.) All diese »Versprechen« sind so abstrakt und allgemein gehalten, daß sie eine Fülle von Interpretationsmöglichkeiten für den »Empfänger« bieten.

Die wichtigste Funktion der verallgemeinernden Begriffe liegt mutmaßlich darin, ein möglichst breites Spektrum von Bedürfnissen und Interessen des Menschen anzusprechen. So kann jede Person, die mit der Lehre konfrontiert wird, darin eine Möglichkeit sehen, ihre eigenen, ganz speziellen Lebenssituationen meistern zu lernen. Dabei bezieht sich Scientology offenbar auf einen elementaren Wunsch des Menschen: Beseitigung aller subjektiv als störend, unangenehm oder unerträglich wahrgenommenen Gefühle (Ängste, Unsicherheiten, Selbstunwertgefühle usw.) und daraus resultierenden Verhaltensweisen – bezogen auf alle denkbaren Lebenssituationen: Beruf, Partnerschaft, Freundeskreis, Selbstwahrnehmung usw. – sprich: »persönliches Glück.«

Daß beispielsweise ein Jugendlicher, der gerade erfahren hat, daß er die zehnte Klasse wiederholen muß, sicherlich andere konkrete Vorstellungen von seinem persönlichem Wohlbefinden hat als eine alleinerziehende Mutter mit einem behinderten Kind, wird durch die abstrakte Begrifflichkeit aufgefangen. Egal, in welcher Lebenssituation sich eine Person gerade befindet, die »Versprechen« von Scientology können aufgrund ihres Allgemeinheitsgrades genau als die angesehen werden, die den konkreten persönlichen Wünschen der Person entsprechen. Somit dürfte sich eine Vielzahl von Menschen allein durch eine oberflächliche Beschäftigung mit den allgemeinen Prinzipien und Zielen von Scientology angesprochen fühlen.

Voraussetzungen für die Beschäftigung mit Scientology sind

demnach erstens – seitens der Personen – vorhandene Bedürfnisse und den wahrgenommenen Mangel an Strategien zu erfüllen und zweitens – seitens Scientology – versprochene Bedürfnisbefriedigung durch abstrakt und allgemein formulierte ideologische Ziele zu bieten. Kurz: Angebot und Nachfrage stimmen überein.
Ihr Angebot erhöht Scientology – wie schon erwähnt – zudem mit der Behauptung, allerlei medizinische Erkrankungen bekämpfen zu können: Asthma, Arthritis, Allergien, Sinusitis, Herzprobleme, Bluthochdruck, allgemeine Erkältung, Sehschwäche, Farbenblindheit, Hörschwäche, Geschwüre, Dermatitis, Migräne, Tuberkulose, morgendliche Übelkeit, Alkoholismus, Stottern etc.

Erste Kontakte

Die einzelnen psychologischen Mechanismen während des entstehenden Erstkontaktes bzw. der ersten intensiveren Beschäftigung mit der Lehre sind natürlich abhängig von der Art und Weise, wie die Personen angeworben werden. Eine lange Zeit war die Straßenwerbung mit anschließendem »Persönlichkeitstest« neben der Werbung über Freunde und Bekannte die gängigste Methode. Mittlerweile nutzt die Bewegung jedoch auch Scientologen, die in Unternehmen, Schulen, Kindergärten usw. aktiv sind.
Der Prozeß des Erstkontakts kann daher in sehr vielfältiger Weise erfolgen. Dennoch ist offensichtlich: Das erste von den Werbern der Scientology angestrebte Ziel ist, daß der Kontakt von Außenstehenden mit ihnen und der Lehre bei den Personen Zweifel an bisherigen Lebensüberzeugungen weckt und/oder erhärtet. Wie kommt es dazu?
Zunächst einmal sei erwähnt, daß der Erstkontakt vieler Personen mit Scientology oftmals gar nicht mit dem Bewußtsein einhergeht, daß man es hier mit einem Psychokonzern zu tun hat. Um nur ein Beispiel zu nennen: Die Bewegung bietet im Rah-

men ihrer Unterwanderungsversuche von Unternehmen in großem Umfang Kommunikationskurse, Managementtrainings u. a. an, die – unter ähnlichen Titeln von seriösen Beratungsstellen mannigfach angeboten und auch frequentiert – nicht auf den ersten Blick auf eine neureligiöse Bewegung schließen lassen.

Unabhängig von Zeit und Ort des Erstkontaktes jedoch scheint ein psychologisches Phänomen, das nicht nur zur Erklärung der Prozesse der Annäherung an Scientology, sondern auch später zur Erläuterung der Mitgliedschaft heranzuziehen ist, eine ganz bedeutende Rolle zu spielen: Die Erzeugung von *kognitiver Dissonanz.* Dieser umfassend erforschte psychologische Prozeß hat gerade innerhalb der sozialen Interaktion einen großen Stellenwert.

Die Grundannahme der *»Dissonanztheorie«*[3] ist, daß der Mensch Widersprüchlichkeit *(Dissonanz)* nicht ertragen kann und versuchen wird, diese, wann auch immer, zu beseitigen oder zu verringern. Dazu ein Beispiel: Jemand öffnet einen Wasserhahn, und es fließt Wasser heraus. Einen solchen Vorgang wird wohl niemand als erklärungsbedürftig betrachten. Passiert es jedoch, daß jemand den Wasserhahn öffnet, und es fließt kein Wasser, so beginnt er sofort, nach Erklärungen zu suchen, die diese *Dissonanz* beseitigen: »Das Wasserwerk hat bestimmt das Wasser abgestellt« oder »Vielleicht ist ein Rohr gebrochen«.

Das bedeutet, der Mensch ist bestrebt, ein Gleichgewicht *(Konsonanz)* zwischen seinen *Kognitionen* zu halten. Unter *Kognitionen* versteht man im allgemeinen Gedanken, Überzeugungen, Meinungen, Vorstellungen, Erinnerungen, Wahrnehmungen. Kurz: sogenannte Wissens- und Erkenntnisprozesse. In unserem Beispiel handelt es sich hier um die Wahrnehmung des eigenen Verhaltens: »Ich habe den Wasserhahn geöffnet«, und für die Wahrnehmung des Ergebnisses steht die Begründung: »Aus dem Hahn fließt kein Wasser.«

Für den Fall, daß eine sogenannte *kognitive Dissonanz* besteht – ein weiteres Beispiel: »Ich rauche« und »Rauchen gefährdet die Gesundheit« –, verfügt der Mensch über einen bestimmten Mechanismus, der es ihm erlaubt, sein Bestreben nach *Konsonanz* zu erfüllen, die sogenannte *Dissonanzreduktion.* Dazu gehört in erster Linie wohl das Hinzufügen von *konsonanten Kognitionen.* Im Wasserhahn-Beispiel handelt es sich dabei um die Suche nach Erklärungen für bestimmte *dissonante* Wahrnehmungen. Im Raucherbeispiel würde es sich wahrscheinlich eher um die Suche nach Argumenten für das Verhalten handeln: »Rauchen entspannt«, oder: »Mein Großvater war Kettenraucher und ist 80 Jahre alt geworden« usw. Eine zweite Möglichkeit der *Dissonanzreduktion,* die ebenfalls für das Raucherbeispiel zutreffen könnte, ist das Ignorieren oder Verdrängen bestimmter dissonanter Kognitionen (hier z. B.: »Rauchen gefährdet die Gesundheit« wird – obwohl unbestritten – meist ignoriert). Wichtig hierbei ist, daß jeweils diejenige Kognition geändert wird, für die die wenigsten *konsonanten* Argumente gefunden werden können. Kurz: Jede wahrgenommene Widersprüchlichkeit, sei es bei Wahrnehmungen, Überzeugungen, Einstellungen, Gedanken oder Erinnerungen wird beseitigt oder verringert, indem man entweder Argumente *für* die vorherrschende Kognition findet und sie somit bestärkt, oder aber man *verwirft* sie, wenn man keine widerspruchsfreien *(konsonanten)* Erklärungen *(Kognitionen)* dazu findet.

In der Psychologie wurde bis heute eine Fülle von Situationen untersucht, in denen die *Dissonanzreduktion* eine elementare Rolle bei der Erklärung des Verhaltens und Erlebens von Menschen spielt. Kognitionen beinhalten, wie oben erwähnt, nicht nur einzelne ganz konkrete Wahrnehmungen (hier: Wasserhahn), sondern auch Einstellungen, Werthaltungen und Überzeugungen. So konnten in der Psychologie auch allgemeinere Auswirkungen einer kognitiven Dissonanz festgestellt werden.

Experimente zeigten beispielsweise, daß Aufgaben, die nur gering belohnt werden und/oder einen hohen Aufwand erfordern, in ihrer Attraktivität steigen. Eine weitere Beobach-

tung war z. B., daß *nach* einer Entscheidung die Attraktivität der gewählten Alternative steigt und die der verworfenen Alternative fällt. Zudem zeigte sich, daß beispielsweise eine Einstellung, von deren Richtigkeit man überzeugt ist, wenn bedroht, noch verfestigt wird. *»Soziale Kommunikation und Interaktion werden häufig durch kognitive Dissonanz hervorrufen. Möglichkeiten zur Dissonanzreduktion bestehen darin, die eigene Meinung der kommunizierten Information anzugleichen, den Kommunikator abzuwerten, andere von der eigenen Meinung zu überzeugen oder nach sozialer Unterstützung zu suchen (d. h. nach Gleichgesinnten). Festinger u. a. (1956) fanden, daß Mitglieder einer Sekte, deren Vorhersage eines demnächst eintreffenden Weltuntergangs nicht eingetroffen war, anstatt an ihrem Glauben zu zweifeln, nun sogar verstärkt begannen, neue Mitglieder für ihre Sekte zu werben (Dissonanzreduktion durch Addition konsonanter Kognitionen).«*[4]
Die Forschungsergebnisse sind sicherlich nicht geeignet, vollständige Erklärungen zu geben, warum Scientology Menschen neugierig macht, sie fasziniert, warum sie beitreten und warum sie sich so schwer davon lösen. Auf jeder Stufe des Kontaktes spielt dieser psychologische Mechanismus jedoch eine wichtige Rolle bei der Meinungs- und Urteilsbildung der Betroffenen über Scientology, wie im folgenden gezeigt wird.
Zunächst wird versucht, die Frage zu beantworten, wie Neugier und Interesse für Scientology entstehen. Wie kommt es dazu, daß Personen – seien es auch noch so »fest im Leben stehende« Persönlichkeiten – zu überlegen beginnen: »Da könnte etwas dran sein«?
Angenommen, jemand geht über die Straße und wird von einer Person angesprochen, die fragt: *»Wieviel Paar Schuhe haben Sie an?«* (eine der Standardfragen von Scientology-Straßenwerbern). Unbestritten wird mit einer solchen Frage *Dissonanz* erzeugt – die Person wird sekundenschnell beginnen, sich diesen ungewöhnlichen Vorfall zu erklären: »Der sieht ja eigentlich ganz anständig aus, vielleicht hat er ein interessantes Anliegen« oder »Da muß was dahinterstecken« usw. Zeigt

der Angesprochene auch nur kleinstes Interesse, Unsicherheit oder Verwirrung, wird er in der Regel sofort in ein Gespräch verwickelt, bei dem der Scientologe ihm Erklärungen für sein Auftreten liefert. Hat die angesprochene Person keine eigenen stichhaltigen Erklärungen oder Überzeugungen – z. B. »Der will mich auf den Arm nehmen oder mir etwas verkaufen« oder »Egal, was der will, ich lasse mich grundsätzlich von keinem ansprechen« (*Dissonanzreduktion* in die eine Richtung, Verwerfen des Kommunikationsangebotes) – zur Verfügung, wird sie geneigt sein, die Aussagen des Scientologen zu überdenken (*Dissonanzreduktion* in die andere Richtung, Akzeptanz). Sie wird wahrscheinlich eine Broschüre entgegennehmen oder sich zu einem »Persönlichkeitstest« (siehe unten) überreden lassen.
Angenommen, jemand besucht alte Bekannte, die während des Abendessens von einer neuen Gruppe erzählen, der sie beigetreten sind und bei der es ihnen ausgezeichnet gehe. Auch in einem solchen Fall kann *kognitive Dissonanz* entstehen, wenn der Besucher beispielsweise folgende Überlegungen anstellt: »Ich habe die beiden immer geschätzt, gerade weil sie vernünftige und freundliche Leute sind«. Aber: »Sie haben heute aber sehr komische Ansichten.« Die Reduktion dieser Widersprüche könnte so aussehen: »Die haben sich aber sehr verändert, vielleicht habe ich sie früher falsch eingeschätzt, offensichtlich sind sie in die Hände einer gefährlichen Sekte geraten.« Oder aber auch: »Eigentlich wirken sie ja immer noch wie früher, und sie hatten immer großes Urteilsvermögen, an ihren Überzeugungen ist sicherlich manches richtig, vielleicht sollte auch ich mich dafür interessieren.«
Ähnlich geht es wahrscheinlich auch Personen, die über als solche ausgeschriebene Kommunikations- oder Managementtrainings wissentlich oder unwissentlich in Berührung mit Scientology kommen. Da sich die Bewegung zu Beginn – wie unten noch weiter ausgeführt – mit für den Laien nicht erkennbaren willkürlich zusammengesetzten Mischmaschstrategien aus z. B. Psychologie und Esoterik präsentiert, dürfte es

einer nicht eingewiesenen Person nicht schwerfallen, mögliche Zweifel und *Dissonanzen* mit alltagspsychologischen Argumenten zu reduzieren.

Mechanismen der Faszination

Dies sind nur Beispiele, die verdeutlichen sollen, welche Prozesse während des ersten Kontakts mit Scientology-Mitgliedern stattfinden können. Ein nächster Schritt, der sicherlich ebenfalls Neugier und Interesse erzeugt oder erhöht, ist die Durchführung des »Persönlichkeitstests«. In diesem Test werden 200 Fragen an die Person gestellt, die z. B. folgendermaßen aussehen: »Können Sie Ihre Gefühle leicht zum Ausdruck bringen?« Oder: »Haben Sie manchmal ein traumähnliches Gefühl im Leben, wobei Ihnen alles unwirklich erscheint?« oder »Grübeln Sie oft über ein früheres Mißgeschick?« u. v. m.

Aus Sicht der wissenschaftlichen Psychologie kann gesagt werden, daß dieser Test äußerst fragwürdig ist. Allem Anschein nach wurden Fragen aus verschiedenen psychologischen Testverfahren, die unter strengen Kriterien entwickelt wurden und die strengen Auswertungskriterien unterliegen, mit laienpsychologischen Fragen vermengt. Das Auswertungssystem entzieht sich einer Überprüfung. Fest steht jedoch, daß von Scientology »diagnostizierte« Persönlichkeitsstrukturen kaum mit denen übereinstimmen, die mit anerkannten Testverfahren durchgeführt wurden.[5]

Der Persönlichkeitstest

Den Menschen als »Alltagspsychologen« können die Fragen jedoch ausgesprochen beeindrucken. Zum einen erweckt allein die Anzahl der Fragen den Anschein der Bedeutsamkeit, zum anderen wird eine solche Fülle von Lebensbereichen abgefragt, daß der Eindruck entstehen kann, hier würde gezielt und systematisch nach der Persönlichkeitsstruktur gefragt. Dies geschieht erstens dadurch, daß Teilbereiche angesprochen werden, in denen jeder Mensch »wunde Punkte« aufweist oder über die er schon häufig nachgedacht hat. Zweitens werden Personen allein durch die Auseinandersetzung mit den Fragen auf Probleme gestoßen, die sie vielleicht bisher an sich selbst noch gar nicht wahrgenommen haben. Das Ansprechen persönlicher Belange führt vermutlich zu einer positiven Beurteilung des Tests im Sinne von: »Da hat sich jemand Gedanken bei der Entwicklung des Tests gemacht.«

Dann folgt die Auswertung: Neben der Tatsache, daß eine Reihe von Fragen als Information über die Bereitschaft zur Unterordnung der befragten Person dient (z. B.: »Könnten Sie einer ›strengen Disziplin‹ zustimmen?«), wird ihr nach einiger Zeit mitgeteilt, daß sie Probleme und Defizite in bestimmten Bereichen habe. Dabei wird offensichtlich nach der Wahrsagermethode vorgegangen: Der »Tester« erwähnt ein bestimmtes Thema. Zum Beispiel: »Ihre Testwerte legen nahe, daß sie des öfteren Probleme mit Ihrem Chef haben.« Erfolgt eine klare Verneinung, wird dieses Thema sofort fallengelassen und zum nächsten übergegangen. Jede kleinste irritierte oder verunsicherte Reaktion des Betroffenen jedoch führt zum Hinterfragen des Themas. So werden einzelne Themenbereiche durch Reaktionsbeobachtung schrittweise ausgegrenzt, was dem Betroffenen in der Regel nicht auffällt. Unumstritten treten auf diese Art tatsächlich vorhandene problematische Lebenssituationen des einzelnen zutage. Bei jemandem, dem diese Technik nicht vertraut ist, kann so der Eindruck entstehen, man habe ihn »durchschaut«. Das erste Ziel wäre erreicht: Zweifel wecken und Dissonanz erzeugen.

Im Kopf des Betroffenen könnte daher folgendes vorgehen: »Eigentlich bin ich ja nur hingegangen, um mal zu ›gucken‹, das ist bestimmt alles Unsinn« – aber: »Es wirkt alles sehr seriös«; »Ich habe einen richtigen psychologischen Test gemacht«; »Vieles von dem, was über mich gesagt wurde, trifft zu – sie haben wohl eine Menge über mich herausgefunden.« Folge: »Die verstehen etwas von ihrem Handwerk – da muß etwas dran sein.« (Dissonanzreduktion)

Nachdem also vorhandene Bedürfnisse, Schwierigkeiten und Defizite, falls der Person selbst noch nicht klar bewußt, aufgezeigt wurden, wird gleich eine Lösungsstrategie mitgeliefert: Scientology. Die Konfrontation mit der Lehre beginnt, wie oben schon erwähnt, zunächst damit, daß Personen ihre Bedürfnisse in der Zielsetzung der Lehre angesprochen sehen. Weiterhin ist entscheidend, daß in der scientologischen Werbe-»Literatur« zunächst eine Fülle von lebensnahen Beispielen dargestellt werden, die ein jeder von uns kennt: Drogenkonsum, Mängel im Bildungs- und Erziehungsbereich, Menschenrechtsverletzungen, Schwierigkeiten bei der Kindererziehung, unzureichende psychiatrische Versorgung, mangelnde Kommunikationsfähigkeiten, mangelnde Selbstbestimmung usw. Natürlich werden sie alle mit scientologischen Interpretationen und Bedeutungen bedacht und scientologische Lösungsstrategien vorgeschlagen. So gewinnt das Konzept von Scientology scheinbar an Glaubwürdigkeit, denn es werden tatsächlich durchweg lebensnahe Probleme angesprochen, die entweder komplexe Gesellschaftsfragen aufgreifen oder sich mit individuellen Problemsituationen beschäftigen. *»Neue Sektenmitglieder werden überschwemmt in einer Flut von sehr breit und allgemein gehaltenen, sehr einfachen religiösen, halbreligiösen, wissenschaftlichen und philosophischen Informationen, die wirklich wahr und logisch sind . . . Auf . . . Stufe 1* [Neugier, aber kritische Distanz] *sieht und erlebt das neue Sektenmitglied anwendbare Wahrheiten, die für sein Leben nützlich sind.«*[6]

Eine Person, die ein wenig neugierig auf Scientology geworden ist, wird sich intensiver mit der Lehre und den Methoden der Bewegung beschäftigen. Dies wird zudem seitens Scientology gefördert durch zusätzliche massive Beeinflussung, wie z. B. regelmäßige Telefonanrufe oder Postsendungen. Wen wundert's, wenn erwecktes Interesse und ständige Konfrontation und Auseinandersetzung mit dem Gedankengut L. Ron Hubbards zu einer »Affinität« (um in seiner Terminologie zu bleiben) führt.

Scientology scheibchenweise

Nachdem bei den Neulingen nun Zweifel an bisherigen Lebensumständen und Erklärungsmustern entstanden sind, liefert Scientology den Personen alternative Erklärungen und Ideen. Statt: »Mir geht es nicht gut, weil ich ein Versager bin«, kann jemand die Möglichkeit in Betracht ziehen: »Mir geht es nicht gut, weil ich ›Engramme‹ habe.«

Dabei ist es erstens von entscheidender Bedeutung, daß die futuristische Heilslehre und -methode Scientologys in vollem Umfang erst Personen offenbar wird, die schon lange Zeit dabei sind. Sie wird scheibchenweise in jeder »Stufe«, die erreicht wird, präsentiert. Dies bedeutet, daß der »Anfänger«, der zunächst nur etwas über »Engramme«, »Aberrationen« und »E-Meter« erfährt, immer noch massiv auf seine bisher erlebte Realität und Überzeugungen zurückgreifen kann und lediglich solche Bruchstücke scientologischer Lehre und Erklärungen hört, die er in seine bisherigen Überzeugungen einbauen kann. (Würde man gleich zu Beginn Xenu, Vulkane und Sternenkriege erwähnen, hätte Scientology sicherlich nicht so großen Zulauf!) Auf diese Weise wird ein Mensch Schritt für Schritt in die Heilslehre Scientologys eingeführt.

Weiterhin ist wohl bedeutsam, daß die Theorie, die den Neulingen und auch den Absolventen der unteren Stufen nahegebracht wird, einen zugegebenermaßen eindrucksvollen, aber äußerst unwissenschaftlichen Fiktionsmischmasch aus verschiedenen psychologischen, physiologischen, esoterischen und laienpsychologischen Theorien menschlicher Funktionsweisen darstellt. Daher ist es durchaus nachvollziehbar, wenn Menschen, die den Ursprung und die Zusammenhänge der Theorie Hubbards nicht einordnen können, in dem bruchstückhaften Teil seiner Ideologie ganz vertraute Dinge wiederfinden, die sie doch »irgendwo schon einmal gehört oder gelesen haben«. (Ist man beispielsweise sehr phantasiereich, finden sich Parallelen zwischen Hubbards »Engrammen«, den »Aberrationen« und den Freudschen unbewußten, vom »ICH« zurückgehaltenen Triebwünschen, die den Menschen beuteln.)

Zusätzlich stellt sich der Effekt ein, daß Personen, die Erklärungen und Antworten auf viele Fragen haben möchten und mit geheimnisvollen Aussagen auf später erreichbare Stufen vertröstet werden, noch neugieriger werden, und daher Interesse entsteht weiterzumachen. *»In den Jahren meiner Sektenzugehörigkeit beobachtete ich, wie Mitglieder hoffnungsvoll dahin gebracht wurden herauszufinden, welches Geheimnis hinter dem nächsten Vorhang steckte und ihre Probleme lösen würde ...«*[7]

Überdies ist psychologisch offenbar bedeutsam, daß der Teilbereich der Lehre, die dem Neuling nahegebracht wird, diesem sehr einfache Muster zur Erklärung seiner Probleme liefert. Vergangene Grübeleien, Auseinandersetzungen und quälende Fragen sind überflüssig gewesen, es gibt »verdinglichte« Gewalten im Körper, die für die schlechte Verfassung verantwortlich sind. Es ist denkbar, daß Menschen, die sich der Auseinandersetzung mit ihren Problemen nicht immer gewachsen fühlen, in einer solchen Erklärung eine einfache Lösungsmöglichkeit sehen, von der sie sich faszinieren lassen.

Beginn der »Praxis«

Die ersten praktischen Erfahrungen sammelt der Scientology-Neuling in der Regel dann bei verschiedenen Einführungskursen. Der »Reinigungsrundown« beispielsweise beinhaltet mehrere Besuche in einer Sauna (Schwitzkur) und die Einnahme von »Vitaminen«, *»um den Körper von allen Drogen und Chemikalien zu befreien und Körper und Thetan gegen Strahleneinflüsse widerstandsfähig zu machen.«*[8] Selbst Menschen, die immer noch Zweifel haben, werden sich zu einer solchen Aktivität verleiten lassen können, denn Saunabesuche zur Entschlackung oder Entgiftung sind ja im täglichen Leben nicht ungewöhnlich. Daß dabei auch ein »Thetan« am Werk sein soll, kann zu diesem Zeitpunkt ja getrost noch für nebensächlich gehalten werden.

Entsprechend ihrer »Bereitschaft«, sprich des Ausmaßes an Interesse für Scientology, werden die Neulinge in verschiedene Einführungskurse geschickt. Für solche, die noch arge Zweifel haben, gibt es zum Beispiel kleine Diavorträge, in denen zunächst nur ein äußerst begrenzter Teil der Hubbardschen Lehre vermittelt wird. Scientology bietet hierzu noch weitere Kurse an: *»Dianetik: der Leitfaden für den menschlichen Verstand«, »Die Dynamiken des Lebens«, »Selbstanalyse«, »Die Probleme der Arbeit«, »Eine neue Sicht des Lebens«* usw. Hinzu kommen *»Kurse zur Verbesserung des Lebens«, »Wie man eine erfolgreiche Ehe beginnt«, »Wie Sie Ihre Ehe verbessern können«, »Wie man Zustände im Leben verbessert«, »Wie man seine Beziehung zu anderen verbessert«, »Wie man als Eltern erfolgreich sein kann«, »Wie man Arbeit leichter macht«* usw.[9] Wer möchte dies alles nicht erfahren?

Andere Personen wiederum, zum Beispiel solche, deren Testauswertung sehr »schlecht« war, kommen in den Kurs *»Objektive Prozesse«*. Dabei muß sich der Teilnehmer *»mit Körperbewegungen und Beobachten und Berühren von Gegenständen (Objekten) im Auditierzimmer«* befassen.[10] Zu diesem Zeitpunkt sollte bereits eingehend das »Dianetik«-Buch studiert worden sein, so daß es dem Teilnehmer überhaupt nicht mehr abwegig erscheinen muß, sich auf solche Aktivitäten einzulassen, zumal man sich hier noch mit »gegenwärtigen« Dingen beschäftigt. Im Gegenteil: Es ist denkbar, daß Menschen, die dazu neigen, zu grübeln oder sich in eigene Phantasien zu verstricken, eine solche Übung als angenehm erleben. Entscheidend hierbei – sowie bei weiteren Prozessen – ist jedoch, daß sich langsam eine veränderte Einstellung zeigt: Das »Nur-mal-Gucken« steht nicht mehr im Vordergrund, sondern die Personen sind jetzt eher geneigt, Veränderungen durch scientologische Kurse bei sich selbst zu erwarten.

Ein Anfängerkurs, der früher oder später von jedem absolviert werden muß, ist der *»Kommunikationskurs«*. Dahin werden Personen mutmaßlich erst dann verwiesen, wenn sie einen gewissen Grad an »Glaubensbereitschaft« erlangt haben. Der Kurs beinhaltet in der Regel einen theoretischen und einen praktischen Teil. Der theoretische Teil dient zur Aneignung eines Teils der Hubbardschen Sprache.

Hubbards Kunstsprache

Etliche Begriffe, die in der Alltagssprache eine bestimmte Bedeutung haben, sind darin scientologisch in oft vielfacher Weise umgedeutet. Überdies werden völlig neue Vokabeln samt eigenartiger Bedeutung erfunden. So entsteht – obwohl teilweise auf vertrautem Wortschatz basierend – praktisch eine neue interpretationsreiche Sprache. Hier ein paar Beispiele aus dem scientologischen Wörterbuch: *»Datum«: Ein Stückchen Wissen, etwas Gewußtes; »Wort«: 1. Ein symbolischer Geräuschcode des physischen Universums im Aktions- oder statischen Zustand ... 2. Ein Wort ist ein ganzes Gedankenpaket. 3. Wörter sind nur Symbole, die für Handlungen stehen. 4. Wörter sind Laute in Silbenform ...; »Ethik«: Vernünftigkeit in bezug auf die höchste Ebene des Überlebens für den einzelnen, die zukünftige Rasse, die Gruppe und die Menschheit und die anderen Dynamiken zusammengenommen.«* Daneben Beispiele für neue Wortschöpfungen: *»Expanded Gita«, »Kombinierter Terminal«, »Verfehlter Withhold«* u. v. m.[11] Die korrekte Handhabung der Hubbardschen Kunstsprache wird anschließend überprüft. Welche psychologischen Effekte können sich durch ihre Benutzung ergeben?

① Die komplexen Definitionen, von denen eine oft nur durch das Verständnis von mehreren anderen begriffen werden kann, können bei Personen, die zu »glauben« geneigt sind, den Eindruck entstehen lassen, es handele sich hierbei um eine umfangreiche, komplizierte und durchdachte Theorie menschlicher Existenz, die weiterzuverfolgen sich lohne.

② Die abstrakten und teilweise widersprüchlichen Definitio-

nen mit häufig mehrfacher Bedeutung zwingen den Lernenden in dieser Phase geradezu dazu, eigene Interpretationen und Zusammenhänge herzustellen, um ein für ihn stimmiges Gedankengebäude zu erhalten. Er wird dies um so intensiver betreiben, je überzeugter er ist, hinter diesen oft vagen Beschreibungen stecke eine tiefere und sinnvolle Lehre. Auch hier kann im Einzelfall eine *Dissonanzreduktion* vorliegen, denn man könnte der Einschätzung sein: »Die Leute wirken vertrauenswürdig, kompetent und seriös«. Aber auch: »Irgendwie klingt das alles sehr komisch.«
Wenn in einem solchen Fall ausreichend Argumente für die Seriosität Scientologys vorhanden sind, wird die Person ihre Zweifel verwerfen. Folge: »Ich verstehe das alles jetzt nur noch nicht, es wird sicherlich einen tieferen Sinn haben, wenn ich mich bemühe, werde ich ihn verstehen.« *(Dissonanzreduktion)*

③ Die neue Sprache ist ein erster Weg zur Abgrenzung von Nicht-Scientologen. Für die Person selbst ist die Art der Hubbardschen Kommunikation ein Merkmal der Gruppenzugehörigkeit und der Abschottung gegenüber anderen. Tatsache ist, daß Angehörige von Scientologen nach nicht allzulanger Zeit immer wieder berichten, daß man sich mit dem Partner/Bruder/Sohn o. ä. nicht mehr recht unterhalten könne. Es ist ein wichtiger Aspekt, ihre Unterhaltungen *»einzuzementieren«*.[12]

Der Kommunikationskurs

Der praktische Teil des Kommunikationskurses beinhaltet mehrere Übungen. Diese werden in der Regel von vielen Teilnehmern – sowie auch späteren Aussteigern – als sehr positiv beurteilt. In vielen Fällen ist dieser Kurs ein Sprungbrett zu Scientology, denn die berichteten positiven Erfahrungen festigen die Überzeugung, daß »es einem hier wirklich etwas bringt«. Was geschieht bei diesen Übungen?

»Zuerst sitzen sich beim gewöhnlichen TR 0 [TR = Trainingsroutine] die ›Studenten‹ in einem Meter Abstand gegenüber mit geschlossenen Augen und versuchen, einfach ›dazusein‹.
Auf der nächsten Stufe, ›TR 0 Konfrontieren‹ sind die Augen geöffnet, und man starrt sich gegenseitig in die Augen ... Früher wurde auch das leiseste Blinzeln mit einem korrigierenden ›Flunk!‹ (flunk, engl. = durchgefallen) geahndet.
Die dritte TR 0-Stufe ist das ›TR 0 Reizen‹ ... Dabei soll der Trainings-Absolvent sich durch nichts vom TR 0 abbringen lassen. Er soll durch nichts aus der Fassung geraten ...
Beim sogenannten TR 1 wird anhand von ›Alice im Wunderland‹ geübt, Sätze in direkter Rede als Befehle zu übermitteln.
TR 2 beinhaltet das sogenannte ›Bestätigen‹, jene typisch scientologische Methode, als Zeichen der Affinität erst einmal ›Gut! Fein! O. K.! usw.‹ zu sagen.
TR 3 ist durch die Fragen ›Schwimmen Fische?‹ bzw. ›Fliegen Vögel?‹ bekannt geworden. Der ›Student‹ soll immer wieder die Frage stellen, eine direkte Antwort bekommen, diese Antwort bestätigen und sich nicht abbringen lassen.«
TR 4: »Der ›Student‹ soll lernen, auf die seltsamsten Zwischenbemerkungen nicht sprachlos oder erschreckt zu reagieren, sondern das Gegenüber ... zur Sache zurückzuführen.« Beispiele für Zwischenbemerkungen: *»›Ich habe ein Zucken im Bein; Sie haben aber wirklich ein schönes Büro hier; ... Laß uns Händchenhalten; Küß mich!; Moo Gum War Sue Up; Fissel Wissel Bam Kramm.‹«*[13]

Dies sind nur einige Beispiele, die das Vorgehen in den einzelnen Übungen des Kommunikationskurses verdeutlichen sollen. Aus der Sicht des Teilnehmers gibt es dabei – auch wenn es nach diesen Beispielen kaum vorstellbar ist – durchaus scheinbar positive Effekte. Diese ergeben sich, psychologisch betrachtet, nicht aus der damit zusammenhängenden scientologischen Heilslehre und -praxis, sondern vielmehr aus der Tatsache, daß Teilnehmer nach diesen Übungen ein gewisses Maß an Sicherheit durch Fremd- und Selbstkontrolle beim allgemeinen Umgang mit anderen Menschen erlangt zu haben glauben. Es sei zunächst dahingestellt, inwieweit dies aus psychologischer Sicht für den einzelnen tatsächlich zutrifft bzw. sinnvoll ist. Eine Ursache für diese Überzeugung der Teilnehmer liegt nicht zuletzt in der Strategie Scientologys, vor Beginn der Übungen deren vollkommenen Erfolg zu versprechen.

Betrachten wir zunächst die ersten beiden Übungen: Zwei Personen sitzen sich stundenlang mit geschlossenen bzw. offenen Augen gegenüber, ohne sich zu bewegen. Sicherlich ist das zunächst für keinen Menschen eine angenehme Situation. Mögen einem doch Gedanken durch den Kopf gehen wie: »Das halte ich nicht lange durch«; »Was mag der andere über mich denken?«; »Hoffentlich mache ich keine ungewollte Bewegung«; »Hoffentlich habe ich mich so lange unter Kontrolle«; »Die haben es gesagt, also muß es mir hier etwas bringen« usw. Je nach Verfassung des einzelnen treten hier zunächst sicherlich kleine und große Unsicherheiten und Ängste Hand in Hand mit einer Flut von Gedankengängen bei den Teilnehmern auf.

Mit fortschreitender Zeit setzt dann ein Gewöhnungsprozeß ein, bei dem die Unsicherheiten, Befürchtungen und Ängste der ersten Minuten nachlassen. Die Person wird ruhiger und kann auch einmal die Phantasie schweifen lassen. Die Entspannung wird in der ersten Übung durch die geschlossenen Augen begünstigt und in der zweite Übung durch das Starren auf einen Punkt – in die Augen des Gegenüber. Letzteres führt nämlich dazu, daß nach einiger Zeit die Umgebung zu verschwimmen scheint und die Augen müde werden. Die eintretende Gelassenheit kann auch für solche Momente ermutigend wirken, in denen erneut Unsicherheiten aufkommen sollten.

Die hergestellte Reizarmut der Umgebung (keine Geräusche, konstante Druckberührungen des Stuhls, keine bzw. konstante visuellen Reize), der der Teilnehmer über Stunden hinweg ausgesetzt ist, kann zudem weitere Effekte haben. Psychologische Experimente haben gezeigt, daß ein Mensch, der einem völligen »Reizentzug« (nichts hören, sehen, fühlen, riechen,

schmecken) ausgesetzt ist, zunächst beginnt, diesen durch »wirre Phantasien« zu kompensieren. Je nach Dauer des Reizentzuges setzen sogar Halluzinationen ein, die wir sonst nur von schwereren psychischen Erkrankungen kennen. Um zu klären, inwieweit letztere bei einer solchen scientologischen Sitzung vorkommen, bedarf es einer Überprüfung. Es ist jedoch davon auszugehen, daß während einer solchen Übung im Einzelfall zumindest das Urteilsvermögen und der Realitätsbezug nachlassen.
Am Ende der Übungen kann der Teilnehmer sich selbst und die Technik Scientologys bestätigen: »Ich hab's geschafft!«; »Ich habe eine Situation gemeistert, die ich mir vorher nicht zugetraut hätte und bei der ich seltsame Empfindungen hatte«; »Ich hatte mich so lange im Griff und bin nicht vor Angst umgefallen«; »Die haben gesagt, daß es etwas bringe, und es ist tatsächlich so«; »Jetzt kann ich sicher jedem in die Augen schauen« u. v. m.
In der nächsten Übung »TR 0 Reizen« trainiert der Teilnehmer, sich nicht aus der Fassung bringen zu lassen. Psychologisch betrachtet lernt er, sich von Aussagen anderer zu distanzieren (einen ähnlichen Effekt kann der TR 4, siehe oben, haben). Er lernt beispielsweise, Beschimpfungen an sich abprallen zu lassen, d. h., er bemerkt den Unterschied zwischen der Äußerung eines anderen und eigener persönlicher Betroffenheit. Viele Menschen dürften dies als ein äußerst nützliches Hilfsmittel im Umgang mit anderen erachten. Wird jemand z. B. im alltäglichen Leben beschimpft, so kann er es als sehr hilfreich ansehen, statt der bislang in einer solchen Situation gezeigten Betroffenheit oder Wut einfach Gelassenheit zu zeigen. Am Ende könnte stehen: »Wenn mich demnächst jemand anschreit, kann ich ganz ruhig bleiben.«
Auch das Einüben der Benutzung von Bestätigungen (TR 2) oder der Fähigkeit, »bei der Sache zu bleiben« (TR 3) kann dem Teilnehmer als sinnvoll erscheinen, da er damit eine scheinbar effektive Technik der gezielten Gesprächsführung erlernt.

Bei der Analyse dieser wenigen Beispiele ist nicht zu übersehen, daß Hubbard bei der Konzipierung seines Kommunikationskurses daran gedacht hat, den Teilnehmern die Möglichkeit zu geben, ihre praktischen Erfahrungen in diesem Stadium mit einigermaßen »realistischen« Erklärungen zu belegen. Damit werden die Übungen für die Neulinge nicht nur attraktiv gehalten, sie können zudem auch mögliche negative Effekte ignorieren. Denn es ist durchaus denkbar, daß nach Übungen, die bis ins Absurde gesteigert sind (z. B. stundenlange Konversationen der folgenden Art: »Schwimmen Fische?« – »Ja«; »Schwimmen Fische?« – »Ja«; »Schwimmen Fische?« – »Ja« ...), kurzfristige psychische Beeinträchtigungen, wie Erschöpfung, Verwirrung usw., eintreten. Vermutlich werden diese von den Teilnehmern entweder für nebensächlich gehalten, oder sie nehmen an, daß sie für einen »Therapieerfolg« notwendig sind.

Hubbard machte offensichtlich auch gewisse Anleihen bei allgemein gängigen Verfahren der Psychotherapie, riß sie aus dem Zusammenhang, entstellte und interpretierte sie auf seine Weise. Den Teilnehmern wird jeweils eingeschärft, wie effektiv diese Übungen seien, so daß jeder, der den Kommunikationskurs macht, der Überzeugung ist: »Das muß etwas bewirken.« Jede kleine Veränderung – vorhanden oder nur »eingebildet« – wird dort eingeordnet, so daß am Ende die Meinung herrscht: »Das hat etwas bewirkt.« In der Psychologie spricht man bei diesem Phänomen von einem Placeboeffekt. Kein Wunder also, daß es funktioniert!

Hand in Hand mit den ersten praktischen Erfahrungen geht die Tatsache, daß die Ideologie von Scientology eine immer größere Bedeutung erhält. Da der einzelne nun »Fortschritte« an sich wahrzunehmen glaubt, gewinnen auch die dazugehörigen Deutungsmuster weiter an Glaubwürdigkeit. *»Nachdem das neue Sektenmitglied eine Zeitlang auf ›Stufe 1‹* [Neugier, aber kritische Distanz] *war, fängt es an, die Bemerkungen Hubbards als wahr zu akzeptieren, und zwar auf der Basis des Erfolgs und der Wahrheit früherer Daten, die der Betreffende geprüft und die sich ihm selbst* *als wahr erwiesen hatten. An dieser Stelle angelangt, fängt der Betreffende an, Hubbards Aussagen ohne Überprüfung lediglich zu akzeptieren. An dieser Übergangsstelle wird das Sektenmitglied zu einem echt glaubenden Anhänger.«*[14]

Das »Auditing«

Zu diesem Zeitpunkt fällt es wahrscheinlich nicht mehr schwer, sich für das Kernverfahren von Scientology zu interessieren: das »Auditing«. Anhand des Persönlichkeitstests, der Gespräche mit den Betroffenen und eines eventuellen »Probe-Auditings« werden die Problembereiche für jeden einzelnen »identifiziert«. Diese sollen dann »gehandhabt« werden.
Bevor diese Sitzungen aus Sicht des Teilnehmers dargestellt werden, sollen grundlegende Aspekte der scientologischen Technik beleuchtet werden. Zur Hubbardschen Auditing-Technik im einzelnen: Auditor und Teilnehmer sitzen sich an einem Tisch gegenüber. Der Teilnehmer hält zwei Dosen in der Hand, die zu einem »E-Meter« gehören, dem Heilsinstrument Scientologys, von dem behauptet wird, L. Ron Hubbard habe es »speziell... entworfen«.[15] Dieses soll den »geistigen Zustand« des Teilnehmers messen können, der anhand einer sich bewegenden Nadel an einer Skala abgelesen werden könne. Bestimmte Nadelausschläge lassen laut Hubbard auf das Vorhandensein von »Engrammen« und »Thetanen« schließen. Dem Teilnehmer werden anhand einer »Problemliste« bestimmte Fragen gestellt. Schlägt die Nadel dann aus (auf die Darstellung der vielen verschiedenen Nadelausschläge und deren scientologischen Interpretationen wird hier verzichtet), so schließt man daraus, ein »Engramm« bzw. später einen »Körper-Thetan« des Teilnehmers entdeckt zu haben. Der entsprechende Problembereich des Teilnehmers wird dann solange bearbeitet, bis die Reaktion der Nadel nachläßt – sprich das »Engramm« gelöscht ist. Dies geschieht durch das ständige Wiederholen von Fragen, wie: »Gut, was kannst Du mir darüber erzählen?« o. ä. Um den

Zustand des »Clear« zu erreichen, müssen nach Hubbard alle »Engramme« gelöscht werden.
Zum Instrumentarium: Das »E-Meter« ist ein Abkömmling des »PGR-Geräts« (PGR = psychogalvanische Reaktion), das die Hautleitfähigkeit mißt. Früher wurde ein solches Gerät häufig als »Lügendetektor« eingesetzt (in einer frühen Publikation gab Hubbard selbst auch zu, daß »sein E-Meter« sehr wohl ein Lügendetektor sei: »Electropsychmetric Auditing«, 1952). Heute benutzt man eine weiterentwickelte Form vor allem in der psychologischen Forschung und Praxis, in der Regel als Hilfsmittel bei Entspannungsübungen.
Dazu ein kurzer Exkurs: Bei jeder gefühlsmäßigen Erregung, sei sie auch noch so klein, zeigt der Körper Reaktionen, die man selbst gar nicht wahrnimmt: Der Blutdruck steigt, Herzschlag und Spannung der Muskeln erhöhen sich, die Pupillen verengen sich, die Atemfrequenz erhöht sich, die Schweißdrüsen steigern ihre Aktivität. Letzteres führt zum Anstieg der Hautleitfähigkeit. Alle diese physiologischen Reaktionen sind meßbar, so auch die Hautleitfähigkeit. Bei der Verwendung von Messungen gerade dieser Körperreaktion ist jedoch in Forschung und Praxis extreme Vorsicht empfohlen. Denn die Anzeige einer Hautleitwertveränderung beim PGR-Gerät kann durch andere Faktoren als physiologische Aktivierung zusätzlich beeinflußt werden. So verändert beispielweise die kleinste Bewegungen der Hand, an der die Elektroden angebracht sind, die Werte auf der Skala. Ebenso erzeugt der Druck auf die Elektroden einen Effekt auf die Anzeige. Zusammengefaßt läßt sich zunächst festhalten:

① Bei der Messung der Hautleitfähigkeit durch ein PGR-Gerät erhebt man ausschließlich eine mögliche Veränderung der physiologischen Aktivierung, die mit gefühlsmäßigen Reaktionen einhergeht. Damit ist jedoch nicht einmal zu unterscheiden, ob die Person Freude, Angst oder Ärger empfindet, denn die physiologischen Reaktionen sind in allen Fällen gleich.

② Die Messung kann durch kleinste Bewegungen der Hände verfälscht werden.

Auch andere Faktoren sind erwähnenswert: Körperreaktionen kommen, wie oben ausgeführt, durch gefühlsmäßige Reaktionen zustande. Diese sind jedoch nicht einfach »angeflogen«, sondern das Resultat von Wahrnehmungen und Gedanken (Kognitionen). Sieht jemand beispielsweise einen zähnefletschenden Hund auf der Straße, so wird er vermutlich Angst bekommen. Denkt jemand z.B. an seinen schweren Autounfall, wird er auch unangenehme Gefühle bekommen. In beiden Fällen verändern sich die Körperreaktionen meßbar – in gleicher Weise. Wird jemandem jedoch gesagt, er solle sich an seinen schweren Autounfall erinnern, und besitzt diese Person die Fähigkeit, sich in diesem Moment extrem, z. B. auf das Zählen von 100 abwärts zu konzentrieren, so wird sie keine gefühlsmäßigen und daher auch keine körperlichen Reaktionen zeigen. Umgekehrt lassen sich körperliche Reaktionen auch täuschend »herbeiführen«, wenn sich eine Person z.B. entgegen der Aufforderung, sich an ihren letzten, vielleicht langweiligen Urlaub zu erinnern, gedanklich mit der neuesten Ausgabe des »Playboy« befaßt. Daher bleibt weiter festzuhalten:

③ Von Außenstehenden kann nie mit hundertprozentiger Sicherheit gesagt werden, worauf eine Person im konkreten Fall denn nun die am Gerät ablesbaren körperlichen Reaktionen zeigt, da es nicht möglich ist, Gedanken zu lesen.

So weit zu den Möglichkeiten und Gefahren eines solchen Gerätes. Scientology scheint nicht nur diese Fakten zu ignorieren, sondern behauptet darüber hinaus, mit diesem Gerät objektiv nicht nachweisbare Erfindungen, wie »Engramme« oder »Thetane« aufspüren zu können. Mit Hilfe einer phantasiereichen Legende wird so ein Gerät, das allgemein bekannt fehlerhaft arbeitet und normalerweise nur mit größter Vorsicht eingesetzt wird, durch einen neuen Namen und neuem Outfit zum Angelpunkt einer Pseudoheilslehre. Bleibt zu hoffen, daß auf diesem Markt nicht demnächst noch ein weiterer »Retter der Menschheit« auftaucht, der die Theorie verkauft, daß die Ursache einer Pupillenverengung ein »grüner Brata« sei, dem man mit Hilfe eines Küchenmixers beikommen könne.

Nun zur Technik: Viele der Kurse werden unter der Leitung eines Auditors durchgeführt, der die Anzeige des Gerätes beobachtet. In einigen, dann aber höheren Stufen »auditiert« sich der Betroffene selbst. Dabei ist, wie noch gezeigt wird, entscheidend, daß der Nadelausschlag dem Betroffenen »zurückgemeldet« wird. Beim »Solo-Auditing« geschieht dies direkt durch die Beobachtung der Nadel, beim »Auditing« zu zweit lernt der Betroffene sehr schnell, welche Reaktionen seines Gegenübers Bewegungen der Nadel anzeigen – er kann sie daher indirekt verfolgen.

Rein technisch betrachtet ähnelt dieses Verfahren sehr dem in der Psychologie seit langem bekannten »Biofeedback« (biologische Rückmeldung): *»Biofeedback ... beschreibt ein Verfahren, bei dem physiologische Prozesse, die nicht oder nur ungenau durch die ... Sinnesorgane erfaßt werden, der bewußten Wahrnehmung zugänglich gemacht werden. Mittels einer spezifischen Apparatur* [hier: PGR-Gerät] *werden bestimmte physiologische Funktionen gemessen, und diese Meßwerte werden dann in ... wahrnehmbare Signale umgesetzt.«*[16] Das Verfahren wird ausschließlich als Hilfsmittel in therapeutischen oder Forschungsprozessen benutzt, und zwar in der Regel solchen, die sich mit der Reduzierung von Streßsymptomen befassen. Es hat sich nämlich gezeigt, daß bei der Rückmeldung der genannten Körperreaktionen diese in jedem Fall nachlassen. Dies bedeutet, daß bei den Personen nach einiger Zeit automatisch Entspannung eintritt. Viel mehr *kann* dieses Verfahren nicht leisten.

Kommen wir nun zur Person, die sich einem »Auditing« unterzieht. Sie ist mittlerweile überzeugt, daß dies ein wirksames Verfahren bei der Problembewältigung ist. *»Bevor man je in eine*

Auditing-Sitzung gelangt, glaubt man – durch die Beispiele und den Nachdruck und durch die Kraft der Hoffnung – so fest daran, daß man das erhält, was die Sekte verspricht . . .«[17] So kommt es zwangsläufig zum sogenannten Placeboeffekt. Auch wenn objektiv keine große Veränderung eintritt – der feste Glaube daran reicht aus, um bei der Person den subjektiven Eindruck entstehen zu lassen, »das bringt mir etwas«.

Für Personen, die die Funktionsweise des »E-Meters« nicht erahnen können, stellt sich dann wahrscheinlich noch ein zusätzlicher Effekt ein. Angenommen, eine Person denkt gerade an persönliche sexuelle Erfahrungen, die sie aber nicht unbedingt äußern will. Anhand der Reaktion des Gegenübers (Auditor) merkt sie jedoch, daß die Nadel sich bewegte. Die aufkommende *kognitive Dissonanz* zwischen der Überzeugung: »Meine Gedanken kann keiner lesen«, und der Meinung: »Er muß wissen, daß ich an so was gedacht habe«, kann durch die Auffassung: »Man hat mich auf eine mir unerklärliche Weise durchschaut, das ist eine faszinierende Methode«, reduziert werden.

Aus Äußerungen ehemaliger Scientologen ist zu schließen, daß eine »Auditing«-Sitzung im Falle, daß der Betroffene verzweifelt oder weinend zusammenbricht, erst dann beendet ist, wenn es ihm wieder gut geht. Es sei dahingestellt, ob dieser Zustand durch »Auditing« oder durch ganz andere, psychologische Vorgänge eintritt.

Von großer Bedeutung ist allerdings, daß die Gefühlslage sich vor Ende der Sitzung zum Positiven verändert. Jeder Teilnehmer hält dies dann zwangsläufig dem »Auditing« zugute. Hier, wie auch in allen anderen angesprochenen personenbezogenen Mechanismen ist ganz entscheidend, daß der Teilnehmer in seinem neu angenommenen Glauben durch vermeintlich »positive« Erfahrungen und »Beweise« verstärkt, d. h. bestätigt wird.

Dies vereinfacht es außerordentlich, davon überzeugt zu werden, daß es das Ziel aller Wege sei, als »Thetan« und nicht als Körper zu agieren. Dazu bedarf es einer »Exteriorisierung«, die angeblich auch von Teilnehmern höherer »Stufen« erlebt wurde. Das bedeutet, daß der Teilnehmer sich willentlich für begrenzte Zeit »außerhalb seines Körpers« aufhalten kann. Erst dann erreicht man als Scientologe das erste große Etappenziel: den Zustand des »Clear«. *»So konnte es etwa geschehen, daß ein Preclear plötzlich von einem Punkt außerhalb des Körpers wahrzunehmen begann, den Körper von oben sah, draußen auf der Straße Beobachtungen anstellte – während sein Körper nach wie vor mit geschlossenen Augen im Auditierzimmer saß.«*[18]

Dazu ist vorab festzustellen, daß im »Auditierverfahren« bestimmte Bedingungen geschaffen werden, die das Auftreten nicht-»alltäglicher« Erlebnisse der Teilnehmer begünstigen. Zunächst wird hier, wie auch im Kommunikationskurs, unter Reizentzug (siehe oben) gearbeitet. Dieser, sowie die Monotonie der Äußerungen und die Konzentration auf »innere« Vorgänge, begünstigen einen Entspannungszustand des Teilnehmers. Neben der Bedeutung, die dieser Begriff im Alltag hat, zeichnet sich ein solcher Zustand auch durch *reduzierte bewußte Wahrnehmung, reduzierten Realitätsbezug, erhöhte Vorstellungskraft* und *erhöhte Suggestibilität* (gedankliche und gefühlsmäßige Beeinflußbarkeit) aus. In welchem Ausmaß ein solcher reduzierter Bewußtseinszustand eintritt, ist jedoch nicht allein abhängig von der äußeren Umgebung, sondern auch von der Person selbst. Nervosität, ungenügende Konzentration oder Ängstlichkeit verhindern z. B. eine tiefe Entspannung. Durch Themenvorgabe und Befragungen kann der Inhalt der Vorstellungen der Personen beeinflußt werden. Erlebte Phantasien sind dabei abhängig von der Vorstellungsfähigkeit des einzelnen.

So ist es durchaus denkbar, daß eine Person in einer solchen Situation durch Fremd- oder Selbstsuggestion meint, »sich von oben betrachtet zu haben«. Andere dagegen haben nur leichtere »Depersonalisationserlebnisse«, die wohl vielen Menschen vertraut sind als Erlebnisse wie: »Mein Kopf ist wie in Watte gehüllt« und »Ich habe das Gefühl, ich stehe ›neben‹ mir.«

Entscheidend ist, daß Scientology Phänomene dieser Art bei den Personen provoziert und den Personen für ihre »seltsamen« Erfahrungen scientologische Erklärungen liefert. So sind die Personen dann der irrigen Annahme: »Der ›Thetan‹ war am Werke.« Das Fazit zieht die Person dann allein, sie hat ja den »Beweis«: »Es gibt ihn tatsächlich!«
Ähnlich verläuft es in der »Auditing«-Situation bei der »Rückkehr in frühere Leben«. Schlägt die Nadel des »E-Meters« beispielsweise bei der Auditor-Frage: »Ist das Ereignis vor 25 000 Billionen Jahren passiert?« aus, so gilt dies als »Beleg« für ein »Engramm«, das zu dieser Zeit »aufgezeichnet« wurde, und somit für die Existenz des »Thetan«. Für Scientologen bedarf es keiner großen Phantasie, dies nachzuvollziehen, sie glauben einfach daran. Wiederum verhelfen Fremd- und Selbstsuggestion zu Vorstellungen, die die Scientologen als »Erlebnisse im früheren Leben« ansehen.

Hypnose- und Manipulationstechniken

Die Merkmale einer »Auditingsitzung« – Reizentzug, Monotonie, Konzentration auf »innere« Vorgänge, suggestive Techniken etc. – lassen viele Scientology-Kritiker mutmaßen, daß Hypnose eine entscheidende Rolle bei »Auditierverfahren« spielt. Tatsache ist, daß die Bedingungen, die bei Sitzungen dieser Art für die Personen geschaffen werden, denen der Hypnose-Therapie sehr ähneln. Tatsache ist auch, daß Hubbard selbst, wie in seinen Schriften nachzulesen, ein großer Anhänger der Hypnose war. Durch das Studium der Werke von Freud und Charcot, die die Hypnose als wesentliches und selbstverständliches therapeutisches Mittel ansahen, war er offenbar gut in die Theorien der menschlichen Bewußtseinsebenen eingeführt. In diesem Zusammenhang nennt er Charcot als einen der Männer, »ohne den die Erschaffung und der Aufbau von Dianetik nicht möglich gewesen wäre«.[19] Zwar bezeichnet Hubbard die Hypnose als »eines der Hilfsmittel, eines, das in der dianetischen Praxis nur bedingten Wert hat«[20], und beteuert, daß dieses Werkzeug nur »von gelegentlichem Gebrauch in der dianetischen Praxis ist«. Liest man aber die im Dianetik-Buch beschriebene Praxis des Auditing, scheinen derlei Bekenntnisse unverständlich. Was Hubbard auch immer unter Hypnose verstanden haben mag, warum er sich verbal von ihr distanziert, sei dahingestellt – es sagt nichts über die wirklichen Verfahren, die Scientology anwendet, aus. Zitat Hubbard: *»1. Versichern Sie dem Patienten, daß er über alles, was geschieht, Bescheid wissen wird. 2. Zählen Sie, bis er die Augen schließt. 3. Richten Sie den Löscher ein. 4. Senden Sie den Patienten in einen Zeitabschnitt der Vergangenheit zurück. 5. Arbeiten Sie mit dem Archivar [. . .], um Daten zu erhalten. 6. Reduzieren Sie alle berührten Engramme, so daß keine Ladung verbleibt. 7. Bringen Sie den Patienten in die Gegenwart. 8. Vergewissern Sie sich, daß er in der Gegenwart ist. 9. Geben Sie ihm das Löscherwort. 10. Stellen Sie volles Bewußtsein seiner Umgebung wieder her.«*[21]

In derselben Veröffentlichung bestreitet Hubbard dennoch rigoros jeden Zusammenhang zwischen Dianetik und Hypnose. Dazu haben bereits im Jahr 1984 Dr. Nedopil und Professor Dr. Mende von der Psychiatrischen Klinik der Universität München in einem nervenärztlichen Gutachten richtigerweise festgestellt: *»Obwohl in ›Dianetik‹ behauptet wird, daß Hypnose der dianetischen Therapie entgegenlaufe, wird ein Verfahren beschrieben und mit der Bezeichnung ›Reverie‹* [laut Scientology ein Sammlungszustand während des »Auditing«] *versehen, welches unzweifelhaft Hypnosebestandteile enthält: Die aufeinanderfolgenden Schritte in die Hypnose, wie*

- *das Fixieren der Augen,*
- *das monotone Wiederholen formelhafter Sätze bis zum Eintritt des hypnotischen Zustandes,*
- *das Gespräch mit dem in seinen Emotionen und Empfindungen Regredierten* [den Zurückgeführten],
- *die gegebenenfalls sich anschließende Suggestion bis hin zur*
- *Rücknahme des hypnotischen Zustandes durch eine schon bei der Einleitung angegebene Formel*

finden sich in der mit ›Reverie‹ bezeichneten Technik der Scientologen wieder. Die Ähnlichkeiten mit der ärztlichen Hypnose sind geradezu verblüffend.«

Leben für Scientology

Die Person wird durch berichtete und selbst erlebte »Beweise« zugänglich für alles, was Scientology betrifft. Der lange vermittelte »Realitätscharakter« der Ideologie und der Praxis hat an Bedeutung verloren. Zweifel und Kritikfähigkeit sind schrittweise ausgeschaltet worden. Die Ideologie samt ihrer abstrusen Deutungsmuster sowie deren Sprache werden komplett übernommen. Welche Faktoren sind hier weiter von entscheidender Bedeutung?

① *Die Gruppe: »Die Sekte ist ein eingeschlossenes System, in dem die subjektive Euphorie des einen Sektenmitgliedes zum Verkaufserfolg, zur Demonstration, zur Motivation des nächsten Sektenmitgliedes wird ... In diesem geschlossenen System verkaufen die Sektenmitglieder sich ständig gegenseitig, sie errichten und festigen das Glaubenssystem, sie unterdrücken Zweifel so lange, bis sie ernsthaft und völlig (mit totaler Gewißheit) glauben ...«*[22] Dies beinhaltet, daß jedes Mitglied für das andere »Vorbildcharakter« haben kann. Die vermeintlichen »Erfolge« des einen bestätigen andere in dem Glauben an Scientology und in der Gewißheit, daß sich auch bei ihnen »Erfolge« einstellen werden. Dies und der Druck, selbst das vorgeschriebene »Programmziel« vor anderen vertretbar erreichen zu müssen, erhöht die persönlichen Anstrengungen.

② *Isolation:* Durch die Abkapselung der Scientologen nach außen verfestigt sich ein »Gruppengefühl«. Dies bedeutet auch, daß die Merkmale, die diese Gruppe von anderen Personen oder Gruppen unterscheidet (gerade eben der Glaube an Scientology), gefestigt werden. Dabei erhält auch die für Außenstehende nicht nachvollziehbare Sprache eine wesentliche Bedeutung, denn eine Kommunikation außerhalb Scientologys ist so gut wie unmöglich geworden. *»Ein neues Sektenmitglied stellt schon nach kurzer Zeit fest, daß es seine Freunde wechselte, meistens sind seine neuen Freunde andere Sektenmitglieder, die die Dinge im gleichen Licht wie der Betreffende sehen.«*[23]

③ *Das Feindbild:* Die Erzeugung des Feindbildes ermöglicht Scientology, ihre Mitgliedern glauben zu machen, man gehe aus einsehbaren Gründen und mit gerechtfertigten Methoden gegen Gegner vor. So kann jeder daraus eine eigene persönliche Rechtfertigung herleiten. Zudem hat es den Effekt der innerlichen überzeugten Abkapselung der Mitglieder von anderen Personen. Die klare Trennung zwischen den »guten« Scientologen und den »verdammungswürdigen Unwissenden« lassen Mitgliedern keinen Verhaltensspielraum (»Bin ich Scientologe, dann bin ich es ganz«). Wiederum gewinnt dann die Gruppe erheblichen Einfluß, denn es bleibt nichts anderes, als sich ausschließlich ihr zu widmen.
Weiterhin erhöht der Glaube an »Erzfeinde« die Bereitschaft der Mitglieder, sich den erforderlichen extremen Kontrollen seitens der Organisation zu unterziehen. Sie sind wohl jedem unangenehm, jedoch hat jeder eine beruhigende Erklärung: »Das muß sein, damit die Ausbreitung Scientologys nicht gefährdet wird.«

④ *Verhaltenskontrollen und befürchtete Sanktionen:* Ein wichtiges Motiv ist die Angst, die von mehreren Seiten genährt wird: a) Mitglieder müssen seitens der Organisation mit harten Strafen rechnen, wenn sie sich nicht den Richtlinien entsprechend verhalten; b) die Organisation ist im Besitz aller persönlicher Daten: Scientology *»... hat alle deine Sünden und Sexualgewohnheiten in schriftlich niedergelegter Form, da man sich Sektengeständnissen unterziehen muß... und dabei wird jede mögliche belastende Tatsache festgehalten...«*[24] Befürchtungen jeglicher Art sind da nicht unverständlich; c) Menschen, die an die Lehre Scientologys glauben und darin völlig verstrickt sind, übernehmen natürlich in gleicher Weise Hubbards Fiktionen der »guten« und der »bösen« Welt. Sie sind daher auch von möglichen Bestrafungen höherer Mächte überzeugt, die ihnen bei »Fehltritten« oder der Abkehr von Scientology widerfahren können.

⑤ *Der Alltag:* Das Leben vieler Scientologen hat sich innerhalb relativ kurzer Zeit dramatisch verändert. Die Bereitschaft, an Scientology zu glauben und in der Organisation zu leben, hat sich ganz allmählich aufgebaut. Lebensveränderungen wurden akzeptiert und auch befürwortet, die Rechtfertigung hierfür lieferte Scientology. Alte Freunde und Beziehungen, Arbeitsplatz, Freizeitbeschäftigungen, finanzielle Sicherheit usw. wurden beim einen teilweise, beim anderen völlig aufgegeben. An ihre Stelle traten neue »Freunde«, zeitraubende Kurse, Geldausgaben in horrender Höhe, Arbeit in der Organisation, kurz: Scientology Tag und Nacht. Selbst solche Scientologen, die ihren Beruf nicht aufgegeben und eher noch die Möglichkeit haben, sich im Alltagsleben zu bewegen (oft sind es solche, die nicht gezwungen sind, aufgrund finanzieller Engpässe für die Organisation zu arbeiten), sind immerzu mit der Lehre, der Praxis und der Realisierung von Hubbards Überzeugungen beschäftigt.

In einer solchen Situation sind für den Betreffenden Kritik oder Zweifel an der Lehre und der Organisation sowie eine objektive Urteilsfähigkeit fast ausgeschlossen. Er wird jede Art der Kritik zurückweisen. Treten tatsächlich einmal Zweifel auf, so wird auch dafür eine scientologische Erklärung herangezogen. Dies deshalb, weil es der Person nach einer solchen Lebensveränderung und solchem Engagement nicht mehr *möglich* ist, den Grund dafür – sprich Scientology – ohne psychische Folgen in Zweifel zu ziehen (ein Tatbestand, über den der einzelne sich nicht »bewußt« ist). »Beweisführungen« von

Angehörigen mögen zwar *kognitive Dissonanzen* erzeugen, diese werden jedoch derart reduziert, daß Scientology im Überzeugungsgefüge des Betroffenen möglichst wenig Schrammen erhält.
Dieser Mechanismus wirkt so elementar, daß selbst sogenannte Aussteiger, die die »Beweise« gegen die Organisation *(Dissonanz)* akzeptiert und ihr den Rücken gekehrt haben, oftmals immer noch an Hubbards Lehre glauben. So können sie beruhigt sagen: »Die Kirche ist zwar ein Ausbeutungsunternehmen, aber die Lehre stimmt« – zumal sich diese durch vermeintliche persönliche Erfahrungen ja als »wahr« erwiesen hat. Würden sie dies nicht glauben, müßten sie das Ungeheuerliche akzeptieren: »Ich habe mein Leben für ›Seelenfänger‹ und Hirngespinste aufgegeben und verpfuschen lassen.« Dies kann kaum jemand zugeben, ohne psychische Schäden davonzutragen.

Sinnvolle Aufklärung

Ist dies nun »Gehirnwäsche«, »Seelenwäsche« oder »Psychomutation«, sind die Mitglieder »abhängig« oder »süchtig«? Viele haben sich mit diesen Fragen auseinandergesetzt, und alle diese Bezeichnungen haben im Prinzip ihre Berechtigung. Welchen Nutzen aber haben solche Begriffe für die Aufklärungsarbeit oder für die Hilfe bei bereits Betroffenen? Zwei Beispiele: Wird von »Gehirnwäsche« gesprochen, wirkt das zwar abschreckend, sieht man dann jedoch den lebensfrohen John Travolta in einer Scientology-Broschüre, so wirkt dies sicherlich ausgesprochen unglaubwürdig. Bei einem Mitglied oder Aussteiger mit sozialen und psychischen Problemen stellt sich überdies die ernsthafte Frage: Wie *therapiert* man »Gehirngewaschene«?
Favorisiert man dagegen z. B. die Bezeichnung »Sucht«, ist ebenfalls zweifelhaft, ob dies jemanden daran hindert, sich Scientology anzuschließen. Zudem liefert auch dieser Begriff

kaum therapeutische Strategien zur Unterstützung von Betroffenen, denn auf so einfache Mittel wie das »Anti-Raucher-Kaugummi« kann wohl kaum zurückgegriffen werden.
Statt der verschwommenen Bezeichnungen für die Praktiken und Auswirkungen Scientologys sollten Analysen der *konkreten* Vorgänge für den einzelnen vorgenommen werden. Nur mit diesem Wissen kann effektive Vorbeugung und Hilfe gewährleistet werden. Nicht nur medienwirksame Schlagwörter, sondern auch fundierte Kenntnisse der differenzierten Vorgänge sind erforderlich. Warum?
Es kann sein, daß der Leser dieses Kapitels an einigen Stellen den Eindruck hatte, daß das Geschilderte alles noch »relativ harmlos« sei. In diesem Fall ist auch er in die scientologische Falle »getappt« – er hat sich zumindest gut in Scientology-Neugierige und -Mitglieder versetzen können. Denn auch eine Person, die mit Scientology konfrontiert wird, schätzt alles erstmal »harmlos« ein. Ganz allmählich wird sie an die Lehre und die Praktiken herangeführt. Man verlangt nicht von Beginn an »obskure« Tätigkeiten wie spirituelle Sitzungen, »Verkleidungen« oder ähnliches. Im Gegenteil, es ist für Betroffene, »irgendwie« ein bißchen von allem, was man schon mal gehört hat oder noch erfahren will.
Kurz: Die Gefahr Scientologys liegt nicht zuletzt in einer eigentlich ganz einfachen, verständlichen Attraktivität. Und es gilt, die dieser Attraktivität zugrundeliegenden Ursachen und Mechanismen herauszufinden, denn nur daraus kann effektive Aufklärung, Vorbeugung und konkrete Hilfe abgeleitet werden.
Befindet sich der Betroffene einmal in der scientologischen »Mühle«, verhindern wiederum weitere psychologische Mechanismen, daß er Scientology als das betrachten kann, als was es sich darstellt: eine Organisation, die ein *Wahnsystem* durch den Einsatz zum Teil äußerst geschickter Strategien verkauft.
Das Fatale dabei ist: Wahnsysteme (man sieht es bei Schizophrenen) zeichnen sich dadurch aus, daß sie so gut wie *uner-*

schütterlich sind. Denn sie sind – wenn auch völlig absurd und wirklichkeitsfremd – bis ins kleinste »ausgeklügelt«. Alles kann damit »erklärt« werden. Ab einem bestimmten Zeitpunkt »erklärt« ein Scientologe auch seine Welt damit! Zusammenfassend läßt sich festhalten, daß sich bei den Betroffenen eine kognitive Umstrukturierung vollzieht, also: eine Veränderung ihrer Überzeugungen und Einstellungen. Wie dies geschieht, wurde hier teilweise angesprochen, z. B. mit der Dissonanzerzeugung. Dieser Ansatz bietet eine Fülle von Möglichkeiten zur Erklärung der Prozesse von Neugier, Faszination und Mitgliedschaft und auch für elementare therapeutische Maßnahmen zur Unterstützung von Betroffenen. Dies ist wohl dringend geboten, denn, wie Hubbard selbstüberzeugt in seinem Technischen Bulletin vom 22. Juli 1956 behauptet: »Wir können schneller als die Russen gehirnwaschen: in 20 Sekunden bis zur totalen Amnesie.«

Anmerkungen

1 Oliver von Hammerstein: »Ich war ein Munie«, München 1983, S. 112.
2 Hubbard, Grundlagen, Ausgabe 1983, S. 16.
3 Leon Festinger: »A theory of cognitive dissonance«, Evanston 1957.
4 Dieter Frey/Siegfried Greif (Hrsg.): »Sozialpsychologie – Ein Handbuch in Schlüsselbegriffen«, München 1987, S. 151.
5 Dr. Nedopil/Prof. Mende: »Nervenärztliches Gutachten in Verwaltungsstreitsache gegen die Scientology-Vereinigung« München 21. 12. 1984.
6 ABI, Eidesstattliche Versicherungen, S. 256.
7 ABI, Eidesstattliche Versicherungen, S. 249.
8 Heinrich Steiden/Christine Hamernik: »Einsteins falsche Erben«, Wien 1992, S. 200.
9 Scientology-Werbeschrift: »Die Zeiten müssen sich ändern«, 1990.
10 Hubbard, Fachwortsammlung, S. 66.

11 Hubbard, Fachwortsammlung, div. Seiten.
12 Corydon, Messiah, S. 436.
13 Haack, Scientology, S. 102 f.
14 ABI, Eidesstattliche Erklärungen, S. 257.
15 Scientology Publications Organization: »Das einführende E-Meter-Buch, Clearing-Serie, Band 4«, Kopenhagen 1980, S. 3.
16 Birgit Kröner-Herwig/Rainer Sachse: »Biofeedbacktherapie«, Stuttgart 1988, S. 9.
17 ABI, Eidesstattliche Versicherungen, S. 220.
18 Edition ScienTerra, Scientology, S. 33.
19 L. Ron Hubbard: Research and Discovery Series: Volume 1, Lectures June 1950, Bridge Publication 1980, S. 33.
20 Hubbard, Dianetik, S. 81.
21 Hubbard, Dianetik, S. 253.
22 ABI, Eidesstattliche Versicherungen, S. 265.
23 ABI, Eidesstattliche Versicherungen, S. 254.
24 ABI, Eidesstattliche Versicherungen, S. 263.

Organisation und Finanzierung

Das oberste Ziel Scientologys ist es, zunächst die Erde und anschließend das Universum zu »klären« – ein recht ehrgeiziges Ziel! Auch wenn die Scientologen weit entfernt sind, die Erde in ihrem Sinne zu »klären« und damit zu übernehmen, bestimmt doch diese Zielsetzung ihre Tätigkeit. Denn: Wie soll man diese Erde »klären«? Welche Organisation ist dafür notwendig? In welchen Bereichen und mit welchen Menschen beginnt man? Wie räumt man die lästigen Gegner dieses Zieles beiseite? Welche Mittel müssen zu seiner Verwirklichung eingesetzt werden?

Die einfachste Antwort auf alle Fragen wäre, im Sinne des scientologischen Ideenguts einfach einen wirklich freioperierenden »Thetan« zu schaffen. Denn der – ausgestattet mit allen denkbaren und undenkbaren Fähigkeiten – könnte ja auf einen Schlag sein unbegrenztes Potential nutzen und den ganzen Planeten auf einen Schlag klären oder sich einfach eine neue Erde denken. Doch diese Problemlösung scheint Scientology bislang zu überfordern. Einen solch mächtigen »Thetan« hat die ganze Hubbard-Technologie offensichtlich noch nicht hervorgebracht, und so könnte in den Köpfen der Führungsriege von Scientology die Idee gereift sein, es auf eine andere Art zu versuchen. Zumindest sind alle Vorbereitungen getroffen, um im – unwahrscheinlichen – Eventualfall sofort die Macht auf der Erde übernehmen zu können. Die Organisation probt diesen Eventualfall sogar schon. Scientology zu verstehen heißt, sich in die Köpfe elitärer, von einer alleingültigen Mission überzeugter Fanatiker zu denken, die mit allen Mitteln versuchen, ihr Ziel zu erreichen. Alsbald wird man ganz natürlich auf eine Organisationsform stoßen, wie Scientology sie verkörpert. So ist Scientology nicht nur als Glaubenskonzern aktiv. Scientology und Scientologen sind überall: in der Wirtschaft, in der Politik, in der Kultur. Teils verdeckt, teils offen arbeiten sie am großen Ziel: »Clear Planet.« Den Aktivitäten Scientologys in diesen Bereichen gilt dieses Kapitel.

Um Macht zu erlangen, benötigt man bekanntlich ein Mittel: Geld. Und wenn Geld die Welt regiert, dann regiert Scientology schon kräftig mit. Über Geld Macht zu erzielen, diesem Ziel scheint Scientology heute in erster Linie verpflichtet. Und offenbar haben Hubbards Nachfolger erkannt, was die eigentliche Stärke der Bewegung ausmacht: Nährboden für ein gigantisches »Dienstleistungsgeschäft« zu sein.

Nach diversen Machtkämpfen innerhalb des weit verzweigten Scientology-Imperiums hat sich Mitte der achtziger Jahre David Miscavige an die Spitze der Bewegung gesetzt. Nicht etwa, weil er die höchste Stufen der Scientology-Technik erklommen hätte und damit zur »geistigen« Instanz ersten Ranges aufgestiegen wäre. Nein, sein Vorteil war, in dem streng hierarchisch gegliederten Scientology-Apparat den wirklichen Schlüssel der Macht erlangt zu haben: den Zugriff auf L. Ron Hubbards Urheberrechte. Dies aber bedeutet nichts anderes als das Recht, die Ideen Hubbards zu vermarkten. *»Niemand gibt Miscavige Anordnungen. Seine Macht und Kontrolle ist in jeder Hinsicht absolut – über jeden Aspekt von Scientology und das Privatleben eines jeden Scientologen.«*[1]

Die Organisation, der Miscavige als »Chairman of the Board« (Präsident) vorsteht, ist das »Religious Technology Center« (RTC). Alle Zweige Scientologys, alle »Kirchen«, »Missionen« oder Firmen, die die Technologie Hubbards anpreisen und verkaufen, müssen an das RTC als Lizenzgeber Gebühren entrichten. Das RTC hat seinen Sitz in Los Angeles und bildet die Spitze des Eisbergs Scientology.

Weltweit soll Scientology mehr als sieben Millionen Mitglieder haben. In über 70 Ländern ist sie durch Niederlassungen vertreten. Allein in Deutschland gibt es schätzungsweise 30 000 Anhänger. Darstellungen, Scientology erziele Jahresumsätze von über 150 Millionen DM, ist die Organisation nicht entgegengetreten.

Auf die verschachtelten Macht- und Führungsstrukturen innerhalb der Scientology-Bewegung kann hier nicht eingegangen werden, sie bedürften einer eigenen Abhandlung.

Wichtig ist allerdings, daß als offizielle Zentrale ein sogenanntes »Watchdog-Committee« und die Executive-Direktoren in Los Angeles fungieren. Von hier aus wird die Scientology-Welt offiziell regiert.
Insgesamt besteht nach Recherchen von Exscientologen heute das Führungsmanagement aus mehreren Personen. Unter David Miscavige, der »als Nachfolger Hubbards mit diktatorischer Macht«[2] ausgestattet sei, agieren: Norman Starkey (Trustee of LRH Estate – Treuhänder des Hubbard-Vermögens), Guillaume Lesèvre (Executive Director International – Leitender Direktor International), Herbert Jentzsch (President of the Church of Scientology International – Präsident der Scientology-Kirche International), Marc Yager (Inspector General for Administration RTC – Generalinspektor für Verwaltung) und Ray Mithoff (Inspector General for Technical RTC – Generalinspektor für Technik).
Die darunterliegende Instanz bilden die kontinentalen Büros. Für Australien/Neuseeland/Ozeanien gibt es die ANZO, für Lateinamerika die LATAM usw. Deutschland gehört zum Einflußbereich der AOSH EU & AF, die Advanced Organization Saint Hill Europa und Afrika. Ihr Sitz ist die dänische Hauptstadt Kopenhagen.
Von den kontinentalen Zentralen aus werden nun die nationalen »Kirchen«, »Missionen« und »Celebrity Centres« (zur Vereinfachung werden sie hier als Geschäftsstellen bezeichnet) der Scientology geführt und kontrolliert. Aus internen Wettbewerbsgründen befehligt dabei ein kontinentaler Manager nicht alle Geschäftsstellen eines Landes. Vielmehr führt ein Manager in Kopenhagen beispielsweise eine Geschäftsstelle in Deutschland, eine in Frankreich, eine in Polen, während ein Kollege eine andere Geschäftsstelle in Deutschland und anderen Ländern dirigiert. Gegenseitig bemüht man sich, den jeweils anderen in der Statistik zu überbieten. Statistik – ein Zauberwort von Scientology, denn um »gute Statistiken« dreht sich in den Geschäftsstellen alles.
Was Deutschland anbelangt, sind natürlich die bereits ange-

sprochenen »Kirchen«, »Celebrity Centres« und »Missionen«, von Interesse. Um mit ihnen in Kontakt zu kommen, gibt es neben den diversen Werbeaktionen (Flugblätter, Zeitungsanzeigen, persönliche Ansprache oder Persönlichkeitstest) die FSMs (Field Staff Members). Deren Aufgabe besteht laut Hubbard darin, »mit der Öffentlichkeit Kontakt aufzunehmen«. Der FSM ist eine Art freier Mitarbeiter der Scientology. Als Provision erhält er zehn Prozent von dem, was ein von ihm geworbener Kunde bei Scientology an Dienstleistungen kauft. Damit dies möglich ist, liefert er seinen Kunden an einer der drei oben genannten Geschäftsstellen ab. Die Funktionen einer »Mission«, einer »Org« oder eines »Celebrity Centre« unterscheiden sich in der Art der dort erbrachten und gelieferten Dienstleistungen.
In Deutschland finden sich »Missionen« in vielen Großstädten. Sie haben die Aufgabe, als Sammelbecken für neue Kunden zu dienen und Interessierten einfache Kurse zu verkaufen.
Wer als Interessent für weitere, teurere Kurse geworben werden kann, der wird in die nächstliegende »Klasse IV Organisation« weitergeleitet, meist kurz »Org« genannt. Den Namen »Klasse IV Organisation« tragen diese Geschäftstellen, weil hier »Auditoren der Klasse IV« tätig sein müssen. In Scientology-Werbeschriften heißen sie dagegen »Kirchen«. Solche »Orgs« gibt es in Berlin, Düsseldorf, Frankfurt am Main, Hamburg, Hannover, München und Stuttgart.
Eine besondere Aufgabe erfüllen die »Celebrity Centre«. Sie sollen zahlungskräftige Kunden besonders luxuriös verwöhnen, mit Vorliebe prominente Scientologen. Entsprechend sind nur drei solcher Zentren in Deutschland bekannt: in Düsseldorf, Hamburg und München.
Diese hierarchische Aufteilung vom RTC hinab bis zu den Missionen geht einher mit dem Dienstleistungsangebot der Scientology. Dabei läßt sich folgende Grundregel aufstellen: Je tiefer man in die Ideologie eingeweiht wird, je mehr Kurse man besucht, desto höher steigt man in der Funktion und um so höher werden die Preise.

L. Ron Hubbard hat das natürlich auf seine Art ausgedrückt: *»Am Allerwichtigsten sind: vollkommen neue Leute, die noch nichts in Scientology gemacht haben. Als Nächstwichtigstes: die ersten Dienstleistungen, die diese Leute in Anspruch nehmen werden. Und dann als Nächstwichtigstes: Leute in HGCs* [Beratungszentren] *und Akademien zu bringen. Als Nächstwichtigstes: Leute zu SHs* [Saint Hill Organisationen] *zu bringen. Als Nächstwichtigstes: Leute zu AOs* [Fortgeschrittenen-Organisationen] *zu bringen. Als Nächstwichtigstes: Leute nach FLAG* [Dienstleistungs-Hauptquartier in Florida, wo die höchsten Kurse abgehalten werden] *zu bringen.«*
»Der einzige Grund, warum LRH [L. Ron Hubbard] *die Kirche gründete und mit ihr arbeitete, bestand darin, den Leuten dieses Planeten ... Dianetik und Scientology zu verkaufen und zu liefern, da er es allein nicht schaffen konnte, 2,5 Milliarden Leute auszubilden und zu auditieren. Das ist der einzige Grund, warum es die Kirche gibt. Und das ist der einzige Punkt, warum wir sie managen ... Dieser Punkt ist: das Verkaufen und Liefern von Material und Dienstleistungen an Kunden.«*[3] Dies ist nicht etwa eine böswillige Unterstellung eines übereifrigen Scientology-Kritikers, sondern eine offizielle Richtlinie des Internationalen Managements der Scientology! L. Ron Hubbard faßte die Zielsetzung für seine Mitarbeiter in einem anderen Richtlinienbrief zusammen: »Make money. Make more money.« (Mache Geld. Mache mehr Geld.)
Um »Geld zu machen«, bedarf es Kunden. Es sind die Milliarden von »aberrierten«, »engramm«-beladenen, unwissenden Menschen dieser Erde. Gelockt werden sie mit dem Ziel der »totalen Freiheit«, am Ende sollen es »total befreite Kunden« sein. Das sind sie denn oft auch, allerdings »befreit« von jedem Besitz. Den Weg, den man vom nichts ahnenden Menschen zum »Operating Thetan« beschreiten muß, nannte Hubbard die »Brücke«. Diese ist lang, beschwerlich, aber vor allem teuer. Inhaltliches zu den einzelnen Kursstufen, ist in den Kapiteln »Die Lehre der Scientology« und »Neugier – Faszination – Mitgliedschaft« nachzulesen. An dieser Stelle geht es um die Kosten für derlei »Befreiungstheorie«.

Es beginnt mit Einführungskursen zur »Verbesserung des Lebens«. Eine Dienstleistung, die auch in »Missionen« angeboten wird. 1990 kosteten beispielweise als »Spendenbeiträge für Dienstleistung«: Kurse »Wie man eine erfolgreiche Ehe aufrechterhält«, »Der Weg zum Glücklichsein« oder »Finanziell erfolgreich sein«: 140 DM. Der Kurs: »Erfolg durch Kommunikation« kostet dann bereits 475 DM.*

Dann beginnen die »Auditing«-Kurse, die man in der Regel in »Orgs« geliefert bekommt. Nach Auskünften von Exscientologen muß man ab dieser Stufe zwingend Mitglied der »International Association of Scientologists« (IAS) werden. Die Mitgliedschaft gilt demnach für ein Jahr oder auf Lebenszeit. Hier werden Mitgliedsbeiträge fällig. Für ein halbes Jahr kann man aber auch eine »freie Mitgliedschaft« bekommen. Nun zu den Kosten der »Dienstleistung«: zwölfeinhalb Stunden Einführungs- und Demonstrations-»Auditing« (für Mitglieder) 400 DM, Eheberatung pro zwölfeinhalb Stunden 1200 DM, »Reinigungsrundown« 4240 DM, reguläres »Auditing pro Intensiv« zu zwölfeinhalb Stunden 7200 DM. An diesen Zahlen ist leicht abzulesen, um welche Summen es bei Scientology geht.

Hubbard empfahl – und seine Nachfolger berufen sich darauf –, nicht nur »Auditing« zu erhalten, sondern sich selbst auch zum Auditor ausbilden zu lassen. Schließlich benötigt man für die oberen Kursstufen die Fähigkeit des »Solo-Auditing«, also sich selbst auditieren zu können. Hier ein Auszug aus dem umfangreichen Dienstleistungs- und Ausbildungsangebot der Scientology (genannte Preise gelten für Mitglieder der IAS): »Ko-audit-Kurs für TRs und Objektive Prozesse« 4000 DM, »Solo-Kurs Teil I« 9040 DM, »Scientology-Akademie Stufen 0 – IV« (wenn der Beitrag für alle fünf Stufen gleichzeitig entrichtet wird!) 24 000 DM, »Hubbard-Kurs Dianetik der neuen Ära« 9600 DM, »Auditorenkurs für den Klasse-V-graduierten Auditor« 9040 DM, »Hubbard-Kurs für Ethik-Speziali-

* Quellenangabe: Zitiert nach: »Scientology – Irrgarten der Illusionen, C. Minhoff/M. Müller, S. 83, München 1994.

sten« 6000 DM, »Hubbard Professioneller Kurs über die Verkaufskunst« 9040 DM.
Höhere Kursstufen in Ausbildung und »Auditing« erhält der Kunde nicht mehr in den deutschen Geschäftsstellen, dafür muß er nach England oder Kopenhagen fahren. Dazu zählen (nach letztem Kenntnisstand des Autors, ohne Gewähr) u. a. der »Clear-Gewißheitsrundown«, der »Sonnenschein-Rundown«, der »OT-Vorbereitungskurs« und die »OT-I- bis -V-Kurse«. Die obersten OT-Stufen sind dann in Clearwater/Florida auf »Flag« oder auf dem Scientology abzuleisten. Mit diesem Dienstleistungsangebot macht Scientology nach Schätzungen von Kritikern jährlich Umsätze in dreistelliger Millionenhöhe.
So weit der Bereich, den Scientology als »Kirche« definiert.
Scientology bemüht sich aber auch, in der Wirtschaft an Einfluß zu gewinnen. Zum einen, um zahlungskräftige Kunden anzuwerben, zum anderen, um selbst durch unternehmerische Tätigkeit den Machtbereich auszudehnen. Die Aussage einer Kritikerin, »Grundstücks-, Häuser- und Wohnungsdeals« gehörten »zu den Haupteinkunftsarten der Scientology-Sekte«, wollte Scientology verbieten lassen, scheiterte aber im Dezember 1992 mit einer beantragten Einstweiligen Anordnung gegen diese Aussage vor dem Hamburger Hanseatischen Oberlandesgericht.
Die Basis solcher Kritik findet sich in dem dem Scientology-Netzwerk zugehörigen »World Institute of Scientology Enterprises«, kurz »WISE«. Der führende Scientologe Marc Yager erläuterte auf der sechsten Jahresfeier der IAS in Lausanne/Schweiz im Oktober 1990 die Aufgabe von »WISE«: *»Wir haben mittlerweile viele Einflußbereiche innerhalb der Gesellschaft durch die Anwendung von LRH-Technologie auf vielen verschiedenen Gebieten. Solch ein Gebiet ist die Geschäftswelt, in der wir einen Dschungel von Out-Ethik und willkürlichen Lösungen durch die standardgemäße Verwaltungstechnologie von L. Ron Hubbard ersetzen. Das geschieht durch das World Institute of Scientology Enterprises – WISE. WISE hat die Zielsetzung, Ethik [im Sinne der Scientology] in die Geschäftswelt einzuführen und durch die Verbreitung von LRHs Errungenschaften*

auf dem Gebiet der Verwaltung Vernunft [das, was Scientology dafür hält] walten zu lassen. Mit Tausenden von Mitgliedern in mehr als 22 Ländern schafft sich WISE einen immer größer werdenden Einfluß auf die Gesellschaft. Eine Anzahl großer Weltfirmen haben von WISE-Mitgliedern Dienstleistungen erhalten ... Die Gesamtzahl der Unternehmen, die allein im vergangenen Jahr LRHs Managementtraining erhielten, übersteigt die Anzahl von 75 000.«

Die WISE-Mitglieder, so heißt es in einem Vorwort des »International Directory 1991«, »sichern, bewahren und schützen den vollen und richtigen Gebrauch von L. Ron Hubbards Verwaltungstechnologie in der Geschäftswelt«. Dieses Handbuch der WISE-Mitglieder ist im übrigen recht aufschlußreich. Zeigt es doch, wer sich in Deutschlands Geschäftswelt der Zielsetzung Hubbards verschrieben hat. Einige Firmen und Namen aus dieser Liste haben in der Vergangenheit bereits für Aufsehen gesorgt. Ein Beispiel unter vielen ist ein Hamburger Immobilienmakler. Als F.D.P.-Mitglied nutzte dieser seine Kontakte für seine Geschäfte und sorgte so in Hamburg für einen Skandal mit breitem Medienecho. Neben dem Immobilienbereich sind die WISE-Firmen vor allem im Managementtraining und in der Unternehmens- und Personalberatung tätig.

Wie die Übernahme von Firmen durch Scientologen funktionieren soll, das ist in der Verwaltungsanordnung ED 1040 nachzulesen:

① *»Suche Dir ein Geschäft aus, welches bereits sehr gut arbeitet.*
② *Wende Dich an den höchsten Direktor. Biete ihm an, dafür zu sorgen, daß sein Geschäft ihm mehr Geld einbringt.*
③ *Lokalisiere SPs* [Suppressive Person: jemand, der Scientology stört] *in der Organisation, und wirf sie hinaus.*
④ *Auditiere die leitenden Angestellten, und zeige ihnen, um was es sich handelt, das wird dann den Zyklus in Gang setzen: Die leitenden Angestellten werden die Jungmanager und das andere Personal dazu drängen, Auditing zu nehmen.«*[4] Es gibt Beispiele, wo Scientologen genau dieses Verfahren angewendet haben.

Auf der oben schon erwähnten Tagung der Internationalen Scientologen-Vereinigung ergriff auch David Miscavige das Wort. Hier ein Auszug: *»Bis jetzt haben Sie an diesem Abend von unseren Bemühungen gehört, die Unterdrücker auf diesem Planten mundtot zu machen, und Sie haben ebenfalls von der Expansion der Scientology in der Öffentlichkeit gehört und auch darüber, die Technologie von LRH zugänglicher und bekannter zu machen ... Vielleicht haben Sie schon von WISE und ABLE* [Association for better Living and Education] *gehört. Die Anwendung dieser Technologie auf weltlicher Ebene war in den vergangenen Jahren unglaublich, und in diesem Jahr werden wir den möglicherweise größten Angriff gegen die Drogenszene starten.«*

ABLE ist eine weitere, dem Scientology-Konzern zuzuordnende Organisation. Sie bemüht sich, über Schulen und Kindergärten Zugriff auf die jüngste Generation zu erlangen. Als Träger verschiedener Programme für Kinder tritt »ZIEL« (Zentrum für individuelles und effektives Lernen) auf.

ABLE zuzurechnen ist nach Recherchen von Scientology-Kritikern auch das sogenannte »Drogenrehabilitationsprojekt« NARCONON. Dabei bekennt sich Scientology ganz offen zu dieser Organisation. NARCONON ist sogar »ein geschütztes Zeichen im Besitz von ABLE«. Statt Drogen wird in diesem »Entzugsprojekt« die Technologie Hubbards angewendet.

Scientology bzw. Scientologen initiieren noch weitere Gruppen, die für die Organisation den Nährboden der Öffentlichkeit bereiten sollen. Ihre Aufgabe bzw. Gegner lassen sich dabei bereits aus dem Namen ableiten: »Kommission für Polizeireform«, »Kommission für Verstöße der Psychiatrie gegen Menschenrechte«, »Kommission zum Schutz des Bürgers gegen Datenmißbrauch«, »Mitbürger unterstützen Toleranz – Initiative zur Wahrung der Menschenrechte«, »Verband engagierter Manager«, »Verband engagierter Zahnärzte« und »Verband verantwortungsbewußter Geschäftsleute«.

Ein weiteres Projekt, das offenbar von Scientologen maßgeblich beeinflußt wird, ist die »Friedensbewegung Europa, Aktionsbüro Bosnien-Herzegowina« in Hamburg. Diese Organisation benutzt den scientologischen Zielvorgabe-Code: »Eine Welt ohne Krieg und ohne Wahnsinn.« In der Scientology-Zeitschrift »Neue Zivilisation« wird nicht nur für die Gruppe geworben, getreu der Hubbardschen Ideologie wird der Krieg in Bosnien auch als »von Psychiatern« angezettelt erklärt: »Die Kommission für Verstöße der Psychiatrie gegen Menschenrechte hat umfassende Nachforschungen betrieben, die stichhaltig beweisen, daß der Krieg in Bosnien-Herzegowina auf Initiative von serbischen Psychiatern hin entfacht wurde.« Und ganz offen heißt es weiter: »Uns als Scientologen ist die Bedeutung klar, die es hat, wenn Psychiater agieren.« Selbst mit dem Elend des Kriegsterrors versuchen die Scientologen offenbar, ihr Geschäft zu betreiben.

Nun soll noch von einer Geldquelle berichtet werden: Die »Kriegskasse« der Scientology. In diese Kasse haben sogenannte »Patrons« einen Betrag von 40 000, 100 000 oder 250 000 Dollar eingezahlt. Nach Informationen von Aussteigern dient diese »Kriegskasse« zur Bekämpfung von Kritikern. Die Liste der Namen, die darin eingezahlt haben, umfaßt annähernd 1000 Namen. Sie wurden im Magazin der Internationalen Vereinigung der Scientologen, »Impact«, veröffentlicht. Die über hundert Namen von Deutschen auf dieser Liste können hier allerdings nicht dokumentiert werden.

Einer von denen, die dort mit dem Ehrentitel »Patron Meritorius« für seine 250 000-Dollar-Spende ausgezeichnet werden, ist der deutschen Unternehmer Gerhard H. Dieser ist gleichzeitig Mitglied des Scientology-Wirtschaftsimperiums »WISE«. H. spielt eine tragende Rolle in dem Versuch der Scientology, ein ganzes Land unter Kontrolle zu bringen. Es handelt sich um das »Projekt A.« – »A« für Albanien. Die Zielsetzung von Projekt A.: *»Das erste wirkliche freie Land auf diesem Planeten ohne Krieg, Wahnsinn und Kriminalität.«*

Albanien, ein ehemals dem Kommunismus chinesischer Prägung zugewandtes, mittlerweile in die westliche Demokratie entlassenes, armes Land, hatte den scientologischen Invasionsbestrebungen offenbar wenig entgegenzusetzen. Denn die Scientologen konnte mit etwas aufwarten, was dort dringend gebraucht und gewünscht wird: Investitionen. Dank großer Investitionsversprechungen schaffte es der Unternehmer H., sich in hohen albanischen Regierungskreisen einzuführen. Schon bald jubelte die Scientology-Presse, »Minister der höchsten Ebene in der albanischen Regierung« würden nach LRHs Technology greifen. Außerdem würde die Regierung umfassend von Scientologen bei der weiteren Privatisierung beraten. Bibliotheken wurden mit Hubbard-Büchern überschwemmt, Kurse für Mitarbeiter in Ministerien und Unternehmen abgehalten, dem Direktor des internationalen Kulturzentrums wurde angeboten, Bücher im Wert von 30 000 Dollar zu erhalten, wenn er Räume für Kurse zur Verfügung stelle. Doch die Berichterstattung im ARD-Magazin »Report aus München« und darauf folgende Reaktionen staatlicher albanischer Stellen und Presseorgane scheinen dem ungestümen Vordringen der Scientologen in Albanien einen Riegel vorgeschoben zu haben.

Daß die Scientologen sich nicht nur auf arme Länder stürzen, belegen die Pläne, die Schweiz zum »ersten geklärten Land auf dem Planten« zu machen. Die Zielsetzungen und Wunschvorstellungen zeigen dabei, wie weitreichend die Machtpläne Scientologys sind: *»Ziel: Die Schweiz ist das erste Land, in welchem Scientology und die LRH-Technologie in allen Lebensbereichen ungehindert gedeihen kann ... Es gibt keine Psychiater mehr ... Die Erziehungs- und Schuldirektoren wie die Lehrer anerkennen und empfehlen die LRH-Studiertechnologie ... Die LRH-Technologie ist die Managementtechnologie der erfolgreichen Geschäftsleute. WISE ist die stärkste Schutzorganisation für Ethik und Geschäftsexpansion geworden ... Im Bereich des Rechts: Richtlinien und Justizanordnungen von LRH sind anerkannt und angewandt. Rechtsstreit wird durch die Anwendung der LRH-Policies unter WISE geregelt.«*

Das also ist sie, die »schöne neue Scientology-Welt«.

Anmerkungen

1 Die schriftliche Zeugenerklärung von André Tabayoyon vom 5. März 1994.
2 Potthoff, Analyse, S. 88.
3 Bulletin des Internationalen Managements vom 2. Februar 1983.
4 Hermann, Mission mit allen Mitteln, S. 108.

4. UMGANG MIT KRITIK

Das Titelbild war eindrucksvoll: eine Collage mit kahlköpfigen, »Heil-Hitler«-grüßenden jugendlichen Neonazis, dazu ein historisches Foto eines SA-Mannes, der ein Plakat mit der Aufschrift »Deutsche! Wehrt euch! Kauft nicht bei Juden!« trägt. Der Titel der Broschüre: »Haß und Propaganda – Sanktioniert und betrieben von Medien und Behörden – Dokumentation der Hetzkampagne gegen die Scientology-Gemeinschaft.« Im Februar 1993 veröffentlichte die Scientology in mehreren europäischen Staaten diese 56 Seiten starke Broschüre, die ihre angebliche Verfolgung in Deutschland belegen soll. Darin »dokumentiert« die Scientology scheinbar »schockierende, plakative Parallelen zwischen der Intoleranz und Diskriminierung gegen die Scientology-Gemeinschaft und der schamlosen Hetze gegen religiöse Minderheiten während der Nazi-Ära«.

Eigentliches Angriffsziel dieser Propagandaaktion sind allerdings Scientology-Kritiker. Sie werden in Steckbriefmanier mit herabsetzenden Texten abgebildet. Betroffen von diesem Angriff sind neben einem Scientology-Aussteiger, einer Ministerin, einem Rechtsanwalt, einem Geschäftsführer einer Betroffenenorganisation, dem nordelbischen Pfarrer Hinrich Westphal sowie u. a. die Leiterin der »Arbeitsgruppe Scientology« der Hamburger Behörde für Inneres, Ursula Caberta. Vor allem die Letztgenannte ist Scientology aufgrund ihrer schonungslosen Aufklärungsarbeit ein Dorn im Auge. Die Wirkung der Schrift ist für den unwissenden Betrachter eindeutig: Die genannten Personen werden auf eine Stufe gestellt mit

den Protagonisten der Judenverfolgung und -vernichtung. Scientology dagegen schlüpft in die Rolle der verfolgten Minderheit.
In einem späteren Prozeß vor dem Amtsgericht Hamburg im Januar 1994 wurden drei mitverantwortliche Scientologen in erster Instanz wegen Beleidigung verurteilt. Einer von ihnen war zugleich für eine ähnliche Schrift »Der Kaufmann von Hamburg« verantwortlich, bei der die Hamburger SPD mit der früheren NSDAP gleichgesetzt wurde. Diese Taktik hat bei Hubbards Truppen Methode und wurde im Jahr 1996 massiv fortgesetzt. In großen Anzeigen in führenden amerikanischen Zeitungen wurde erneut die Behauptung aufgestellt, Scientologen würden im heutigen Deutschland verfolgt wie die Juden im Nazi-Deutschland. Der Vorwurf ist nicht nur deshalb ungeheuerlich, weil er die Verbrechen des Nationalsozialismus verharmlost und den Holocaust in seiner Unvergleichbarkeit relativiert, er belegt außerdem die Strategie der Scientologen, von eigenen totalitären Tendenzen abzulenken. Vor allem, wenn es um die kritische Auseinandersetzung in einer freiheitlichen Demokratie geht. Scientology erweckt den Eindruck, als stände sie außerhalb jeder Kritik und dürfe ihre Praktiken nicht untersuchen lassen: *»Meinungsverschiedenheiten und der Austausch von Ideen sind ein zentraler Punkt der amerikanischen Gesellschaft. In Scientology jedoch ist das verboten, weil Scientology ein geschlossenes System ist. Es erlaubt kein Eindringen neuer (nicht auf Hubbard zurückgehender) Ideen. Es definiert sich auch selbst. Glück entspricht der Definition von Hubbard. Überleben entspricht der Definition von Hubbard. Geistige Gesundheit entspricht der Definition von Hubbard. Weicht jemand von Hubbards Ansichten ab, liegt der Fehler in der Person des Betreffenden, nicht in Hubbard. Es ist Aufgabe des Betreffenden, sein Problem solange anzugehen, bis Übereinstimmung mit Hubbard erreicht wird.«*[1] Es gibt wohl nur wenige Organisationen, die so ausführliche und genaue Anweisungen für die »Behandlung« von Gegnern besitzen wie die Scientologen. Zwar sind diese Anweisungen strengstens geheim, doch haben genügend Aussteiger für ihre Verbreitung außerhalb der Organisation gesorgt.

Kritiker sind Kriminelle

Seine Grundüberzeugung gegenüber Kritikern hatte L. Ron Hubbard dogmatisch festgeschrieben: *»Wir fanden niemals Kritiker der Scientology, die keine kriminelle Vergangenheit hatten. Wenn sie sich der Scientology in den Weg stellen, werden wir sofort nach ihren strafbaren Handlungen schauen – und wir werden sie finden und bloßlegen. Wenn sie uns aber in Ruhe lassen, werden auch wir sie in Ruhe lassen.«*[2] Allein aus dieser Aussage läßt sich ableiten, daß Scientology Kritik kurzum nur als das Werk von Kriminellen ansieht. Entsprechend aggressiv ist das Auftreten der Bewegung und ihrer Funktionäre.

Hubbard schafft mit seiner Aussage von stets kriminellen Kritikern genau solche generellen Feindbilder. Scientology läßt sich eben nicht gern in die Karten schauen. Untersuchungen, kritische zudem, soll die Scientology getreu den Worten L. Ron Hubbards »niemals zahm zulassen«. Um das undurchsichtige Imperium so vor Durchleuchtung zu sichern, hat Hubbard sogar eine eigene Methode entwickelt: die »Ethik-Technologie«.

Wer dem ersten Augenschein nach glaubt, es handele sich hierbei um eine Technologie, die dem Ziel dient, ethischen Grundsätzen in Organisationen und Gesellschaft zum Durchbruch zu verhelfen, der tappt bereits in Hubbards »Redefinitionsfalle«. Das Wort »Ethik« bekam bei Hubbard nämlich eine neue Bedeutung: *»Der Zweck von Ethik ist: die Gegenabsichten aus der Umgebung zu entfernen. Nachdem dies erreicht worden ist, wird der Zweck sichtbar: die Existenz anderer Absichten aus der Umgebung zu entfernen.«*[3] »Ethik« ist innerhalb des scientologischen Systems ein Synonym für die Durchsetzung von »totalem Gehorsam«.

Scientologys Geheimagenten

Um diesen Zweck innerorganisatorisch durchzusetzen, hat Scientology eine eigene »Ethik«-Abteilung. Für die Durchsetzung außerhalb Scientologys war lange Zeit das sogenannte

»Guardian Office« zuständig. Über diese Abteilung der Scientology-Organisation befand die Münchner Staatsanwaltschaft 1983: *»Diese Stelle benutzt zur Abwehr innerer und äußerer Gegner der Organisation auch geheimdienstliche Methoden, operiert im Grenzbereich zur Illegalität und scheut gegebenenfalls auch nicht vor kriminellen Aktionen zurück.«* Nach Informationen von Kritikern soll für diese Aufgabe heute das »Office of special affairs« (Büro für spezielle Angelegenheiten), kurz OSA, zuständig sein. Der Hauptsitz der OSA ist in Los Angeles. Für Europa, den ehemaligen Ostblock und Afrika ist OSA Kopenhagen zuständig. In Deutschland wird das OSA als »Department für spezielle Angelegenheiten« (DSA) bezeichnet oder auch als »Presse- und Rechtsamt« bzw. »Büro für öffentliche Angelegenheiten«.

Die zum Freiwild werden

Doch nicht nur personell, auch ideologisch ist Scientology massiv darauf vorbereitet, Kritik zum Verstummen zu bringen. In diesem Zusammenhang wird immer wieder die Hubbardsche »Fair Game Policy« genannt. »Fair Game« bedeutet Freiwild. Die »Fair Game«-Regel erklärt Gegner der Scientology de facto für »vogelfrei«. Mit dieser Anweisung eröffnete Hubbard die Jagd auf Scientology-Kritiker: *»Eine Person, die in den Ethik-Zustand des Feindes zurückgestuft worden ist, gilt als vogelfrei: Man darf ihr Eigentum abnehmen, sie in jeder Weise verletzen, ohne daß man von einem Scientologen bestraft wird. MAN DARF IHR STREICHE SPIELEN, SIE VERKLAGEN, SIE BELÜGEN ODER VERNICHTEN.«*

Um diese »Fair Game Policy« gibt es seit Jahren einen Definitionsstreit. Kritiker verweisen immer wieder auf diese Anweisung, um die Methoden der Scientology zu dokumentieren. Die Scientologen betonen, daß die »Fair Game Policy« schon lange nicht mehr gültig sei. Theoretisch haben sie recht. Die umstrittene Vorschrift wurde 1968 durch eine Anweisung Hubbards aufgehoben. Im HCO Policy Letter vom 21. Oktober 1968 heißt es: *»Die Praxis, Leute zu Freiwild zu erklären, wird eingestellt. Fair Game darf in keiner Ethikanweisung erscheinen. Es verursacht schlechte Öffentlichkeitsarbeit. Dieser Richtlinienbrief hebt keine Richtlinie über die Behandlung oder Handhabung von ›unterdrückerischen Personen‹ außer Kraft.«*

Daß diese Richtlinie auch inhaltlich nicht mehr gilt, daran besteht begründeter Zweifel. So stellte die Münchener Staatsanwaltschaft fest: *»Obwohl die sogenannte Fair Game Policy vom 7. März 1965, durch die die Gegner für quasi vogelfrei erklärt worden waren, aufgehoben ist, hat sich an der Praxis der Einschüchterung und Verfolgung von Gegnern, wie das in der Organisationszentrale in München gefundene Arbeitspapier des Department 20*[4] *und die hiernach durchgeführten Aktionen gezeigt haben, im wesentlichen nichts geändert. Auch vor Amtsanmaßungen schrecken die Mitglieder der Organisation nicht zurück, um ihre Gegner einzuschüchtern.«*[5]

Diese Vermutung wird auch von ranghohen Scientology-Aussteigern bestätigt, beispielsweise von Robert Vaughn Young, der jahrelang für Kritik-Abwehr in Scientology zuständig war: *»Man muß sich darüber klar sein, daß ›Freiwild‹ nicht das Ergebnis eines von Hubbard geschriebenen Richtlinienbriefes ist. ›Freiwild‹ war und ist in die Organisation durch eine Vielzahl von Richtlinienbriefen und Anweisungen eingebettet, die von Hubbard stammen... Und ›Freiwild‹ ist in der Tat auch weiter angewendet worden. Obwohl das Guardian's Office aufgelöst wurde, wurde 1981 eine neue Kampagne gegen Gerald Amstrong gestartet, einen Angehörigen des Personals, der mit einigen von Hubbards Akten geflohen war... Ich weiß das, weil ich bei diesen Strategiesitzungen dabei war und sowohl von Hubbard als auch von David Miscavige den Befehl erhielt, ›Armstrong zu fassen‹.«*[6]

Nachweislich haben sich Scientologen folgender Methoden befleißigt, um Kritik und Kritiker anzugreifen:

- *ehrenrührige Artikel in der Scientology-Presse,*
- *Leserbriefe in Zeitungen,*
- *sogenannte Informationsbriefe an Personen des öffentlichen Lebens,*

- *Sammlung von Informationen über Kritiker,*
- *offene Materialsammlung (Archive usw.),*
- *verdeckte Materialsammlung (Beschattung, Anrufe bei Bekannten und Verwandten des Kritikers usw.),*
- *Verschicken von Briefen mit falschen Anschuldigungen an den Arbeitgeber des Kritikers,*
- *Telefonkampagnen gegen Kritiker,*
- *Bespitzelung durch Privatdetektive,*
- *Einschleusung von Scientologen in Kritikerorganisationen oder deren Veranstaltungen,*
- *Überziehen von Kritikern mit Strafanzeigen und Zivilklagen,*
- *Anstrengen von Prozessen, um Kritiker finanziell zu ruinieren,*
- *Verleumdung, üble Nachrede und Falschaussagen,*
- *Einbruch bei Behörden.*

Diese Liste ließe sich noch erweitern, doch sie umfaßt die wesentlichen Teile derjenigen Scientology-Methoden, die in der Vergangenheit als gängigste Mittel im Kampf gegen Kritiker dienten.

Antisoziale Personen – der Antiscientologe

Wer sind nun die Feinde und Kritiker der Scientology? Die Scientologen selbst behaupten, sie stünden »jeder konstruktiven Kritik offen gegenüber«. Nur, was »konstruktive« Kritik ist, das entscheidet Scientology selbst. Als Maßstab für den Begriff »konstruktive Kritik« können einmal mehr die schriftlich niedergelegten Richtlinien Hubbards gelten. Und aus denen wird deutlich, daß Scientology eine eigene Form des geistigen Rassismus betreibt. »Rassismus« im klassischen Sinne kann Scientology natürlich nicht vertreten, weil sie ja dem menschlichen Körper wenig Bedeutung beimißt – im Gegensatz zum wirklichen Wesen, dem »Thetan«. Ein »Thetan« ist nicht schwarz oder weiß. So setzt die »Rassenhygiene« der Scientology beim geistigen Wesen an. Im September 1966 schrieb Hubbard dazu einen wichtiges Bulletin. Der Titel ist Programm: »Die Antisoziale Persönlichkeit – der Antiscientologe«.[7] Antiscientologen sind also »Antisoziale Persönlichkeiten«, und diese »Sorte Menschen« läßt sich laut Hubbard ziemlich genau eingrenzen: *»Es gibt gewisse Merkmale und geistige Einstellungen, die etwa 20 Prozent einer Rasse dazu bewegen, sich jeder Unternehmung oder Gruppe, die etwas verbessern will, mit Gewalt zu widersetzen... Kriminalität und verbrecherische Handlungen werden von antisozialen Persönlichkeiten verübt. Der Zustand von Anstaltsinsassen läßt sich gewöhnlich auf die Verbindung mit solchen Persönlichkeiten zurückführen.«*[8]

Kritikerorganisationen gehören zu jenen »Unternehmen oder Gruppen«, die sich gegen Scientology stellen. Und getreu den Anweisungen Hubbards gilt es, solche Elemente zurückzudrängen »oder noch besser, aus der Gesellschaft auszusondern«: *»Wenn Sie... alle jene antisozialen Persönlichkeiten... aussieben würden und wenn Sie sich dann von ihnen trennen würden, könnten Sie eine große Erleichterung empfinden. Ebenso könnte sowohl sozial als auch wirtschaftlich Erholung eintreten, wenn die Gesellschaft diesen Persönlichkeitstyp als ein krankes Wesen erkennen und ihn isolieren würde, so wie sie jetzt Leute mit Pocken in Quarantäne steckt.«*[9] Formulierungen, die fatal an die Ideen der »Rassenhygiene« der Nationalsozialisten erinnern. Wo solche Ideen enden, ist bekannt.

Daß Hubbard erschreckende Phantasien hatte, wie man mit unerwünschten Personen umzugehen hat, wird auch in anderen seiner Schriften deutlich. 1953, als er den Begriff »Antiscientologe« noch nicht kreiert hatte, sprach er noch von den »aberrierenden Persönlichkeiten«: *»Hin und wieder haben gewalttätige Männer in diesem oder jenem Land Programme durchgeführt, um die Gesellschaft von solchen Ansteckungsherden zu reinigen. Könige pflegten in alter Zeit Leute zu enthaupten, die ihnen ständig schlechte Nachrichten brachten – eine sehr weise Maßnahme. Aus neuerer Zeit wird von Gomez, dem verstorbenen Diktator von Venezuela, berichtet, er habe als Ansteckungsherd der Lepra im Lande die Bettler erkannt... Gomez ließ [alle Bettler] auf zwei große Flußschiffe laden.*

Die Flußschiffe fuhren in die Strommitte, die Mannschaft ruderte in kleinen Booten davon, und die Schiffe explodierten mit gewaltigem Getöse. Das war das Ende der Lepra in Venezuela ... Das Gesetz verbot es dem Preclear [einem Scientology-Gläubigen], *zu den Maßnahmen des Tyrannen oder eines Gomez zu greifen, denn das Gesetz ist in solche Leute* [aberrierende Persönlichkeiten] *völlig vernarrt und verteidigt sie an allen Ecken und Enden, weil es ja auch fast ausschließlich eben diese Leute sind, die sich des Gesetzes bedienen. Der natürliche Impuls des Preclears, den Weg freizuräumen, wurde vereitelt; fassungslos mußte er feststellen, daß die notwendige Aktion – nämlich Mord – durch das Vorhandensein von Polizei und Gerichten verhindert wurde. Dies brachte den Preclear dahin, sich von der Gesellschaft und dem Gesetz betrogen zu fühlen.«*[10]

Ethik auf Abwegen

Die Scientologen sehen sich offenbar als Staat im Staate, haben ihre eigenen Gesetze. Auch wenn sie betonen, daß sie sich jeweils an die Rechtslage des Staates halten, in dem sie aktiv sind, so gibt es doch genügend Beispiele dafür, daß dies oft genug nicht der Fall ist.

Besonders aggressiv ist Scientology gegenüber jenen, die das System von Scientology als Quacksalberei entlarven könnten: Psychologen und Psychiater. Dazu Hubbard: *»Nahezu all die üblichen Gegenreaktionen in der Gesellschaft gegen die Dianetik und die Scientology haben eine gemeinsame Quelle – eine Clique der Psychiater, Psychologen und Psychoanalytiker ... Man kann mit diesen Leuten genausowenig kooperieren, wie man ›mit Hitler Geschäftsbeziehungen pflegen kann‹.«*[11]

Um gegen Scientology-Gegner vorzugehen, hat Hubbard viele Vorschriften erlassen. Offene Aktionen, wie die zu Beginn dieses Kapitels vorgetragene Anklageschrift gegen Kritiker, sind eine Methode. Verdeckte Aktionen aber stellen die Vorliebe Scientologys dar. Dafür gibt es bei Scientology die Anweisung für »Schwarze PR«, sprich verdeckte Propaganda. Hubbard dazu: »Der komplizierteste Gebrauch von PR ist ihr versteckter Gebrauch, *um den Ruf von Personen und Gruppen zu vernichten. Der korrekte Fachausdruck dafür ist Schwarze Propaganda. Im Grunde ist es eine Spionagetechnik ... Spionage ist am besten, wenn sie versteckt beginnt und versteckt endet ... Man weiß zum Beispiel, daß einen die Soundsos angreifen. Auf diese Weise kann man die Soundsos durch eine Gegenattacke angreifen. Aber was sind die Soundsos genau? Und mit wem stehen sie in Verbindung? Und WER genau, der immer ein Einzelwesen ist, hält die Sache am Laufen? Diese drei letzten Fragen müssen schließlich beantwortet werden. Und dies benötigt eine spionageartige Untersuchung.«*[12]

Die Ergebnisse solcher Untersuchungen werden dann für Attacken gegen Kritiker genutzt. Ebenso wirksam wie verdeckte Aktionen gegen Scientology-Gegner sind laut Hubbard auch »lautstarke« Untersuchungen. Zweck ist dabei, den Kritiker zu diskreditieren: *»Sobald dir jemand droht, gewinnst du einen Scientologen oder mehrere Scientologen, um lautstark zu untersuchen. Du findest heraus, wo er oder sie arbeitet oder gearbeitet hat, wer sein oder ihr Arzt ist, Zahnarzt, Freunde, Nachbarn, jeden rufst du an und sagst: ›Ich stelle im Falle von Herrn/Frau ... Untersuchungen an, ob er/sie mit kriminellen Aktivitäten versucht hat, die Freiheit der Menschheit zu verhindern und meine Religionsfreiheit einzuschränken und die meiner Freunde, Kinder etc ...‹ Du betonst immer wieder, daß du bereits einige erstaunliche Tatsachen beisammen hast, etc. (Benutze eine Verallgemeinerung) ... Es macht nichts aus, wenn du nicht viele Informationen erhältst. Sei nur GERÄUSCHVOLL – es ist zunächst sehr komisch, funktioniert aber ganz fantastisch.«*[13]

Eine weitere von Scientology sehr ausgiebig genutzte Methode, Kritiker abzuschrecken, ist der Einsatz der Justiz. Scientology zieht Kritiker vor Gericht, wo immer möglich. Dabei ist es nicht wichtig, ob am Ende Scientology als Sieger hervorgeht. Entscheidend ist, daß die Kritiker viel Zeit, Geld und Mühe aufwenden müssen, um sich zur Wehr zu setzen. Scientology hat ausreichend finanzielle Mittel, die Kritiker haben sie selten.

Große Teile der Informationen über das Innenleben der

Scientology, ihrer wahren Zielsetzung, ihrer Lehre und Methoden wurde durch ehemalige Scientologen der Öffentlichkeit bekannt. Diejenigen, die sich enttäuscht von Scientology zurückzogen, nahmen interne Papiere, Anweisungen und Vorschriften mit. Auch durch behördliche Beschlagnahmeaktionen wurde über Scientology vieles bekannt.
Die Scientologen versuchen dagegen, ihre Geheimnisse im Dunkeln zu lassen. Diejenigen, die zu ihnen kommen, um sich den »Auditing«-Verfahren zu unterziehen oder um Funktionen in der Gruppe zu übernehmen, werden deshalb genauestens untersucht. Kritik und Aufklärung von außen behindert die Gruppe in ihrer Expansion. Geschieht dies mit Hilfe von Scientologen selbst, so wertet die Gruppe dies gar als »Schwerverbrechen«.

Selbstbezichtigung als Programm

Damit es nicht so weit kommt, gibt es bei Scientology ein Sicherheitscheck- oder »Bekenntnisverfahren«. Angewendet werden dabei das »E-Meter« und ein Fragenkatalog, die »Johannesburg-Confessional-Liste«.[14] Befürchtungen mancher Kritiker, Scientology nutze Erkenntnisse aus dem »Auditing«-Prozeß zur Einschüchterung oder Erpressung von Mitgliedern, findet in dieser Liste Nahrung: *»Obwohl wir dir nicht garantieren können, daß Dinge, die bei diesem Confessional* [Bekenntnis] *enthüllt werden, für immer geheimgehalten werden, können wir dir aufrichtig versprechen, daß kein Teil davon und keine Antwort, die du hier gibst, an die Polizei oder den Staat weitergegeben werden wird ... Du bestehst dieses Confessional nur dann nicht, wenn du die Fragen nicht wahrheitsgemäß beantwortest oder wenn du wissentlich hier bist, um der Scientology zu schaden.«*[15]
Dann folgen 94 inquisitorische Fragen, deren wahrheitsgemäße Beantwortung offenbar mit dem »E-Meter« überprüft werden: *»Hast du je Homosexualität praktiziert? Hast du je mit einem Mitglied deiner Familie Geschlechtsverkehr gehabt? Bist du sexuell*

untreu gewesen? Hast du je Sodomie betrieben? Hast du je mit einem Mitglied einer andersfarbigen Rasse geschlafen? Bist du je ein Spion für eine Organisation gewesen? Bist du je ein Zeitungsreporter gewesen? Hast du je irgend etwas getan, wovon du fürchtest, die Polizei könnte es herausfinden? Hast du je etwas getan, worüber sich deine Mutter schämen würde, wenn sie es herausfände? Wie fühlst du dich darüber, kontrolliert zu werden? Weißt du von irgendwelchen geheimen Plänen gegen Scientology? Weißt du von irgendwelchen Plänen, einer Scientology-Organisation zu schaden?«

Unterdrücker und Schwerverbrechen

Trotz solcher oder ähnlicher Bekenntnislisten kommt es innerhalb von Scientology zu Problemen und innerorganisatorischer Kritik. Und immer dann, wenn es Schwierigkeiten mit einzelnen Mitgliedern gibt, wird nach dem Übeltäter gesucht. Für das Aufspüren solcher Personen hat Hubbard ein eigenes Verfahren entwickelt. Mit »solchen Personen« sind speziell zwei Arten von Menschen gemeint. Im Scientology-Jargon heißen sie »Suppressive Person« (kurz SP) und »Potential Trouble Source« (PTS). Über sie sagt Hubbard: *»Die unterdrückerische Person ... kann den Gedanken der Scientology nicht ausstehen ... Ihre Antwort darauf ist ein offener oder versteckter Angriff auf die Scientology.«*[16]

Eine »SP« ist also eine »Unterdrückerische Person«, während ein »PTS« ein sogenannter »Potentieller Ärgernisverursacher« und somit eher ein Zustand ist. In den Zustand PTS kommt man schnell, gilt aber noch als scientologisch behandlungsfähig; ist einer zum SP erklärt, gibt es keine Hoffnung mehr. Hubbard weiß sogar die Milliarden von Menschen recht genau prozentual in diese beiden Kategorien einzuteilen: *»Die wirklichen SPs umfassen ungefähr 2,5 Prozent der Bevölkerung. Indem sie andere Leute restimulieren, machen sie ungefähr weitere 17,5 Prozent zu potentiellen Schwierigkeitsquellen. Deswegen sind ungefähr 20 Prozent der Bevölkerung als Fälle für Ethik-Handhabung*

einzustufen.«[17] Aus dieser Erklärung läßt sich leicht ableiten, daß die eigentlichen Übeltäter die »SP«-Personen darstellen, während die PTSler nur irregeführte Seelen sind.
In der Scientology-Doktrin gibt es nun für die Entdeckung, Einstufung und Behandlung von »SPs« oder »PTSs« genaue Handlungsanweisungen. Eine davon ist der »PTS/SP-Kurs: Wie man Unterdrückung konfrontiert und zerschlägt.« Dort wird auf 281 Seiten in detaillierter Form geregelt, wie mit Kritikern und deren vermeintlichen Opfern unter den Scientologen umzugehen ist. Die Merkmale der »Unterdrückerischen Person« in Auswahl und Übersetzung aus der scientologischen Kunstsprache sind: Sie leugnet Erfolge der scientologischen Technik, ohne diese zu kennen oder verwendet sie, um Scientology am Erfolg zu hindern, welche die Hauptwerkzeuge der SP gegen die Organisation darstellen; SPs wenden sich gegen die Verbreitung der Scientology; SPs werden versuchen, die Organisationen der Scientology loszuwerden; ein SP ist mit dem »Auditing« nur dann zufrieden, wenn er sich verschlechtert; hinter einem Verbrechen wird man SP-Merkmale finden; SPs verwenden in ihrer Redeweise Allgemeinheiten wie »alle Leute«, »man« usw.
Jede Form von Kritik, ob sie von Beobachtern von außen oder von unzufriedenen Kunden von innen kommt, läßt sich anhand dieser Hubbardschen Merkmale als unterdrückerischer Akt einer unterdrückerischen Person einordnen. Erstaunlicherweise trifft gerade der letzte Punkt der Aufzählung den Autor Hubbard selbst. Im selben Papier verwendet er nämlich genau solche Verallgemeinerungen wie: *»Für gewöhnlich haben Zeitschriften ein halbes Dutzend SPs auf ihren Linien.«*[18]
Darüber hinaus hat Hubbard noch 72 weitere Handlungen als »unterdrückerisch« festgelegt. Generell sind es Taten, »um Scientology wissentlich zu unterdrücken, einzuschränken, oder zu behindern«. Dazu gehören etwa: *»Das Organisieren von Splittergruppen ... Öffentliche Äußerungen gegen Scientology ... Gesetzgebungen oder Verordnungen, Vorschriften oder Gesetze, welche auf die Unterdrückung der Scientology ausgerichtet sind, vorzuschla-*

gen, zu empfehlen oder dafür zu stimmen... Vor staatlichen oder öffentlichen Untersuchungen der Scientology feindlich Zeugnis abzulegen... Daten, die sich gegen Scientology oder Scientologen richten, an die Presse zu geben... Die Handlung, Mitarbeiter und andere darüber zu informieren, daß man seine Mitarbeit aufgeben und weggehen will...«[19] Als schlimmste unterdrückerische Handlung aber definiert Hubbard: *»Es ist ein Schwerverbrechen, sich öffentlich von Scientology abzukehren.«*

Strafen und Büßen

Wer sich eine dieser Taten »zuschulden« kommen läßt, kommt vor ein eigenes Scientology-Gericht. Dort drohen empfindliche Strafen. Sie reichen von Wiedergutmachungsaktionen über eine Art Gefangenenprojekt bis hin zum endgültigen Bruch und der Erklärung zum Feind. Wiedergutmachung kann bedeuten, daß der als »Unterdrücker« oder »Ärgernisverursacher« Verurteilte teure »Sonder-Auditing«-Sitzungen abhalten muß oder seine bisher erreichten Erkenntnisstufen für ungültig erklärt werden und er die »Brücke« wieder ganz von vorn beginnen muß. Berichtet wurde aber auch von »freiwilliger« Mehrarbeit für Scientology oder Strafarbeiten mit teils unglaublichen Praktiken wie dem stundenlangen Aufsammeln von Laub in öffentlichen Parkanlagen.

Welcher Art solche Strafprojekte noch sein können, enthüllt ein Hubbard-Richtlinienbrief. Er befaßt sich mit »Zuständen, Belohnungen und Bußen«. Daraus ein kleiner Ausschnitt: *»POWER* [Macht]: *Bezahlung und volle Bonusse... Hat ersten Vorrang auf den Servicelinien... NORMAL OPERATION* [Normale Tätigkeit]: *Bezahlung, aber keine Bonusse... EMERGENCY* [Notstand]: *...Muß in seiner eigenen Zeit ein 2½-Stunden-Wiedergutmachungsprojekt einreichen und ausführen... DANGER* [Gefahr]: *...Muß in seiner eigenen Zeit ein 5-Stunden-Wiedergutmachungsprojekt einreichen und ausführen. Darf keine Org.-Services* [Org. = Scientology-Geschäftsstelle] *bekommen... Darf nicht auditiert* *werden … NON-EXISTENCE* [Nichtexistenz]: *… 7½-Stunden-Wiedergutmachungsprojekt … Minimale Essenspause. Keine Unterhaltung, Partys, Gruppenveranstaltung. Einfache Arbeitsuniform oder Kleidung. Darf keine freien Tage oder Urlaub erhalten, während dieses Zustandes. LIABILITY* [Schuld]: *… 10-Stunden-Wiedergutmachungsprojekt … Muß ein graues Armband am linken Arm tragen … DOUBT* [Zweifel]: *Keine Bezahlung. Muß entweder das Haus verlassen oder in einem gekennzeichneten, besonderen Bereich unter strenger Überwachung arbeiten … Es wird verlangt, daß sämtliche Scientology-Materialien … zur Verwaltung und Aufbewahrung übergeben werden … Müssen ein oranges Armband am linken Arm tragen. ENEMY* [Feind]: *… Ausstoßungsschreiben von der Kirche und Aufhebung aller Zeugnisse und Anerkennungen … Der einzelne hat sich durch seine oder ihre Handlungen von der Kirche entfernt … TREASON* [Verrat]: *Mit ihm darf nicht kommuniziert werden. Für immer aus Ausbildung und Prozessing und höheren Kursen ausgeschlossen. Fällt nicht unter Amnestien …«*[20] Wer zum »Feind« oder »Verräter« erklärt wurde, mit dem geht Scientology nicht zimperlich um, wie oben bereits gezeigt wurde.

Die Scientology-Aussteigerin Mary Tabayoyon hat das Prinzip der scientologischen »Ethik«-Technik treffend in einer eidesstattlichen Versicherung vor einem US-Gericht dargelegt: *»Nach der Überweisung eines Scientologen an Ethik wird er dort von einem oder mehreren Ethik-Beauftragten befragt, bis der Beauftragte davon überzeugt ist, daß jegliches unorthodoxe* [kritische] *Denken beseitigt ist … Bei Scientology gibt es im Leben zehn Zustände. Man wird immer feststellen, daß eine Person sich in einem dieser Zustände befindet. Es gibt eine ›Formel‹, die man Schritt für Schritt nachvollziehen muß, um erfolgreich aus dem einen Zustand heraus- und in den nächsthöheren hineinzukommen. Die Benennung dieser Zustände vom niedrigsten bis zum höchsten sind: 1. Verwirrung, 2. Verrat, 3. Feind, 4. Zweifel, 5. Verpflichtung, 6. Gefahr, 7. Notfall, 8. Normalität, 9. Überfluß, 10. Macht.*

Kann der Student nicht einsehen, warum er einen der niedrigen Zustände durchlaufen muß, und kann der Ethik-Beauftragte ihn auch mit Verunglimpfungen, Einschüchterung und Beschuldigungen nicht überzeugen, wird er den Studenten anweisen, alles Schlechte aufzuschreiben, das er getan hat, besonders in bezug auf Scientology ... Weigert sich der widerspenstige Student, schlechte Taten aufzuschreiben, wird der Ethik-Beauftragte dem Studenten eine ›Sicherheitsüberprüfung‹ verordnen. Eine Sicherheitsüberprüfung ist eine Liste von Fragen, mit denen auf verschiedene Art und Weise erforscht wird, ob der Student schädliche Handlungen begangen hat. Bei der Sicherheitsüberprüfung wird der Student an ein E-Meter angeschlossen, damit seine körperlichen Reaktionen auf die Fragen gemessen werden können. Der Sicherheitsbeauftragte ist so ausgebildet, daß er den Betreffenden dazu bringt, zu sprechen und seine schädlichen Handlungen einzugestehen.

... Bei mir waren so oft Sicherheitsüberprüfungen vorgenommen worden, und ich hatte jedes vorstellbare kleinste schädigende Ereignis erzählt, das ich jemals begangen hatte, immer und immer wieder, daß ich wirklich anfing zu glauben, da man die gegenwärtige Lebensspanne so minutiös durchgekämmt hatte, müsse ich in meinen früheren Leben eine Vielzahl von Verbrechen begangen haben, die ich nicht richtig zur genauen Überprüfung durch den Ethik-Beauftragten offenbart hatte. Um eine Hilfe bei der Erklärung der schlechten Erfahrungen zu haben, die ich in der Gegenwart machte, begann ich – wie auch eine Reihe weiterer Scientologen – gräßliche Handlungen zu erfinden, die ich in früheren Leben begangen hatte. Ich beschwor sie zur Erklärung dafür herauf, warum ich so unglücklich war und warum man mich immer anschrie – trotz meiner Bemühungen, alles perfekt zu erledigen.«[21]

Das RPF – der scientologische Gulag

Innerhalb der Organisation richtete Hubbard 1974 eine Art »Gefängnisprojekt« ein, das »Rehabilitation Project Force« (RPF).

Mitglieder, die sich im Sinne Hubbards schwererer Vergehen schuldig gemacht haben, wurden dorthin geschickt. Ehemalige Scientologen sagten unter Eid aus, welch unglaubliche

Zustände in diesen Lagern herrschen: *»Die Regeln der RPF sind: – Gehen verboten. Man mußte die ganze Zeit rennen. – Außerhalb der RPF war es uns nicht erlaubt, mit jemandem zu sprechen. – Es war uns nicht erlaubt, eine schriftliche oder anderweitige Mitteilung an irgend jemanden außerhalb der RPF zu machen ... – Es war nicht erlaubt, alleine irgendwo hinzugehen, außer wenn die entsprechende Erlaubnis gegeben wurde. Selbst wenn man zur Toilette ging, mußte jemand mitgehen ... – Wir mußten alle RPF-Vorgesetzten mit ›Sir‹ ansprechen ... – Sämtliche Briefe, die wir schrieben, mußten in einen frankierten, unverschlossenen Umschlag gesteckt werden ... Die gesamte ausgehende Post wurde dann vom ›RPF MAA‹* [»Master at Arms« = »Waffenmeister«, ein Aufseher] *gelesen ... – Wir mußten dunkelblaue Hemden und Hosen tragen ... – Es waren uns keine ›Luxusgegenstände‹ bzw. -›dinge‹ erlaubt (Musik, Fernsehen, Kartenspielen, Parfüms) ... Es gibt einen Flag-Befehl* [Scientology-Anweisung], *der als ›Rocks and Shoals‹ [Felsen und Klippen] bezeichnet wird. Es handelt sich dabei um Strafen, die man erhält für alles, was man falsch macht ... Die Strafen bestehen darin, daß soundsoviele Runden gedreht werden* [etwa um einen Baum] *oder soundsoviel Mal hinsetzen, aufstehen.«*[22] Und abschließend: *»Wenn ich die RPF in nur einem Satz zusammenfassen könnte, dann würde er wahrscheinlich wie folgt lauten: ›Es handelt sich um einen Prozeß, wodurch sie einen glauben machen, man sei psychotisch, und dann wird man wirklich psychotisch.«*[23]

Die wohl erschreckendsten Aussagen zu der Situation im RPF hat der ehemalige Sicherheitschef der geheimen Scientology-Basis in Hemet in den USA unter Eid gemacht. André Tabayoyon war vor seiner Zeit beim US-Marine-Corps. Er war Vietnamveteran, oft hinter den feindlichen Linie eingesetzt, als Scharfschütze ausgebildet und befähigt worden, allen möglichen Gehirnwäscheversuchen des Vietcong zu trotzen. Nach seiner Rückkehr aus Vietnam wurde er von Alpträumen geplagt und kam nach eigenen Angaben in diesem »unstabilen« Zustand mit Scientology in Berührung. Die Anziehungskraft von Scientology – so Tabayoyon – habe für ihn darin bestanden, daß er mit dem Versprechen geködert worden sei,

mit seinen schweren Vietnamerinnerungen und Alpträumen fertig zu werden.
21 Jahre diente er der Gruppe, bis er sich nach einem Streit mit Miscavige davonmachte. Sein Bericht über die Zustände auf der Scientology-Basis in Hemet (sie wird dort als »Gold« bezeichnet, weil sich dort auch Filmstudios der »Golden Era Productions« befinden) zeigt, wie die Gruppe ihren Machtanspruch durchsetzt und welche Folgen die Straftechnologie der Scientology für den einzelnen haben kann: *»1991 mußte ich die Basis so vorbereiten, daß sie in Krisenzeiten gegen die Möglichkeit einer Übernahme durch die Behörden verteidigt werden könnte. Auf der Basis gibt es etwa 750 Personen. Ich leitete ein Projekt, das das Basis-Sicherungssystem aufbaute, die Abzäunung gegenüber der Umgebung, die elektronischen Monitore, die versteckten Mikrofone, die Bodensensoren, die Bewegungsmelder und die versteckten Kameras, die aufgebaut wurden und sich im gesamten Gebiet befanden – sogar außerhalb der Basis.*
Gelder der Kirche wurden für den Kauf halbautomatischer Sturmgewehre verwendet. Diese Waffen waren nicht registriert. Auch für den Kauf der Munition wurden Kirchengelder genommen. Die Motorradwachen wurden darin ausgebildet, geladene und gespannte Pistolen vom Kaliber 0,45 mit sich zu führen. Zur Ausbildung des Ausgucks auf dem ›Adler‹, der seinen Dienst hoch über der Basis versah, gehörte es, daß er ein Hochleistungsgewehr mit Teleskopaufsatz bei sich führte. Auf dem ›Adler‹ befindet sich auch ein 1000-mm-Teleskop. Ich entwikkelte drei Klassifikationen für Eindringlinge und legte die Ebene der tödlichen Gewalt fest, die gegen jeden einzusetzen war. Zusätzlich zur Ausbildung an den Schußwaffen wurden den Wachen der wirkungsvolle Einsatz von kleinen Schlagstöcken beigebracht. Die grundlegenden Dinge wie der Schlag auf das Herz, auf die Mitte des Sonnengeflechts und dann an die Seite des Kopfes usw ...
Zu verschiedenen Zeitpunkten, zu denen ich auf der Gold-Basis bei Hemet stationiert war, waren mir verschiedene Sicherheitsfunktionen übertragen worden. Die Personen, die für Sicherheitsaufgaben abgestellt waren, befanden sich in ständigem Funkkontakt mit dem übrigen Sicherheitspersonal. Personen, von denen wir vermuteten, sie seien mit

Scientology und Miscavige unzufrieden, wurden von uns genau überwacht... Wir verfügten auch über eine gut eingeführte und intensiv eingeübte Vorgehensweise, die zu befolgen war, wenn jemand geneigt schien, die Gold-Basis unerlaubt zu verlassen... Wurde festgestellt, daß ein unzufriedenes Mitglied versuchte, die Basis zu verlassen, wurden wir angewiesen, Privatdetektive hinzuziehen, die von Scientology-Anwälten damit betraut worden waren, sich mit diesen Problemen zu befassen... Die Wachen sollten nicht nur dafür sorgen, daß die Scientologen dablieben, sondern auch dafür, daß die ›Wogs‹ draußen blieben. Wogs sind Nicht-Scientologen. 1991 versuchte ein Zusteller eines Gerichtsschreibens, auf die Basis zu kommen. Er wurde zusammengeschlagen und von Sicherheitskräften festgenommen, die ihm Handschellen anlegten... Der Zusteller strengte dann eine Klage an. Die Angelegenheit wurde durch einen Vergleich beigelegt... Ich habe auch persönlich Kenntnis von der Bewachung anderer Personen, die gegen ihren Willen von Gold Security, einem Zweigunternehmen der Scientology-Kirche International, auf der schwer befestigten und bewaffneten Basis in Gilman Hot Spring (Gold) und in Happy Valley, einer weiteren Scientology-Basis in etwa 18 Kilometern Entfernung, festgehalten wurden.«

Tabayoyon beschreibt auch die Zustände im RPF – als Aufseher und Insasse: *»Auf diesen verschiedenen Posten bei Scientology beobachtete ich, wie der eigentliche Kern von Scientology funktionierte. Ich beobachtete mit Zwang und Manipulation arbeitende Denksteuerungsprozesse, die das Denken derjenigen, bei denen die Verfahren angewandt wurden, formen sollten. Ich nahm selbst an diesen Verfahren teil und wurde ihnen auch unterworfen. Diese Verfahren werden besonders in großem Umfang in der RPF eingesetzt, einer Einrichtung mit dem Zweck der Gehirnwäsche und Bestrafung – sehr ähnlich dem, was sich gemäß meiner Ausbildung von den Vietcong während meines Einsatzes in Vietnam zu erwarten hatte... Als ich dafür verantwortlich war, wie die Scientology-Auditingtechnik auf Scientologen angewandt wird, die der RPF zugeteilt wurden, habe ich direkt von Miscavige... sowie anderen den Befehl erhalten, die Hubbard- Technik zu mißbrauchen, um extreme seelische und emotionale Qualen sowie Geistesgestörtheit bei Personen hervorzurufen, bei denen ich die Sicher-*

heitsüberprüfung durchführen sollte. Wir benutzten die Hubbard-Technik einschließlich der Sicherheitsüberprüfung mit dem E-Meter in Verbindung mit bewährten Methoden der Bewußtseinskontrolle durch Zwangausübung, wie Schlafentzug, Hunger, Wasserentzug und Verweigerung einer anständigen Unterkunft.
Ein Beispiel für die erschreckenden Bedingungen, denen die der RPF zur Bestrafung zugewiesenen Personen manchmal ausgesetzt werden: Als ich bei einer Gelegenheit zur Bestrafung zur RPF mußte, bestand meine Schlafgelegenheit aus einer Steinplatte im Kellergewölbe des Leichenschauhauses... Die menschliche Reaktion auf derlei Bedingungen läßt sich mit einiger Sicherheit vorhersagen. Ich habe viele Menschen gesehen, die psychotische Zusammenbrüche erlitten. Mit ›psychotischen Zusammenbrüchen‹ meine ich einen Zustand, in dem die Menschen nur noch unzusammenhängend stammelten, sich die Kleider vom Leib rissen, auf dem Boden herumkrochen, den Kopf, einzelne Körperteile oder den ganzen Körper gegen Möbel und Wände schlugen, bellten, jedes Gefühl für die eigene Identität verloren und ständige Neigung zum Selbstmord zeigten.«[24]

Wölfe als Unschuldslämmer

Trotz dieser erschütternden Berichte – die im übrigen die Frage aufwerfen, warum sich amerikanische Staatsanwälte mit diesen Vorgängen nicht befassen – versucht Scientology, sich in der Rolle der verfolgten Minderheit darzustellen. Schon Mitte der achtziger Jahre veröffentlichte die Scientology-Organisation eine Schrift mit dem Titel »Holocaust bis 1984«. Die schon damals heftige Kritik an Scientology war nach Ansicht der Verfasser »absolut ungerechtfertigt, in ihrer Form böswillig« und erinnere »in fataler Weise an die Verhetzung der jüdischen Minderheit vor und während des Dritten Reiches«. Doch statt eines »scientologischen Holocausts« gab es eine scientologische Expansion in bisher unbekanntem Ausmaß. Alle Aufklärungsarbeit, öffentliche Auseinandersetzungen und Medienberichterstattungen reichten offenbar nicht aus,

Scientology entscheidend in ihrer Ausbreitung zu stoppen. Es scheint fast so, als behalte L. Ron Hubbard recht, der in einem Richtlinienbrief über schlechte Presse und kritische Journalisten schrieb: *»Das Einkommen von zentralen Organisationen steigt normalerweise während schlechter Pressekampagnen. Also, er* [der Journalist] *kann dir nicht wirklich schaden, was immer er tut oder sagt.«*[25]
Die neue Führung der Scientology ist nach dem offiziellen Tod Hubbards gleichwohl eifrig bemüht gewesen, das negative Image der Bewegung aufzupolieren. Mit Hochglanzbroschüren, viel Selbstbeweihräucherung und hohem Werbeetat sollte Scientology aus den Schlagzeilen gebracht werden. Scientology betreibt, neben den oben erwähnten Versuchen, Kritikerorganisationen und einzelne Gegner zum Schweigen zu bringen, eine geschickte Öffentlichkeitsarbeit.
Die Methoden sind fast immer gleich, wenn auch auf den Einzelfall abgestimmt. Dazu gehören:

- *sich selbst zur verfolgten Minderheit erklären;*
- *entlarvende Zitate Hubbards als »aus dem Zusammenhang« gerissen erklären;*
- *belegte kriminelle Handlungen von Scientologen als »Einzelaktionen« von irregeführten »Einzeltätern« darstellen;*
- *die eigene Handlungsweise trotz Unvergleichbarkeit mit Praktiken von Weltreligionen gleichsetzen;*
- *grundsätzlich Kritik mit Gegenangriffen beantworten;*
- *Unwissenheit der Öffentlichkeit über die scientologische Bedeutung »redefinierter« Wörter ausnutzen;*
- *kritische Aussteigerberichte mit einer Flut von Erfolgsmeldungen und Dankesbriefen zu beantworten;*
- *bekannte Persönlichkeiten (mit Vorliebe Filmstars) als Werbeträger zu nutzen.*

Die diversen Verteidigungsschriften der Scientology belegen diese Methoden immer wieder aufs neue. Oft genug hat es die Organisation dabei leicht, Glaubwürdigkeit vorzutäuschen.

Vor allem dann, wenn nachweislich falsche Behauptungen gegen sie aufgestellt werden. Dabei sind die Verteidigungsversuche der Scientology meist eher plump und durchsichtig. Ein Beispiel dafür ist ein Brief des Pressesprechers der Scientology an das Bundesamt für Verfassungsschutz. In einem »Spiegel«-Artikel war ein Gutachten des Verfassungsschutzes zitiert worden, dessen Inhalt die Beobachtung der Scientology durch die Behörde begründet: *»Es reicht! Seien Sie versichert, daß wir es nicht zulassen werden, daß unsere Mitglieder von Ihrer Behörde per Geheimdekret auf eine Stufe mit Terroristen gestellt werden. Vielmehr fragen wir uns, was Ihre Behörde gegen die zunehmende Diskriminierung und gegen Übergriffe auf unsere Mitglieder und die Ausländerfeindlichkeit unternimmt?... Wohin solche staatlichen Aktionen gegen religiöse Minderheiten führen, ist jedem Bundesbürger mit einem einigermaßen gesunden Menschverstand aus der Nazizeit und anderen dunklen Kapiteln der deutschen Geschichte geläufig...«*[26]

Kreuzritter unterwegs

Wie Scientology für sich Reklame macht, zeigen Unterlagen des »OT-Action-Committee«, dessen Aufgabe es ist, Deutschland zu »clearen«, sprich für Scientology gefügig zu machen. Beispielhaft ist hier das »9.-Oktober-Projekt« in Auszügen dokumentiert: Am 9. Oktober 1991 sollte im Ausschuß für Frauen und Jugend des Deutschen Bundestages eine Anhörung unter anderem zum Thema »Scientology« stattfinden. Verfasser ist ein »Internationaler Kreuzzug Leiter ⊠«, gerichtet ist es an »OTs und Clears only«: *»Wir alle wollen eine neue Zivilisation, und jeder Beitrag von Euch sollte für uns und alle anderen Mitglieder sichtbar sein... Daher findet Ihr hinter jeder Aktion einen Punktewert für Eure Statistik als ›Scientologe‹ angegeben... Im ganzen Bundesgebiet rufen verschiedene Bundestagsabgeordnete Exscientologen auf, sich in Bonn zwecks Aussagen gegen Scientology zu melden... Schreibe einen Brief an Deinen Ansprechpartner in Bonn, schildere Deine persönliche Geschichte in Scientology und Deine spiri-*

tuellen Gewinne etc. (1 Punkt) ... Rufe in dem Büro des Bundestagsabgeordneten Deines Bereichs an und frage, a) ob Dein Schreiben angekommen ist; b) wann Du für die Anhörung dort sein mußt, denn Deine Erfahrungen seien wichtig für den Ausschuß. c) In dem Moment, wo klar zum Ausdruck kommt, daß eine Anhörung von Scientology-Mitgliedern nicht geplant ist, empöre Dich. ›Was dies denn für eine Anhörung sei, Du bist schließlich Bürger dieses Staates und er sei Dein Repräsentant‹ etc. etc. Du wirst Dich beschweren, Dich an die Presse wenden ... (5 Punkte) d) Wenn Du Deinen Ansprechpartner bewegen kannst, Dich offiziell zu der Anhörung einzuladen. (50 Punkte).«

Es ist nicht bekannt, wie viele Bundestagsabgeordnete diesem Manipulationsversuch erlegen sind. Mit dem »Clear-Deutschland-Projekt« wollen die Scientologen übrigens erreichen, zehn bis 15 Prozent der Meinungsführer in Politik und Wirtschaft zu Scientologen zu machen, die Anerkennung als Körperschaft des öffentlichen Rechts und allgemein die Anerkennung als Religionsgemeinschaft zu erkämpfen.

Neben besagtem OT-Komitee gibt es noch andere Vorfeldorganisationen, die Scientology im Kampf um eine Imageaufbesserung unterstützen. Dazu gehört der »Verband verantwortungsbewußter Geschäftsleute«, eine Scientologen-Initiative aus der Geschäftswelt, die die Verbreitung einer Scientology-Broschüre mit dem Titel »Der Weg zum Glücklichsein« unterstützt. Tausende von Exemplaren werden ständig an Medienvertreter, Parlamentarier, Geschäftsleute oder auch in Gefängnissen oder an Schulen verteilt.

Auch bekannte Filmstars oder sonstige Berühmtheiten werden zu Werbezwecken eingesetzt. So liest sich die Darstellerliste des Kinoerfolgs der frühen neunziger Jahre: »Guck mal, wer da spricht« wie ein »Who is Who« der Scientology-Werber. Zu ihnen gehören etwa die Hauptdarsteller John Travolta und Kirstie Alley. Weitere Werbeträger sind die Schauspieler Tom Cruise, Priscilla Presley, Opernstar Julia Migenes oder der Maler Gottfried Helnwein.

Eine besondere Rolle spielt auch die »Kommission für Verstöße der Psychiatrie gegen Menschenrechte«. Sie dient Scientology als Speerspitze im Kampf gegen die Psychiatrie und befolgt dabei offensichtlich die Richtlinien Hubbards, der sich zeitlebens dem Kampf gegen Psychiater und Psychologen widmete. Als Hilfestellung dient dabei ein Richtlinienbrief Hubbards, der die Bedeutung der »Propaganda durch Umdefinierung von Wörtern« erläutert: *»Der Trick ist folgender – Wörter werden umdefiniert, um zugunsten des Propagandisten eine andere Bedeutung zu erhalten ... Wenn man die neue Definition oft genug wiederholt, kann man die öffentliche Meinung durch Veränderung einer Wortbedeutung ändern ... Deshalb ist es notwendig, Medizin, Psychiatrie und Psychologie ›nach unten‹ umzudefinieren und Dianetik und Scientology ›nach oben‹ zu definieren.«*[27]

Letzte Worte

Zum Schluß soll hier noch einmal eine Bewertung des Hamburger Senats dokumentiert werden. Er faßte in seinem Bericht an die Bürgerschaft am 26. September 1995 seine Bewertung der Scientology so zusammen: *»Die von L. Ron Hubbard geschaffene Scientology-Welt und die verschachtelten und für jeden gesellschaftlichen Bereich ausgegebenen Richtlinien, die die jeweiligen einzelnen in Scientology agierenden Personen ihren speziellen Aufgabenbereich zuteilen, sowie die PR-Strategie, die dazu dient, die wahren Absichten der Öffentlichkeit gegenüber zu verschleiern, erschweren die Offenlegung der Langzeitstrategie. Das endgültige Ziel der Scientology ist die Scientologisierung der Gesellschaft. Würde die Strategie aufgehen und von staatlicher Seite nicht eingegriffen werden, käme dies schleichend einer Unterwanderung unseres politischen Systems gleich.«*

Anmerkungen

1 Zeugenaussage von Robert Vaughn Young vom 10. Oktober 1994.
2 Scientology Kirche Deutschland: Zeitschrift »Freiheit«, Juli/August 1979.
3 L. Ron Hubbard: »PTS/SP-Kurs, Wie man Unterdrückung konfrontiert und zerschlägt«, Kopenhagen 1989, S. 197.
4 Das Department 20 galt zu diesem Zeitpunkt als die für Kritiker zuständige Abteilung in Scientology.
5 Bescheid der Staatsanwaltschaft München vom 24. April 1986, AZ. 115 Js 4298/84, S. 30.
6 Zeugenaussage von R.V. Young.
7 Hubbard, PTS/SP-Kurs, S. 61.
8 Ebenda.
9 Hubbard, PTS/SP-Kurs, S. 65.
10 Hubbard, PTS/SP-Kurs, S. 33.
11 L. Ron Hubbard, HCO-PL vom 5. September 1966.
12 Hubbard, PTS/SP-Kurs, S. 249.
13 L. Ron Hubbard, HCO-PL vom 5. September 1966.
14 L. Ron Hubbard, HCO PL vom 7. April 1961, revidiert am 15. November 1987.
15 Ebenda.
16 L. Ron Hubbard, HCO-PL vom 5. April 1965.
17 L. Ron Hubbard, HCO-PL vom 7. August 1965.
18 Hubbard, PTS/SP-Kurs, S. 48.
19 Hubbard, PTS/SP-Kurs, S. 173.
20 Haack, Scientology, S. 222 f.
21 Zeugenaussage von Mary Tabayoyon vom 5. März 1994.
22 ABI, Eidesstattliche Versicherungen, S. 43.
23 ABI, Eidesstattliche Versicherungen, S. 56.
24 Zeugenaussage von André Tabayoyon vom 5. März 1994.
25 L. Ron Hubbard, HCO-PL vom 14. August 1963.
26 Presseerklärung des Pressesprechers der Scientology Deutschland, Georg Stoffel, vom 7. Dezember 1992.
27 L. Ron Hubbard, HCO-PL vom 28. Juli 1983.

Literatur

- *ABI – Aktion Bildungsinformation e. V. (Hrsg.): »Die Scientology-Sekte und ihre Tarnorganisationen«, Stuttgart o. J.*
- *ABI – Aktion Bildungsinformation e. V. (Hrsg.): »Eidesstattliche Versicherung zur Vorlage bei einer ›Class Action‹, einem Sammelverfahren mehrerer Exscientologen auf Schadensersatz in Millionenhöhe«, ABI 12–80–94.*
- *ABI – Aktion Bildungsinformation (Hrsg.): »Dokumentation der Anklageschrift des Bundesgerichts der Vereinigten Staaten von Amerika gegen Mary Sue Hubbard und andere«, o. J.*
- *Aktion Psychokultgefahren e. V. (Hrsg.): »Die Rechtsprechung zu Neueren Glaubensgemeinschaften. Ein systematischer Überblick«, Krefeld 1991.*
- *Aktion Psychokultgefahren e. V. (Hrsg.): »Im Netz der Sinnverkäufer. Ergebnisse einer Tagung«, Krefeld 1991.*
- *John Atack: »A Piece of Blue Sky – Scientology, Dianetics and L. Ron Hubbard Exposed«, New York 1990.*
- *Bent Corydon: »L. Ron Hubbard – Messiah or Madman?«, Secaucus 1992.*
- *Edition ScienTerra im VAP-Verlag (Hrsg.): »Scientology, Mehr als ein Modetrend?«, Preußisch Oldendorf 1991.*
- *Christopher Evans: »Kulte des Irrationalen. Sekten, Schwindler, Seelenfänger«, Hamburg 1979.*
- *Leon Festinger: »A Theory of Cognitive Dissonance«, Evanston 1957.*
- *OTC-Wien, Gerhard Förster: »Die Freie Zone – Ein Info-Pack unabhängiger Scientologen«, Band 2, Wien 1984.*

- *Omar V. Garrison: »Geheimreport Scientology – Psychopolitik, die moderne Inquisition«, Wiesbaden 1984.*
- *Hans Gaster u. a. (Hrsg.): »Lexikon der Sekten, Sondergruppen und Weltanschauungen. Fakten, Hintergründe, Klärungen«, Freiburg/Basel/Wien 1991.*
- *Friedrich-Wilhelm Haack: »Scientology, Dianetik und andere Hubbardismen«, München 1990.*
- *Friedrich-Wilhelm Haack: »Scientology – Magie des 20. Jahrhunderts«, München 1982.*
- *Steven Hassan: »Combatting Cult Mind Control«, Rochester 1990.*
- *Steven Hassan: »Ausbruch aus dem Bann der Sekten«, Reinbek 1993.*
- *Jörg Herrmann (Hrsg.): »Mission mit allen Mitteln. Der Scientology-Konzern auf Seelenfang«, Hamburg 1992.*
- *L. Ron Hubbard: »Die Entwicklung einer Wissenschaft«, Kopenhagen, 1972.*
- *L. Ron Hubbard: »Selbstanalyse«, Kopenhagen 1984.*
- *L. Ron Hubbard: »Dianetik. Die moderne Wissenschaft der geistigen Gesundheit«, Kopenhagen 1982.*
- *L. Ron Hubbard: »Fachwortsammlung für Dianetics und Scientology«, Kopenhagen 1977.*
- *L. Ron Hubbard: »Scientology, Die Grundlagen des Denkens«, Kopenhagen, Ausgabe 1973/1983.*
- *Klaus Karbe/Manfred Müller-Küppers (Hrsg.): »Destruktive Kulte. Gesellschaftliche und gesundheitliche Folgen totalitärer Pseudoreligiöser Bewegungen«, Göttingen 1983.*
- *Robert Kaufman: »Übermenschen unter uns«, Frankfurt am Main 1972.*
- *Birgit Kröner-Herwig/Rainer Sachse: »Biofeedbacktherapie«, Stuttgart 1988.*
- *Christoph Minhoff/Holger Lösch: »Neureligiöse Bewegungen«, München 1989.*
- *Mende/Nedopil: »Nervenärztliches Gutachten«, München 1984.*
- *Norbert J. Potthoff: »Scientology-Analyse«, Krefeld 1993.*
- *Norbert J. Potthoff: »Was ist Scientology? Die Zeitbombe in unserer Gesellschaft«, Krefeld 1992.*

- *Staatsanwaltschaft beim Landgericht München I, Bescheid vom 24. April 1986, Az. 115 Js 4298/84.*
- *Heinrich Steiden/Christine Hamernik: »Einsteins falsche Erben«, Wien 1992.*
- *Ralph Tegtmeier: »Aleister Crowley. Die tausend Masken des Meisters«, München 1989.*
- *Werner Tiede: »Scientology – Religion oder Geistesmagie«, Konstanz 1992.*
- *Friederike Valentin/Horand Knaup: »Scientology – der Griff nach Macht und Geld«, Freiburg 1992.*
- *Tom Voltz: »Scientology und (k)ein Ende«, Solothurn/Düsseldorf 1995.*